藤井厚二著

日本の住宅

〔普及版〕

昭和九年

岩波書店

第一圖　第三回住宅の外觀（加藤源兵衛君畫）

第二圖　第四回住宅の室內（加藤源兵衞君畫）

序

世の人々から、私が、專攻して居る建築學に就いて受ける質問のうち、最も多いのは住宅に就いてゞす。自分も亦住宅の諸種の問題に對して興味を持つて居るので、今迄に四度自己の住宅を建てゝ色々のことを經驗しました。其の經驗を語ることが多少でも他の人々の參考になるならば、廣く之を發表するの責があるように考へられますので、玆に筆を取りました。

嘗て我國を旅行して居る時に、同じ旅する其の地に不案内な人々から色々の質問を受けて、私の答が、自分よりも旅馴れぬ人々の爲めに役立つたかと思へば、非常に愉快でした。そんな場合には後で常に私の語つたことが、迂遠の點はなかつたか迷惑を掛けはしなかつたかと心配し、もつと良い答をすればよかつたと後悔し、其の人々が氣持よく旅行を續けて居るか否かを案じます。併し其の時に何にも答へなかつたら、一層困つたであらうと諦めもしました。本書にあつても之と同樣な意味で、私よりも住宅を建てることに就いて經驗の淺い人々の爲めに、大正九年以後に書いたものや話したものを纒め、それに書き加へて、自己の說や經驗を語り、眞の「日本の住宅」は如何なるものであるかを說かんとするのです。

從つて、自分自身のことに就いて語る場合も屢〻あります。併しそれは不快の感を與へ易い傾向にありますから、若し本書中にそんなことがあつたら、他の人の紀行を見て書いたものでなく、又人に旅行させて書かせたものでもなく、眞面目である位に思つて寛恕し通讀されんことを願ひます。

本書によつて自己の說や經驗を語れば、次に起る質問は實行せんとする場合に於ける具體案は如何と云ふことです。之は人々の境遇其の他によつて相違を生じますが、住宅の根本問題に於ては同一ですから、私が自分自身で計畫する場合には、最も現代に適應する住宅として如何なるものを造るかを示せば、其の說く所は頗る明白になると思ひます。之に對して、私は所謂最近の旅行として現今第五囘目の住宅を建てて居りますから、其の住宅の完成した時は「聽竹居圖案集」と題して、自己の住宅の建築設計案を公にする豫定で、卽ち之が本書の結論とも稱すべきものです。

昭和二年夏記す

藤井厚二

附記　或事情から、本書は約一ヶ年遲れて、所謂第五囘目の旅行終えて出版するに至りました。（昭和三年八月）

目次

設備

夏の設備

趣　味

表目次

挿圖目次

緒　言

時代思潮の變遷は建築上にも其の影響を現はして、極めて瞭然として居ります。昔日は社寺建築が非常に隆盛であつた時代もありますが、個人主義、實利主義等の發達して來た今日では、住宅建築が建築上頗る重大なる地位を占むるに至りました。近時の思想から之を見ると、何れの國でも、其の國の建築を代表するものは住宅建築であると云つて差支ありません。特に歐洲の大戰以來、住宅に對する諸種の問題が世界文明諸國の重大且つ緊急なる事件となるに至りました。就中、我國に於ける住宅問題は諸外國に於けるそれとは稍〻趣を異にして、其の內容は極めて複雜です。生活の根底すら動搖を來し、未だ確定しないで、國民は歸趨する所に迷つて居ります。故に之が解決は國民生活上の一大要點となりました。從つて此の問題に就いて論ずる人々は澤山ありますが、多くは机上の空論に終つて其の眞髓に觸るゝものは甚だ稀で、吾々は五里霧中を彷徨せるの感があります。之は建築家にも亦重大なる責任の存することであると思ひますから、玆に解決の一助として、建築學上より實驗的に或は理論的に考察して、吾々の生活に適合すべき住宅に就いて說いて見ようと思ひます。

二

各種の題目に就いて論述する前に、「日本の住宅」なる詞に對して其の意義を明瞭にして置く必要がありますから、先づ之に就いて説明します。

住宅とは如何なるものであるかに就いては先人の説明は一様でありませんが、それは單に辭句の相違であつて、要するに「住宅とは人類が居住の目的を以て使用する建築物（建築物とは地上に固定して構成したるもの）」を意味するものですから、住宅と稱せらるべき建築物の範圍は極めて廣く多種に亘ります。從つて一つの建物を住宅として使ふ家族の數及び其の居住の狀態から區別すれば、一家族のみが使用する獨立住宅もあれば、棟に直角に仕切つて數家族で住む割長家や、それを倚棟に平行に分けて背合せに數家族の使ふ棟割長家や、一つの大きい高い建物に同一の階や或は階を異にして多くの家族が居住する割住居（アパートメント）や、色々の種類の集合住宅があります。併し世の住宅の大部分は獨立住宅に屬します。其の獨立住宅にも亦規模の大小材料の如何其の他から區別すれば、居住者の貧富の程度によつて甚しい懸隔を生じ、王公貴族の邸宅と貧民の茅屋とは月鼈の差違があります。因つて之等の兩極端を除いて所謂普通住宅を以て基準として、單に住宅と稱するときは、學術的にも通俗的にも獨立せる普通の住宅を意味するのが常ですから、私も亦之に倣つて、多種の住宅中の代表として獨立住宅に就いて論ずる事と致します。

日本のと云ふ句を冠したる所以に就いて述べますと、我が國現代の物質文明は概ね範を歐米の先進諸國に採り、盲目的にそれに從ふことにのみ努めて、模倣の及ばないのを虞るゝの感があります。從つて國民の生活に於ても彼の生活を學んで、其の樣式を一變せしめ、歐米化する住宅を以て文化住宅と信じ、忠實に彼を模寫せんと試むるものも有ります。之は一見洵に當を得たることで賢明なる方法の如く考へられますが、深く省察すれば然らざることは明白なる事であつて、彼我の歷史人情風俗習慣及び氣候風土を對比せば、總て非常に相違のあることが知られます。故に、吾々は我國固有の環境に調和し、其の生活に適應すべき眞の日本文化住宅を創成せねばなりません。之は目下の急務であつて、重大なる意義の存する所です。卽ち「日本の住宅」に就いて討究考察せんとする所以です。

但し、日本と云つても、明治維新以後に新附の臺灣、澎湖島、朝鮮、樺太がありますが、之等は氣候風土の一樣でないのみならず、其の住民の生活樣式も亦甚しい差違がありますから、之等を一般的に論ずることは困難で、玆に云ふ日本の意は之等新附の地を除いて、古來より同一歷史を有し人情風俗習慣等の同一なる所謂內地を稱するのです。

和風住宅と洋風住宅

一

如何なる住宅が最も吾人に適應するか、即ち將來我國の住宅建築として確立すべき一定の樣式は如何なるものであるかを考察するには、先づ現今行はれて居る住宅の樣式に就いて知らねばなりません。因つて「和風住宅と洋風住宅」に就いて述べて後、之に對して鄙見を附け加へませう。

我國の事物は。明治維新後に歐米諸國との交通が一時に開けて、其の文物を盛んに輸入してから、非常なる激變を來しましたが、其の結果歐米に於けるものを單に其の儘摸倣したのみであつて所謂日本化されないものも有り、猶舊態を脫しないものも有り、極めて雜然たる狀態です。從つて生活樣式に於ても頗る混沌たる狀態でして、公的生活にあつては舊來の狀態に比較すれば、著しく歐米化して居ることは國民の等しく認める所ですが、私的生活にあつては依然として變化しないものが頗る多く、其の樣式は極めて複雜ですから、國民は今や新生活樣式を形成せねばならぬ機運に際會して居ります。然るに比較的容易に新生活樣式を創造し得る都會の市人の間でも種々雜多で、それ等の人々の間に甚しい懸隔があります。或は歐米の生活に親める青年もあれば、或は全く舊來の樣式に非らざれば到底生活なし得ざる老人もあつて、各人は自己の生活樣式を最善と信じ、自己を中心として種々の生活樣式に據つて居ります。

之等の複雑なる生活様式も大別すれば、和風洋風の二となります。和風とは我國舊來の傳統的の様式で、洋風と比較して著しい相違は其の服裝及び坐式生活にあります。洋風とは日常の起居何れも歐米諸國の生活を摸し、和風との著しい相違は洋服を用ひ腰掛式の生活をするにあります。之等の相違は其の住宅に於ても明かに表れて、兩者の間には劃然たる區別を生じて居ります。即ち我國の住宅には和風住宅と洋風住宅との二大別を生じます。洋風住宅は一般に洋館と云ひ馴されて居るもので。歐米の先進諸國の住宅を摸したものですが、和風住宅は洋館と對照して云ふ場合には日本家或は日本館と云はれ。我國舊來の傳統的建築様式に從つたもので。之が僅かに西洋建築の影響を蒙つたものです。

兩者の相違を明かにする爲めに、種々の項目に就いて次に其の特長を擧げて比較して見ます。

二

生活様式　**和風住宅**は坐式生活を爲すに適合したるもので、即ち和服を著て疊の上で生活し得るように造られたる住宅です。

洋風住宅にては日常の起居は多く歐米諸國の風に倣ひ、腰掛式の生活を爲すように出來て居ります。

構造及び意匠裝飾　**和風住宅**の構造は主として木材を用ふるので溫柔の感を與へ、組立て方は其の特長を巧みに表現して瀟洒輕妙を極めます。色彩の如きも强烈な者は歡迎されないで。淸楚淡白なる者が喜ばれ、室內の中心を床の間に置いて意匠も裝飾もします。(之に就いては「趣味」の章に於て詳述します)。

洋風住宅にて構材として使用するものは煉瓦石木材或は鐵筋混凝土等があります。多くは木材によりますが、之を以て骨組を爲す場合に、其の意匠は煉瓦或は石等による場合と大差なきを以て。何れの材料を使用して造られたるものに於ても温味に乏しく柔い感も稀で、和風住宅の如く瀟洒でもなく輕妙でもなく鈍重の感があります。色彩は極めて强烈にして其の趣味は濃厚華麗にて、煖爐が室內の中心となつて意匠も裝飾もされます。

間取　**和風住宅**は平家建或は二階建で三階以上のものは少く、一階より下に或は屋根裏に室を設けることは殆どありません。二階建の場合には階下が重要なる部分を占めて面積も階上よりは大なるが普通で、次に述べる洋風住宅の如く一階と二階とが殆ど同一面積である場合は稀です。和風建築に於ても、旅館或は料亭の如き所謂總二階のものもありますが、住宅にては常に二階の部分は一階に比すれば其の面積が甚しく小です。

室の外部に面せる部分、殊に南面せる部分には其の外側に一般的の原則として椽側を設け。其の室が夏季日光の直射の影響を受けることを防ぎます。

各室の使用方法は其の目的に對してそれぞれ明白に區別して置かないで、同一の室を種々の用途に供します。例へば或室を晝間には居間として使用したるものを、夜間には寢室とし、又或時には接客の爲めにも食事を攝る爲めにも使用することがあつて、一日の內に色々の用途に供します。斯く一室が諸種の目的に對する室として兼用さるゝのみならず他室への通路ともなる場合があり、又各室の間の壁は少く襖によつて多くは仕切らるゝを以て、間仕切は極めて簡單に容易に取除くことを得て數室を廣き一室として使用することもあります。

中流或は上流の住宅に於ては接客の爲めに、甚しく家族の居住の目的が阻害せられて居ります。

洋風住宅には單に接客の目的を以て和風住宅の一部に小さく附け加へて造らるゝ場合も多く有りますが、之は一室或は數室よりなり、之のみによつて一住宅としての完全なる間取は備はつて居りません。近來に至つて和風住宅と離れて、完備せる間取の洋風住宅をも見ることを得るようになりましたが、何れの場合に於ても各室は全く獨立して其の間は壁によつて仕切らるゝを以て、間仕切を取り去ることは出來ません、二室以上を一室として使用する場合は稀です。各室は夫々使用の目的に從つて意匠裝飾もされ設備もされて、異つた種々の目的に對して兼用することは出來ません。例へば、食堂ならば單に食事をとる場所として使用して、其の室を寢室として用ふることは全くありません。又寢室を接客の爲めに使用する場合も全くありません。

壁　**和風住宅**に於ては、第三圖甲に示す如く、柱と柱との間に竹を縱橫に組み合せて、之に土を兩側より數回塗り固むるを以て、多孔質なるも大なる空虛部のなき大約六糎の厚さの土壁です。

洋風住宅にては密實なる鐵筋混凝土や煉瓦の壁もありますが、木造の場合は第三圖乙に示す如く、柱の兩側に木摺を打ちつけ其の上に漆喰或は其の他の材料を塗り固めます。從つて和風住宅の壁に比すれば厚くなりますが、中央部には柱の太さだけの厚みの空虛があつて、其の兩側を薄き層にて挾みたる中空壁となります。

屋根　**和風住宅**の屋根は勾配緩にして灰色の瓦を以て葺き上げます。農家では草葺になすこともありますが、其の場合には小さい材料を集めて葺き上げたるだけに瓦葺よりは急勾配です。**洋風住宅**は鐵筋混凝土造の場合は水平に近き緩傾斜に爲すも、構造及び意匠装飾の項にて述べたる如く多くは木造にして、急勾配の屋根にします。近時木造にても比較的緩なるものを見ることを得るに至りましたが、葺き上ぐる材料は歐米諸國の建築物に於て使用さるゝものと同種のものを用ひますから、材料其のものゝみならず形狀も色も極めて多種です。

床　**和風住宅**にては板張になして坐する部分のみ其の上に敷物をしく場合もありますが、室の床面全部を疊敷となすのが一般的です。

洋風住宅は板張りとなすのが普通で、卓椅子等の配置さるゝ部分には板張の上に絨毯其の他の織物を敷きます。

天井　**和風住宅**のそれは竿縁天井ですから、天井板は重ね合せて約四十五糎間に配列されたる細き竿縁に打ち付けてあるので、室内と天井裏との間は漆喰天井の如く緊密に遮斷されません。

洋風住宅にては漆喰天井或は平板張天井となすを以て、室と其の上部との間は比較的緊密に界されて居ります。

床面よりの高さは洋風住宅が和風住宅に於けるよりも遙かに大です。

軒及び廂　**和風住宅**の軒の出は極めて深く、窓の上には廂を設けます。之等によつて壁及び窓の降雨の際に濡るゝを防ぎ、又は夏季日光の直射して高熱となるのを防ぎます。二階建の場合は間取の項にて

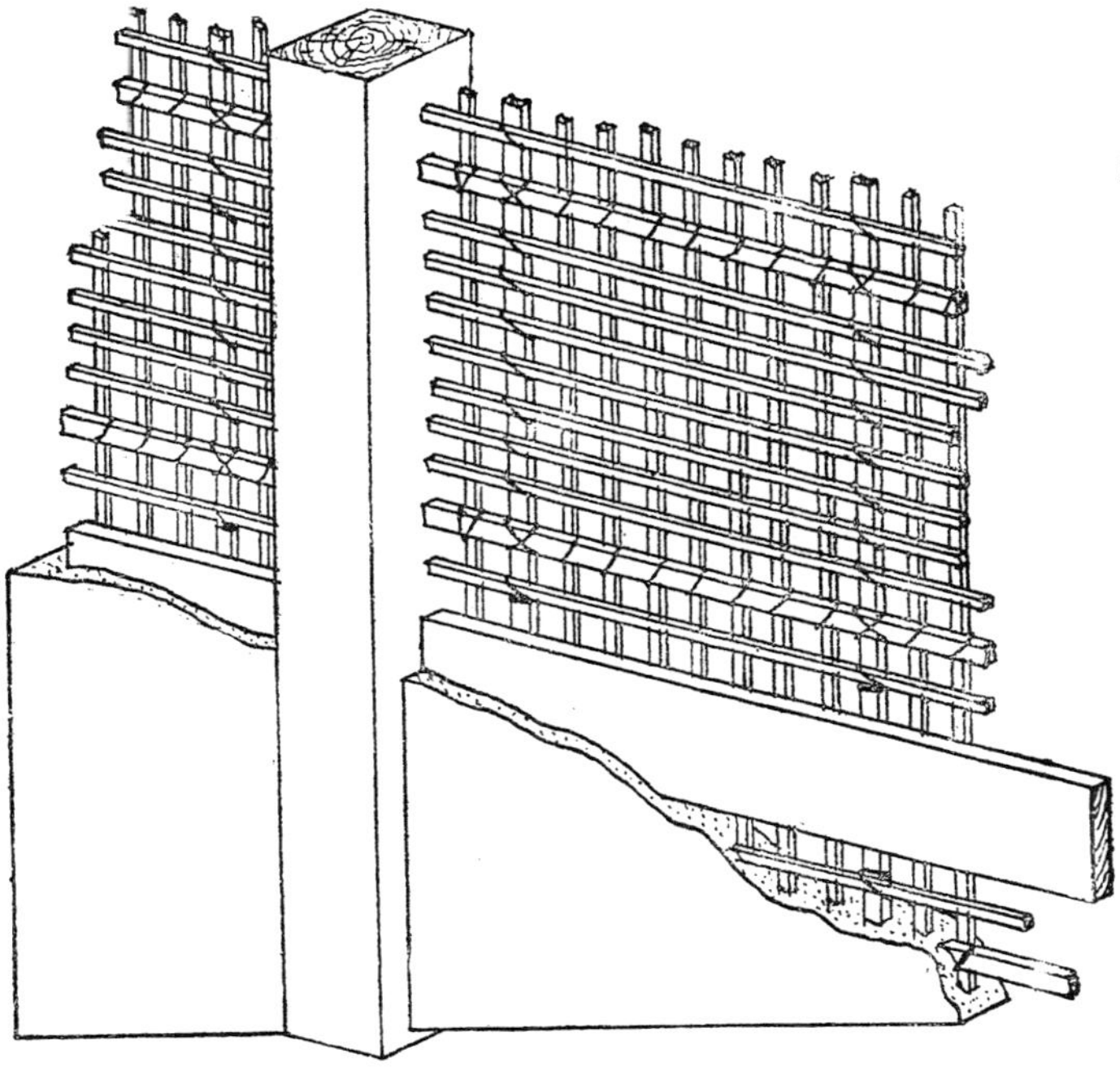

甲

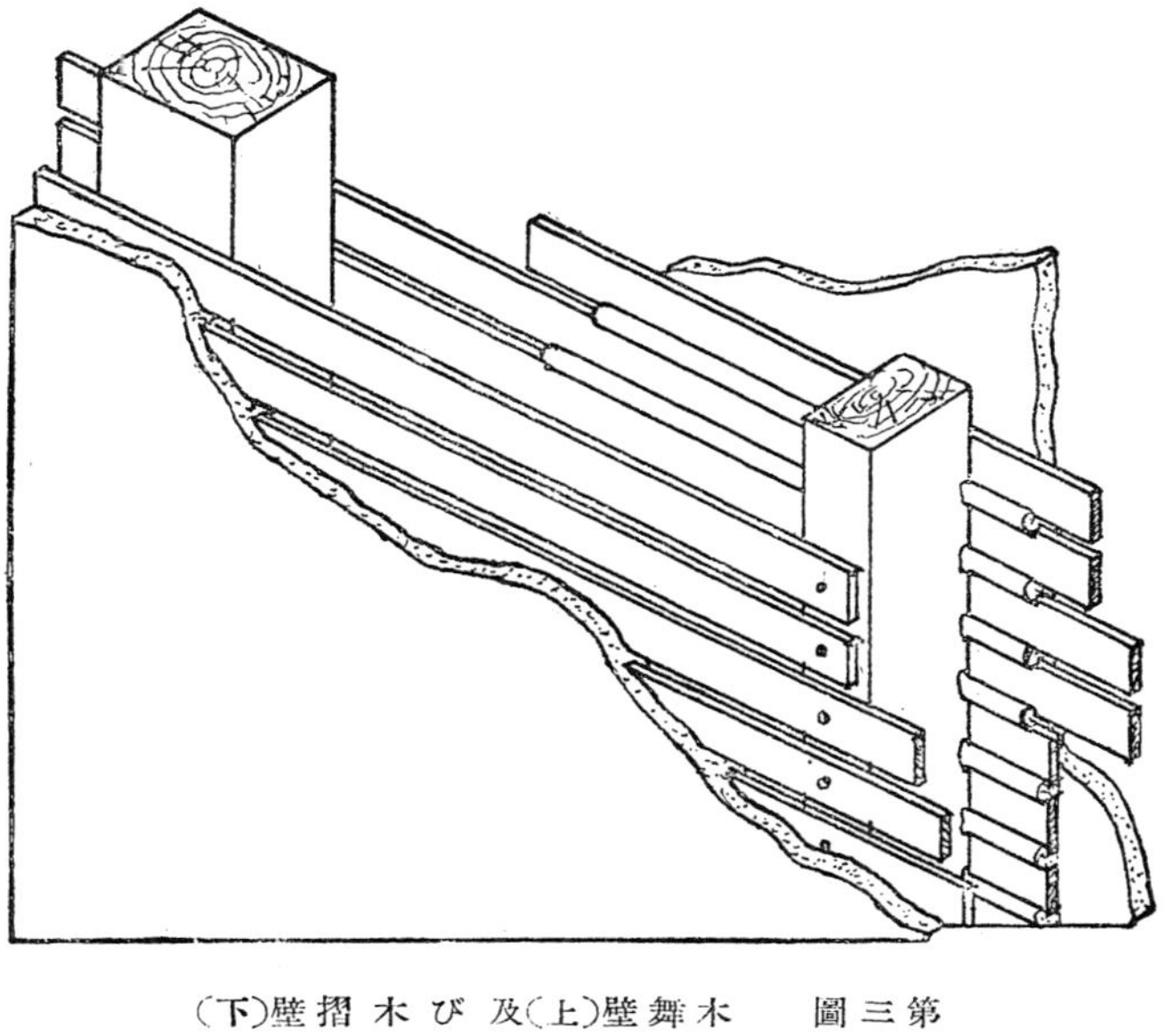

乙

第三圖　木舞壁(上)及び木摺壁(下)

述べたる如く上下の階の面積に相違があつて二階は小なるを以て、兩階の間には屋根があり深い軒が出て居ります。

洋風住宅の軒の出は頗る淺く壁より殆ど出て居ない場合もあつて、屋根の勾配は急です。軒の出の無い場合には、何處からが屋根で何處からが壁であるか區別のつかない場合もあります。窓の上には多くは庇をつけません。間取の項にて述べたる如く、二階建の場合には上下の階の壁面は連續して居りますから、恰も箱の側面の所々に上下二列に長方形の穴を穿ちたる如き形を示します。

窓　**和風住宅**にては窓の總面積は外壁面或は床面に較べて非常に大です。而して其の各の形は幅に比して高さが低く約百八十糎或はそれ以下であつて、幅はそれと同樣なるか或はそれ以上にして、之に引違障子を嵌めます。次に述べる洋風住宅にては出入口は玄關と臺所とに或はベランダにもあつて、一つの建物に對する出入口は二つ又は三つを普通としますが、和風住宅の主要なる室に於ては、床の疊の面より上部は開放し得る裝置になし、窓と出入口とを兼ねたる如きものとなつて居りますから、建物の周圍には多くの出入口がある譯で、何處からでも屋內に出入することを得ます。

窓に於ける夜間の防備には雨戶或は硝子障子を用ひますが、それより室內に日光の直射するを防ぐ爲め或は內外視線の遮斷を必要となす場合及び其の他の目的に對しては紙障子を使用します。

洋風住宅にては其の總面積は外壁面或は床面に比較して割合に小にして、其の形は高さが幅の二倍以上です。卽ち上下に細長きを以て上げ下げ或は開きの硝子障子を嵌めます。壁に於ける窓の位置は其下部が床面より大約六十乃至百二十糎上にあります。

室内に窓より日光の直射するを防ぐ爲め、或は内外視線の遮斷を必要となす場合には、布を使用します。

戸　**和風住宅**に於ては開戸は多く使用しません、之は幅狹き約九十糎の押入或は便所の出入口等に用ふる位のもので、多くの場合に引戸或は引違戸を使用します。室内にては紙貼の引違戸、卽ち襖を用ひて間仕切兼用にします。

洋風住宅に於ては總て木製の開戸を使用します。

此の如く兩者の間には著しき相違があるので、一見して容易に區別なすことを得ます。之等甚しき差異の生ずる原因は、洋風住宅の源である英米獨佛等の住宅と和風住宅の源である我國舊來の住宅とが等しく住宅でありながら、驚くべき懸隔のあることがらです。

三

住宅は緖言に於て述べたる如く、吾々が居住の目的を以て使用する建物ですから、使用する人々の人情風俗習慣趣味其の他が相違して居れば、それ等に從つて差異が起りますし、又地上に固定して構成するのですから、其の地の氣候風土に對應して出來上らねばならない事は當然過ぎる程當然であつて、之等の影響を蒙ることは實に偉大なるものです。それ故に之等のことが相違せる國々にては、其の住宅に於て種々の相違して居る點が出來、特徵あるものとなるのは必然の結果で、何にも不可思議ではありません。併し人情、風俗、習慣等が同じであり、氣候風土の同一である土地に於ける住宅の間に、甚しい相違の生ずるのは洵に不可解なることで、そんな筈はありません。

然るに、我國の現在は同じ場所に諸外國の住宅の見本を陳列したる如き狀態で、或人は外國の住宅を模寫する場合に、日本の建築家にては不充分であるとして、舊來の趣味風俗習慣等とは全く沒交渉であり我國の氣候風土に就いては深く知らない外國の建築家に設計を依賴することもあります。又或人は北米合衆國の人々が其の地に於て住むのに適當なる組立住宅を、風俗習慣の相違せる日本人が氣候風土の相違せる日本の地に於て住む爲に、遙々と輸入することもあります。又或人は外國を旅行して、其の土地で氣持のよい住宅を見つけたからと云つて、日本に歸つてからそれを其の儘模寫することもあります。此の如き狀態は他の何れの國に於ても見出すことが出來ません。

又屢〻見る最も甚しき實例は、同一家族が坐式と腰掛式との兩樣の生活を欲する場合には、所を異にしない一敷地內にあつても、前者に對しては和風住宅を造り、後者に對しては洋風住宅を造つて、其の建築樣式を全然區別して所謂木に竹を繼ぎたる感のある住宅を造ります。玄關近くの應接室其の他は腰掛式の洋館であり、其の奧にある居間茶の間等は坐式であつて日本家とします。之等二つは同じ續いて居る建物であつても、先に述べたる建築上の差異が明瞭に兩者の間に表はれて居ることは、讀者も常に都會及び其の郊外の住宅地で實見さるゝ所でせう。

同一家族であれば、其の生活の內容には變りがありません。且つ同じ場所であれば、居住の目的に對する其の地によつて起る要求は何等變りがありません。故に此の如き甚しく相違したる建築樣式に據つて造れる二種の住宅が、何れも適當である筈はありません。例へば坐式と腰掛式と兩樣の生活を爲すとしても、洋館の屋根を赤い色の瓦で葺いたり鼠色の石板で葺いたりして、それが自己の趣味に合致して居るのなれば、同じ棟つゞきの日本家の屋根も同一の材料にて葺けばよい筈ですが、殊更區別して日本家には舊來常に使用せる灰色の瓦を用ひます。我國の氣候風土を對象として和風住宅の壁が氣溫氣濕を調節するに最も適當であれば、其の隣に木造の腰掛式の部屋を造る場合にも此の構造の壁を採用して良い譯ですが、先に壁の項にて述べたる如き中央空虚にして其の兩側は薄き層よりなる所謂「ハリボテ」の壁を使用します。窓の總面積が夏季の通風其の他の目的に對し洋風住宅に於ける程度にて差支ないのであれば、壁の面積を少くなし構造上の不安を增してまでも和風住宅の如く大きく取る必要はないでせう。耐火耐久に重きを置いて鐵筋混凝土にて洋館を造るならば、其の隣の日本家も之に據るべきですが必ず木造とします。住宅を衣や食と同樣に見做して折に觸れ使ひ分けする道樂氣分がある程多分の餘裕を持つ場合は別問題ですが、緒言に述べたる如き日本の住宅に於てかゝる區別をなして建てるのは色々の矛盾が起り洵に滑稽です。住宅は簡單に流行を追ひ支那服を着て見たり外人に依賴してクリスマスケーキを造つて見るような譯にはゆきません。上述の如き差異を生ぜしむるのは合理的でない事を明かになすには、先に述べたる人情風俗習慣等及び氣候風土が建築樣式に相違をきたす根本條件であつて、之等が住宅に對して如何に影響を及ぼすかを尙詳細に述べなければならないと思ひます。

四

人情とか風俗習慣とか趣味とか云ふものは其のはぐくまれたる國の氣候風土の影響を受けますが、亦他の國々の影響をも受け易い移動性の烈しいものです。殊に現代の如く交通機關が非常に發達して、世界各國間の交渉が容易になり往來が頻繁になれば、趣を異にせる人情風俗習慣等に限らず其の他總ての事物は世界的共通の點が多く表はれて來ます。之は顯著なる事實で吾々の日常見聞する所ですが、併し之を以て日本の住宅は近き將來に於て歐米のそれと同一のものに變ずるのであるとなし、且つ又彼の住宅は現代科學を良く應用して其の設備は頗る進歩せるを以て最も吾々に適合なすものとして、それ等の住宅を全く模倣なす事が最良の方法であると斷定するのは甚しく輕卒ではないかと思ひます。起源や歷史を異にし發達して來た國でも他の文明諸國と交渉を開始すれば忽ち其の影響を蒙り、それ等の國に學んで著しく共通の傾向を表します。併し其の表るゝ點は公的生活に於てのことで、私的生活は中々急激に變化するものではありません。依然として多くの舊態を存續します。

我國は歐米諸國との交渉が俄かに烈しくなつて以來約六十年、其の間に盛んに彼の文物を輸入したので公的生活に於ては甚しく歐米化しましたが、私的生活にあつては今尙變化しないものが頗る多く殘つて居ります。例へば吾々は舊來坐式生活をして居りましたが、歐米の風を倣つて以來腰掛式の生活を採用して、公的生活に於ては全く坐式生活は廢れて終つたと見てよい時代になつたと思ひます。併し私的生活にては多くの人々が坐式生活を今も尙變へないで續けて居ります。現今の若い人々は和服を著ても腰掛ける事を好むので、それから考へると現代の青年が老齡に達する時、卽ち二三十年後の次の時代に於ては世は全く變じて坐式は全廢され、私的生活に於ても腰掛式に變ずるかの如くに推量されますが、我國舊來の生活樣式に於ても特長が全くないのではありませんから、從つて坐式も容易に廢棄し得ないのではないかと思ひます。

吾々の先輩で青年時代に歐米に學んで其の風習に心醉して、單に腰掛式の生活とか服裝とかのみならず趣味其の他に至るまで總て極端なる西洋風を謳歌せし人々を見ますと、年月を經過するに從つて次第次第に舊來の生活樣式に歸り、公的生活に關係が薄くなれば、遂には純和風生活に戻つた人々が多く、いつ迄も洋風生活を續けて居る人は稀なようです。現代の青年も亦之に近き經驗を爲すのではないかと想像されます。私自身は現在家庭に於ても全く腰掛式の生活をして居りますし、一般の人々も亦將來は全く腰掛式の生活に變るべきであると思ひますが、其の實行は中々容易でありません。殊に我國民は感情的衞生に重きを置いて清潔を好みますから、屋外にて使用したる履物を其の儘屋內にては使用することを好みません。且つ我國の氣候は降水が極めて多量であり、又道路の汚泥は甚しく、歐米の先進諸國に於ける如く道路は鋪裝されて反つて軟い土を踏むのを戀しがる現狀とは頗る相違して不潔ですから、住宅の內外にて同一の履物を用ふる習慣となることの可能性は一層少ない譯です。從つて坐式と腰掛式との區別は頗る不明瞭で二重生活を讃美する人も出來る譯で、遺憾ながら私的生活に於て坐式の全廢さるゝのは遠き將來のことで、當分の間は腰掛式の生活を原則としても、坐式生活が併用せらるゝものと見るのが、妥當ではないかと思ひます。

多くの事物が世界的に共通となるには長い年月を要する實例を今一つ擧げて見ますと、現今廣く行はれて居るメートル法度量衡は其の初め佛蘭西に於て起つたものですが、今から約百三十年前の西曆一千七百九十三年と其の翌々年の一千七百九十五年に、法律を發布してメートル法度量衡を初めて施行しました。併し此の改革には佛國民一般は反對であつたので、西曆一千八百十二年にナポレオン第一世は舊來の度量衡の使用を許可しました。其の後に至つてメートル法度量衡の便利なることが次第に明かになつてから、西暦一千八百四十年の一月一日より再び實施することになりました。獨逸にては西暦一千八百六十八年に從來の度量衡を廢して之を採用しましたが、伊太利、西班牙、白耳義、和蘭、墺太利等の國々も佛蘭西或は獨逸に傚つて之を採用しました。我國にては明治十九年に萬國メートル法條約に加盟して、明治二十四年に度量衡法を發布し、現在の基礎が出來ました。而して大正十年に至つて漸く改正法が出來て愈〻實施することになりました。

萬國度量衡法統一の急務であることは各方面から叫ばれて、各國の間に於て之を實現する爲めに西暦一千八百七十五年以來メートル法條約會議を開催して、其の聲は愈〻盛んになつて居りますが、此の如き年月と努力とを費し、國々にては法律の力に據つて始めて擴まり、殆ど世界共通の度量衡法と認めらるゝに至りました。併し英吉利、北米合衆國の如く、其の國民の一般は舊來よりの度量衡を專ら使用せる國々もありまして、各國の家庭にまで行き渡つて共通となることは中々困難にして尚長年月を要するでせう。已に古くより改革せる獨逸に於ても、其の片田舍の家庭にては長さを測るにメートルを單位となさずして、昔の單位であるエルレ（英國のヤードに類似のもの）を今も尚使用せる所があると聞きます。

我國に於ても現今種々の方法によつて舊來の度量衡を全廢して之が採用を盛に宣傳して居りますが、實行は極めて遲々たるもので殊に家庭にては容易に改革の實が擧りません。或建築の雜誌で住宅に於いて各人の欲する建物の面積室の天井の高さ敷地の廣さ等に就いて、建築家を始め其の他各方面の人々に對し質問して、其の回答が昭和二年一月より其の紙上に掲載されてありましたが、メートル法度量衡に從つて答へてあつたものは殆ど全く見當りませんでした。斯く古い習慣を打破することは容易に出來ません。又近來反つて一時廢れた昔の習慣が、例へば三月或は五月の節句の如く、復興さるゝ傾向にあるかの樣に見受けるものもあります。之等の實例を以て見ても、吾々の私的生活が歐米化することは中々容易でなく、迅速には行はれないことが知られます。從つて其の私的生活の巢窟たる住宅は之に適應せなければならないので、其の變遷は急激に行はれるものではありません、極めて遲々たるものです。

英吉利、獨逸などの國々の間には人情風俗習慣等に比較的類似の點を多く見出すことが出來ますし、氣候風土も日本程かけ離れて相違して居らず、何れも防寒に苦心した建物を造らねばなりませんから、それ等の國々の住宅に於ては共通の點が多々あります。今假に我國の氣候風土が之等の國々とほゞ同樣であるとしても、生活樣式がほゞ之等の國々と共通して其の住宅が英吉利のそれと獨逸のそれと類似せると同程度になるには長い年月を必要とします。中々吾々の生活は過去の歴史を超越することは出來ません。

世界的に最も共通になり易きものは建築材料にして、或土地にて特殊の建築材料を多量に產すれば、其の地にては之が容易に得らるゝ故盛に利用します。若し其の材料に特長があれば之に適合するような使ひ方をせねばなりませんから、其の爲めに他と異なつたる建築樣式が其の地に於て起ることは當然です。然るに現代の如く交通開け一地方の特種の材料も運搬の便利愈〻大なれば、何れの地にでも自由に且つ豐富に之を使用することが出來ます。例へば、北米合衆國の太平洋沿岸に產する松杉材等は我國の到る處に於て使用され木曾山中にても之を見出します。又一つの建物に大理石を多量に使用する場合は我國にても伊太利より輸入することがあります。

此の如く材料に就いては比較的容易に共通の傾向が表はれますが、氣候風土は時代の推移に對して殆ど何等の關係もなく絶對的威力を發揮します。之は單に建築のみに限らず總ての事物に對してゞすが、住宅が氣候風土の影響を蒙ることは實に偉大なるものです。

夫々國々に於て發達する事物が氣候風土の影響を蒙つて相違の起る實例を擧げて見ますと、英吉利に旅行して其の地勢を見て直ちに感ずるのは、ゴルフの技の盛なるのは當然であることです。嘗てスコットランドを旅行してヱヂンバラからインバニスを經てフォルト・ウイリアムに出たことがありますが、我國の如く山岳と稱する程のものは殆どなく、稀にあつても急峻ではありません。フォルト・ウイリアム近くのベン・ネビキスは英吉利に於ける最高の山と聞きますが、僅かに四千四百呎（一千三百四十三米）しかありません。初夏の候雪解の跡に萌出づる若草は我國の夏に生ひ茂る雜草の如く延びませんが、尙それを根元から羊によつて食ひ盡されて、丘は奇麗に掃除されますから、何處でも、誰れでも、容易に其の技を樂しむことが出來ます。都會の附近にて傾斜の緩なる土地があれば住宅地などに適しますが、之を自由に獲ることを得て、ゴルフの爲めに占領しても何等の影響もありません。ゴルフはもと和蘭にて始められたと聞きますが、其の起つた國に於て廢れて英吉利にて隆盛に赴いたのは極めて當然なことです。

今建築に就いて二三の實例を擧げて之を明かにして見ますと、埃及は古代頗る文化の發達したる國ですが、其の中心のカイロが北緯二十九度五十二分ですから、一年間を通じて太陽の光線は極めて强烈で暑氣は甚しきを以て、晝間に於ける室內の照明には窓の必要少く、出入口等より挿し込む光線にて足り、防暑に對しても之を適當とします。故に其の地に造らるゝ建物は當然の要求として壁は極めて厚く、窓は殆ど設けません。又各月及び一年間の降水量は頗る僅少で、カイロに於ては次の如くです。

一月	二月	三月	四月	五月	六月	七月	八月	九月	十月	十一月	十二月	年
一〇粍	五粍	六粍	六粍	一粍	〇	〇	〇	〇	〇	二粍	四粍	三四粍

（東京天文臺編纂の理科年表による）

卽ち六七八九十の五箇月は降雨がないので、屋根は排水に就いて考慮を廻らすよりも、寧ろ夏季眞上から日光の直射による高熱を防ぐことが重要なる問題にして、厚き板石を以て平たく敷きたる屋根を造ります。此の地方よりも北に位する伊太利にては埃及の如く太陽光線は强烈でありませんから、建物には採光の爲めに窓を設けねばなりません。併し、其の窓のあるが爲めに夏季日光の直射によつて室内の受くる影響を能ふ限り輕減させねばなりませんから、建物の中央に中庭を造り之に面して窓を設け、一日中に變化の少ない軟かい光線を此の方面から採つて、外側の壁に窓の必要があれば小さく設けます。尚伊太利よりも少しく北に位する佛蘭西にては北部は英吉利に南部は伊太利に似て、之等兩地方の間には太陽光線に强弱がありますから、此の變化は先に述べたる如く窓出入口等にも表はれて、南部に向ふに從つて其の大さは次第に小さくなります。

我國にても地方によつて氣候風土に多少の相違があれば、それが直ちに建築上に表はれます。例へば、我國は降水量が非常に多いので、一般に屋根の排水には充分の注意を拂つて葺き上ぐる材料に應じ適當な勾配にせねばなりませんが、其の勾配に關しては降雨の際に於ける風力をも考慮に入れなければなりません。降雨が同じ量にても風力が强ければ排水は困難ですから、同一の葺上材料を使用せば風力の强い場合は勾配を急に弱い時は緩く葺きます。

之に就いて京都と大阪とを比較して見ますと、僅かに二十六哩八（四十三粁一三「鐵道省の京都大阪驛間の線路上にて」）を距つて居りますが、一年間の降水量は大阪にては一千三百八十五粍一京都では一千六百十六粍二で、降水日數は大阪にては百三十九日一京都にては百六十三日四ですから、降水の日の一日に於ける其の量は殆ど同一ですが、京都に於て一年間に二十四日三だけ多く降ります。單に之を以て見れば京都の建物には急勾配の屋根が多かるべき筈ですが、京都に於ける一年間の平均風速は毎秒二米二で、大阪のそれが四米であるのに比すれば約半分です。（之等の數字は三十八箇年の平均で、後ちに「氣候」の章にて詳述します。）従つて京都にては舊來の瓦葺の建物に極めてのろい勾配のものを見ることが出來ますが、大阪にては之を比較的急勾配にせねばなりません。大阪市中に於ける瓦葺の勾配は多くは百分の四十五乃至百分の六十ですが、京都のそれは百分の四十乃至百分の五十五です。京都附近にてもなほ風速の弱い地、例へば山科の特に山に挾まれたる處では、一層のろいも勾配でも漏水の恐がなく、百分の四十以下のものもあります。

此の如く氣候風土の如何によつて建物に相違の生ずることは極めて著しいもので、少しも之を閑却することは出來ません。然るに我が國にあつては一般に之を無視したる住宅を造らむとするの傾向にあり、殊に知識階級の人々の間に此の弊の甚しきは洵に慨嘆の至です。

五

現在吾々の欲求する住宅は昔日の如く單に雨露を凌ぐことを得ば、それで滿足すると云ふのではありません。英國の或建築家は今から約三百年前に、建物が具備せねばならない必要條件は便利堅牢愉快の三語によつて表はされると云つたとの事ですが、洵に其の言の如くで、今日に於ても尙之を變更するの必要は少しもありません。住宅にあつては、其の構造に於て堅牢で風雨火震災及び腐朽等に對して安全でなければなりません。且つ又衞生的で、換氣煖房及び採光等は完全で能く快感を與へ、裝飾に於て吾々の性情に適應して氣持ちよいものでなければなりません。尙意匠に於て各室の大小配置が宜しきを得、諸種の機械的發明を能ふ限り應用して便利になし生活能率の增進を計らねばなりません。

然るに、現今我國に於て行はるる二大樣式の和風住宅及び洋風住宅を考察すれば、何れも眞の日本の住宅としては不完全なるものです。それ等兩者の長短は後ちに述ぶる種々の章より明白に推知することを得ると思ひますが、之等兩者の源に就いて顧みれば、歐米の先進諸國の住宅は時代の趨勢に伴つて、現代科學を最も能く利用して非常に便利であるとしても、人情風俗習慣等より見て吾々がそれに心醉することは極めて愚なる話ですし、氣候風土より考えても其の儘模寫することは甚しい謬見です。我國舊來の住宅は日本の氣候風土に對して過去長年月の經驗に據つて發達し適應せるものにして、中には頗る貴重なる經驗の賜もありますから、之を一笑に附して放擲する譯には行きませんが、新生活樣式を營むには適合しない點が多々あります。

從つて、世の和風住宅を好む人々の多くは古きを慕ひ時代の變遷に覺醒せず、我國古建築の型をのみ追隨して徒に舊風を墨守し、頗る頑迷なる傾向があつて時代に適應しようとは努めません。例へば夜間の照明方法の如き、之に對して考慮された跡を少しも見出すことが出來ません。意匠の豐富を誇る茶室建築に於てすら、舊來の域を脱するを得ずして單に古人の糟粕を嘗むるのみですから、此の照明を如何に爲すか解決なし得ないで持て餘し氣味です。換氣などに就いても現代科學を應用したる實例は見出されません。茶室は比較的氣積が小で長時間多數の人の居る場所ですから、つき上げ窓に依り換氣を計るを唯一の良方法となすのは極めて不充分です。之を完全になせば氣持よく長居することを得、且つ夏季に於ても使ひ得て一年間に於ける使用期間は餘程長くなります。私は單に歐米の住宅の模傚をのみ不可なりと斷言するのではありません。我國現代の住宅が舊來のそれを模寫なすのも亦頗る不快なるものだと思ひます。

洋風住宅を好む人々は多く古きに倦き新しきを喜び、歐米諸國の住宅の珍しきに眩惑され、之が我國に適應なすや否やに就いては熟慮なすの暇もなく盲從する傾向があります。時代の趨勢は此の如き狀態を一日も許しません。模傚の時代は已に過ぎ去り、過渡期なりとして諦むる秋でもありません。日本特有の建築樣式が住宅に於て表現さるべき時代ではないかと思ひます。幸に歐洲大戰以來、住宅に就いて深く研究する人々の次第に多きを加へたのは洵に慶賀なすべきことで、日本の住宅として特色ある建築の出來ないことは實に大なる恥辱であると思ひますから、一日も早く我國固有の環境に調和し、吾人の生活に適應すべき眞の文化住宅の創成せられんことを熱望してやみません。(本文は嘗て京都帝國大學創立記念日に於ける講演の大部分を基として書いたものです。)

氣候

一

吾々人類は攝氏約三十七度の恒溫動物です。從つて外界が其の生活に必須なる恒溫條件を脅威するような狀態にあれば、吾々は甚しく不快を感じ、且つ永く此の狀態を持續して居れば容易に疾病の因となるものです。それ故に外界が此の恒溫を維持するのに不適當なる諸種の條件を持つて居る場合は之を自由に調節し改善し、吾々をして極めて平静に生活機能を營ましむることの出來得る環境を造らねばなりません。

卽ち家屋によつて寒暑乾濕を適當に調節なし換氣氣流を適度にし、外界の狀態が如何に變化なすとも常に吾々の環境に特種の氣候を形式せしめます。斯くして吾々は啻に健康維持と云ふ點のみならず、常に快感享有をも併せて得んと企てるのです。故に特種の氣候卽ち家屋氣候を形成するに必要なる諸般の設備は建築學上極めて重大なる問題の一つですが、現代に於ける家屋に對する要求は次第に多く次第に複雑になりましたから、それ等を解決なす場合に此の根本の問題を忘却して、屋內は常に外界に於けるよりも却つて不快なる狀態にあつて、疾病の巢窟となることも屢〻あります。之は洵に憂ふべきことで大いに注意せねばなりません。

外界に於ける氣候竝に其の變化の狀況は地球上到る處で相違し千差萬別です。現代の科學が尙一層進步しても、機械的裝置によつて之を自由に調節し得るに至るのは遠き將來に屬する事と思ひます。從つて建築上より特種の氣候を形成するの必要は容易に去らない譯で、各地に於ける多くの事物は共通になつても、之に要する諸般の建築設備は外界の氣候竝に其の變化の如何に應じて相違を來します。故に我國の住宅と歐米諸國の住宅とは其の根本問題に於て自ら非常の差異があつて、吾々が濫に歐米の住宅を模倣することが出來ないと云ふ理由を明かになす爲めには、家屋氣候の對象である外界氣候の變化が彼我甚しい相違のあることを述ぶれば自ら明白になる譯です。玆に其の相違を詳論し近時世を擧げて歐米の先進諸國に心醉して、其の住宅をも模倣せんとするの愚を明かに爲さんと思ひます。

先づ之を概說すれば、吾々が建築學上常に參考となせる英、獨、佛及び北米合衆國等の文明諸國に於ける生活は比較的冬季に就いて苦心を要し、家屋は此の期間に對する設備を主とせねばなりませんが、我國にての生活は比較的夏季に於て苦心を要します。而して外界氣候を調節なすの困難は冬季に對するよりも夏季に對する方が遙かに大です。此の如く住宅に對する根本の條件に於て彼我甚しい懸隔のあることは、深く留意せねばなりません。

二

諸種の方面より吾々人類の日常生活に適應する氣候に就いて研究されて居りますが、吾々の生活現象に一定の標準を定むることは極めて困難です。故に其の最も適當なる氣候を正確に示すことは出來ないで、諸學者の間に多少の相違はあつて區々として居ります。併し其の研究によつて大體の標準は明白になりました。外界の氣候に就いて詳述する場合には先づ此の標準を說くのが順序と思ひますから其の大要を述ぶれば次の如くです。

レオナルド・ヒル（Leonard Hill）氏ルブネル（Rubner）氏を始め諸衞生學者の研究發表せる所によれば、人體の新陳代謝は放熱作用に至大なる影響あるを以て、其の機能である輻射對流及び蒸發の三作用を適度ならしめねばなりません。其の爲めには吾々の環境に於ける溫度濕度及び氣流を適當の狀態たらしめねばなりません。吾々の感覺は溫度に最も銳敏にして、日常氣候の變化の代表としては之を用ひて、濕度は忘却され氣流は看過され易い傾向にありますが、濕度も亦生活の能率に影響する所は極めて多大ですし、氣流は溫濕兩者が不適當なる場合に之を補ふのに大なる效果があります。卽ち溫度濕度及び氣流の配合狀態如何によつて、吾々は快不快を覺えます。之等の配合の宜しからざる場合は甚しく生活の能率を害し疲勞を增して、生活現象に重大なる惡影響を及ぼします。

從來より屋內に於ける空氣の淸淨如何を表はす標準としては炭酸瓦斯を用ひて居りますが、之は單に標準となすに最も便利であるからであつて、室內に居つて吾々の快感享有に障碍を起すものは、人體より發生する炭酸瓦斯或は呼氣中の有機物質等による汚染が直接大なる原因を爲すものに非ずして、吾々の周圍に於ける空氣の溫度及び濕度が上昇して人體よりの放熱作用は妨げられ、呼吸は激しく體溫は上昇するに起因することはヘルマンス（Helmans）氏及びフリユツゲー（Flügge）氏等が說き、西暦一千九百五年にヘイマン（Heymann）ポウル（Paul）及びエルクレンツ（Erklentz）の諸氏によつてフリユツゲー氏の研究室にて實驗上明示されました。其の後諸學者の研究によつて、換氣に乏しい部屋に於ける障碍は高溫多濕竝に氣流の缺除するによつて惹起さるゝものであることが尙一層明白になりました。今其の溫度濕度及び氣流の配合標準に對する諸學者の說を擧ぐれば次の如くです。

一　レオナルド・ヒル(Leonard Hill)氏、　無風の狀態(室內を意味す)に於て、輕衣安靜座業に從事せる場合には、氣溫華氏六十四度(攝氏十七度七八)比濕六十五パーセントの配合が最も良好であつて、溫度が上昇すれば比濕は之に比例して低下し、比濕が上昇すれば溫度は之に比例して降下せねばならぬ。而して溫濕度共に一定の限度がある。

二　ルブネル(Rubner)氏、　無風狀態(室內を意味す)で、氣溫華氏八十度(攝氏二十六度六七)以上の時には裸體で居るがよく、華氏九十度(攝氏三十二度二二)以上に於ては裸體となるのみにては不充分にして風に當ることが必要である。標準の表し方は濕球溫度を以て爲すべきもので、無風時濕球溫度華氏五十六度(攝氏十三度三三)を常態に於ける好適標準とする。

濕球溫度　溫度を測定なすには吾々は一般に水銀寒暖計を使用して居ります。此の寒暖計にては單に其の周圍の溫度の變化に從つて、目盛を付せる硝子管中を水銀が上下することによつて溫度が知られます。之をこゝに說く濕球溫度に對して乾球溫度と云ひますが、其の寒暖計の下部の水銀球を常に濕めれる荒い目の布で包んで置けば、其の周圍に於ける空氣が含む水蒸氣の量の如何によつて濕めれる布よりは變化ある蒸發をします。從つて蒸發に費さるゝ熱量には相違があり、水銀の上下なすには前に述べたる如き其の周圍の空氣の溫度の變化のみならず、之が含める濕氣の多少に影響を受けます。此の寒暖計を濕球寒暖計と云ひ、それにて讀みたる度を濕球溫度と云ひます。溫濕度が諸種の狀態にある場合を測定して見ますと、乾球溫度にて同一の場合に濕度が相違せば、濕球溫度にはそれに從つて相違が表れますし、又乾球溫度にては甚しい相違がある場合にても、濕度の如何によつては濕球溫度にては同一のことも屢〻あります。（本書に於ける濕度の算出及び溫度濕度より濕球溫度の算出を必要となす場合には、すべて C. Gelineck 氏が編纂せる Psychrometer-Tafeln für das Handerttheilige Thermometer nach H. Wild's Tafeln に據る。）

三　ハルデーン(Haldane)氏、　英國に於ける紡績工場の換氣の狀態を調査して工場內の勞働者に快感を與ふるには濕球溫度華氏七十五度（攝氏二十三度八九）を最大限度とする。

四　バルノン・ヒル（Vernon Hill）氏及びシェファルド（Shepherd）氏、　西暦一千九百十二年より同十四年に到る間に、室內溫度を華氏五十四度（攝氏十二度二二）より華氏七十四度（二十三度三三）までの間にて種々に變へ、且つ濕度も種々に變へて兩者を組み合せ、其の室內に於ける人々の快感を感ずる範圍を測定せしに溫度と濕度との關係は次の如くである。

$$R=100-4(T-54)$$

R＝快感を感ずる濕度（百分率）

T＝R に對する適當なる溫度（華氏）但し華氏五十五度以上

之を圖示したる快感帶圖は其の後實地に應用せられたが、猶多くの不完全なる點を發見した。例へば華氏七十一度（攝氏二十一度六七）比濕三十パーセントの場合には快感を覺ゆる筈であるが寧ろ寒きに失し、溫度を約華氏七十四度（攝氏二十三度三三）に上昇せしめて快感を感じた。

五　チャールス・フロインド（Charles Freund）氏、　バルノン・ヒル氏及びシェファルド氏の標準を實際に應用すると、或場合には快感を與へるべき筈の溫濕度の組合せが少しく寒きに失する事もあるから、快感の標準を濕球溫度によつて示すのが合理的である。且つ氣流の如何によつても相違があるのが當然で、無風時にては濕球溫度華氏五十六度（攝氏十三度三三）を適當とするが、風があれば其の速力の増加に伴つて濕球溫度も上昇して、風速が毎分百呎（毎秒〇米五〇八）の場合には華氏五十八度（攝氏十四度四四）、毎分三百呎（毎秒一米五二四）の場合には華氏六十三度（攝氏十七度二二）を最も適當とする。

六　ハンティングトン(Huntington)氏、　精神的の活動には華氏三十八度（攝氏三度三三）以上であるのを可とし、肉體的の活動には華氏六十度（攝氏十五度五六）乃至華氏六十五度（攝氏十八度三三）を適當とする。平均華氏五十度（攝氏十度）内外では比濕が七十五パーセントであるのを最も適當とする。

七　ハブバード(Hubbard)氏、　安靜時に於て乾球溫度華氏七十度（攝氏二十一度一一）、濕球溫度華氏五十六度（攝氏十三度三三）が適當で、容易なる仕事に從事して居る場合は華氏一度五分を減じ、少しく働ける場合には華氏三度を減じ、勞働せる場合には華氏四度を減ずる。氣流の起れる場合に於ては上述の濕球溫度華氏五十六度（攝氏十三度三三）よりも高溫であるのを可とし、其の程度は氣流の速度如何によつて相違なす故此の關係を圖で示して明瞭にした。

八　フウテン(Houghten)氏及びヤグロー(Yaglogiou)氏、　吾々の快或は不快を感ずる程度は常に乾球溫度のみに依つて變化するものでもなければ、濕球溫度のみに依つて示されるものでもなく、同一程度の快感を與ふる溫濕度の諸種の組合せを造るには濕球溫度を標準と爲す事は出來ない。濕球溫度は同一でも比較的高溫少濕の組合せと低溫多濕の組合せとは同じ程度の快感を與へず、前者が後者よりも快感を與へる。故に無風の狀態に於て安靜時に同一程度の快或は不快を感ずる諸種の溫度及び濕度の組合せを實驗上より求め、之をサイクロメトリックチャート（Psychrometric chart）上に圖示した。同一程度の快感を與へる種々の組合せを表はすものは殆ど直線であつて、之を等快感線（Equal comfort line or Effective temperature line）と稱する。溫度華氏六十二度（攝氏十六度六七）比濕百パーセント〔及び溫度華氏七十四度（攝氏二十三度三三）比濕〇パーセント〕と同一程度の快感を感ずる溫濕度の組合せを示す線、卽ち華氏六十二度（攝氏十六度六七）の等快感線と溫度華氏六十九度（攝氏二十度五六）比濕百パーセント〔及び溫度華氏八十六度五分（攝氏三十度二八）比濕〇パーセント〕と同一程度の快感を感ずる溫濕度の組合せを示す線、卽ち華氏六十九度（攝氏二十度五六）の等快感線との間の諸種の組合せの狀態にあるものを快感帶（Comfort zone）と云つて、華氏六十四度（攝氏十七度七八）の等快感線〔溫度華氏六十四度（攝氏十七度七八）比濕百パーセント及び溫度華氏七十七度三分（攝氏二十五度一七）比濕〇パーセントと同一程度の快感を感ずる溫濕度の組合せ〕が最も良好の狀態で、之を快感線（Comfort line）と名づける。

　無風狀態でない場合に關しては、其の氣流の速度が毎分五十呎（毎秒〇米二五四）より毎分七百呎（毎秒三米五五六）の間に於ける種々の場合の實驗成績を發表して、氣流の起れる場合に於ける溫度及び濕度の諸種の組合せに就いて明かにした。

以上諸學者の說は先に述べたる如く研究の根本が人體の快感を標準として居りますから、之を數量的に論究することは極めて困難です。從つて諸學者の間に多少の相違を生ずることがあつても、現代の住宅の衛生的設備を論ずる場合に於ける標準としては、上述の何れを選んでも不可でありません。其の理由は家屋氣候が外界氣候の動搖に全く無關係に、常に溫度濕度及び氣流が好配合である一定の狀態を保ち得る機械的裝置を爲すことは頗る困難にして、纔に、外氣の變化に因つて家屋氣候が支配を受くる場合に可及的急劇なる變化を避け比較的好狀態を維持し、建築的に適當なる氣候を造るの裝置をなすを目的として居ります。殊に夏冬二季にあつては之等標準となす狀態よりも遙かに遠きを以て、住宅の要は一歩にても多く之に近づかしむるの設備を爲すにあるのみです。因つて本文に於ては、主として該研究の先覺者たるレオナルド、ヒル氏及びルブネル氏の言を標準とします。

而して之等の標準は何れの土地何れの場合に於ても同一であるべきで、環境の如何によつて多少たりとも斟酌を施すの必要は認めません。例へば、其の生活狀態が高溫又は多濕に馴れたる人々は寒冷或は乾燥に對して比較的過敏であるの故を以て、其の場合に於て上述の標準氣候は不適當であるとして多少の修正を加へねばならないと云ふ說もありますが、此の如き環境にあれば單にそれに耐え得るのみであつて、吾々の人體に感ずる快感の度は一時的に動搖することがあつても、終局に於ては此の基準の外に出るものではないと信じます。

(バルノン・ヒル氏がレオナルド・ヒル氏の考案せるカタ寒暖計にて測定したる結果に據れば、普通安靜時に於て乾球カタ冷却率を基準となす快感域は六にして、五以下なるときは蒸暑の感があるとの事です。然るに京都帝國大學醫學部衛生學教室米山義績氏の研究によれば、我國の夏季に於ては乾球カタ冷却率が四・八（平均）にて特に快感を妨げなかつたのですが、之と五とを比較して見ますと其の差は僅微で、特に前述の標準が吾々日本人に對して著しく低下する如き傾向は認められません。のみならず米山氏は此の相違を來す主因は被服にあると論じて居ります。）

溫度濕度及び氣流の配合が宜しきを得て、人體に於ける輻射、對流、蒸發の三作用は初めて適度に行はれ之によつて快感を感ずる譯ですから、我國民は次に詳述する如く其の環境は多濕で蒸發の遲きに馴るゝも、前述の標準には多少たりとも修正を加へることを要しません。隧道或は炭坑內に勞働して多濕に馴れたる工夫等に對しても此の標準は適用することが出來て、特に之等の人々に對し多濕を適當となすものではありません。世界各國の冬季煖房を行ふ場合に於ける家屋氣候の標準は其の國々の風俗習慣等によつて相違せるも、人體に對する適否は何れの國に於ても上述の標準に據り、之を以て家屋氣候形成の建築設備の指針となすべきです。

三

我國の版圖は海上に散在せるを以て諸外國に比較して見ると其の面積は極めて小なるも、其の地域は頗る廣く、內地〔日本帝國統計年鑑（內閣統計局編纂）に於ては臺灣、澎湖島、朝鮮、樺太を除きたるものを內地と云ひ、一般に用ふる內地の語も之を意味して居ります。卽ち緒言二に述べた如く本書に於ける我國の意です。〕に於ては

東西は　極東　東經百五十六度三　十　分（根室支廳占守郡占守島小泊崎）
極西　東經百二十二度五十六分（沖繩縣八重山郡與那國島西崎）

で、兩極端に於ける差は三十三度三十四分です。

南北は　極南　北緯二十四度　　二分（沖繩縣八重山郡波照間島南端）
極北　北緯五　十　度五十五分（根室支廳占守郡阿賴度島最北崎）

で、兩極端に於ける差は二十六度五十三分です。（第四十五回日本帝國統計年鑑〔大正十五年刊行〕による、）

從つて其の氣候風土は南北兩地方の間には著しく相違して居りますし。東西に於ても亦太平洋の影響の多い地方と亞細亞大陸の影響の强い地方との間には甚しい變化を表します。故に我國の住宅を論ずるに際して、之等諸地方の氣候を一括して述ぶるのは不當の感がないこともありません。併し北緯約三十八度以南、卽ち本州の大部及び四國九州、詳しく言へば內地から靑森、岩手、宮城、秋田、山形、沖繩の六縣及び北海道を除いて、東京府、神奈川縣、千葉縣、埼玉縣、群馬縣、栃木縣、茨城縣、（以上關東區）。福島縣、（東北區の一部）。靜岡縣、愛知縣、三重縣、（以上東海區）。山梨縣、長野縣、岐阜縣、（以上東山區）。新潟縣、富山縣、石川縣、福井縣（以上北陸區）。京都府、大阪府、兵庫縣、滋賀縣、奈良縣、和歌山縣、（以上近畿區）。鳥取縣、島根縣、岡山縣、廣島縣、山口縣、（以上中國區）。德島縣、香川縣、愛媛縣、高知縣、（以上四國區）。福岡縣、佐賀縣、長崎縣、熊本縣、大分縣、宮崎縣、鹿兒島縣、（以上九州區の大部分）の三府三十七縣に於ける氣候は、之等の各府縣より第四圖に示せる如く平均に分布するように一つ或は二つの地を摘出して、中央氣象臺にて調査發表せる本邦氣候表よりそれ等の地の氣候を轉載せば次の如くです。

第一表　年平均　統計年數　5乃至38箇年

地名		位置 北緯 度分	東經 度分	平均氣温 度	氣温毎日最高の平均 度	氣温毎日最低の平均 度	平均濕度 百分率	平均雲量	日照時數 時	降水量 粍	降水日數 一粍以上	平均風速 米/秒
東京	東京府	35.41	139.46	13.9	18.6	9.9	74.3	6.2	2124.0	1572.9	147.9	3.7
横須賀	神奈川縣	35.17	139.40	14.5	18.7	11.4	77.8	6.6	1954.1	1972.4	151.5	4.2
銚子	千葉縣	35.44	140.51	14.7	18.0	11.6	78.3	6.3	1978.4	1704.8	159.2	6.4
勝浦	〃	35.09	140.19	15.4	19.1	11.8	76.0	5.8	2059.4	2414.3	176.0	4.5
熊谷	埼玉縣	36.09	139.23	13.4	18.9	9.0	75.1	6.0	2019.4	1356.1	146.0	3.3
前橋	群馬縣	36.24	139.04	13.1	18.4	8.7	71.8	6.0	2401.4	1330.6	148.6	5.2
宇都宮	栃木縣	36.34	139.53	12.3	18.4	7.3	76.9	5.8	1872.4	1626.7	158.8	1.8
水戸	茨城縣	36.23	140.28	12.7	18.3	8.2	78.5	6.1	1834.0	1526.6	158.8	3.3
以上　關東區內												
小名濱	福島縣	36.56	140.54	12.5	17.2	8.0	80.9	6.3	2051.2	1588.7	157.5	2.9
福島	〃	37.45	140.24	11.8	17.2	7.3	75.5	6.8	1784.8	1263.1	168.6	2.9
以上　東北區內												
濱松	靜岡縣	34.43	137.43	15.1	19.5	11.3	74.6	6.0	2219.0	1980.4	142.2	3.7
沼津	〃	35.06	138.51	15.3	20.3	11.0	73.9	6.5	2268.4	2037.9	151.9	3.8
名古屋	愛知縣	35.10	136.58	14.5	19.8	10.1	75.3	5.8	2261.4	1724.5	145.5	3.3
津	三重縣	34.44	136.31	14.5	19.1	10.5	76.3	6.0	2070.3	1823.9	154.6	4.1
以上　東海區內												
甲府	山梨縣	35.38	138.34	13.4	20.0	8.2	74.4	6.1	2323.3	1286.2	132.7	2.3
長野	長野縣	36.40	138.12	11.0	16.8	6.3	76.0	6.4	2103.8	1007.0	174.9	2.8
飯田	〃	35.31	137.50	11.7	18.0	6.5	76.8	5.9	2005.9	1787.7	162.3	2.4
岐阜	岐阜縣	35.24	136.46	14.3	19.6	10.0	76.6	5.9	2110.3	2063.7	164.6	2.6
以上　東山區內												
新潟	新潟縣	37.55	139.03	12.6	16.7	9.2	79.5	7.4	1603.8	1813.6	226.4	4.9
伏木	富山縣	36.47	137.03	15.1	17.1	9.6	81.0	7.3	1636.4	2201.1	221.2	3.7
金澤	石川縣	36.32	136.39	13.2	17.8	9.3	78.0	7.3	1704.2	2566.2	223.4	3.2
福井	福井縣	36.03	136.16	13.5	18.5	9.4	82.4	6.9	1839.8	2441.6	220.0	2.9
以上　北陸區內												
京都	京都府	35.01	135.44	13.8	20.1	8.5	77.3	6.5	2105.0	1616.2	163.4	2.2
大阪	大阪府	34.39	135.26	15.1	19.8	10.8	73.9	5.9	2158.0	1385.1	139.1	4.0
神戸	兵庫縣	34.41	135.11	15.0	19.6	11.3	71.3	6.2	2493.0	1374.3	142.0	3.5
彦根	滋賀縣	35.16	136.15	13.6	18.1	9.6	78.7	6.4	1979.0	1748.3	184.5	2.9
八木	奈良縣	34.31	135.48	14.3	19.9	9.7	78.5	6.6	1974.4	1490.9	160.3	2.4
和歌山	和歌山縣	34.14	135.09	15.3	19.9	11.2	73.2	6.5	2001.7	1547.1	145.4	3.3
潮岬	〃	33.27	135.46	16.4	19.7	13.6	77.3	6.1	2514.2	2665.0	167.1	6.4
以上　近畿區內												
境	鳥取縣	35.33	133.14	14.2	18.3	10.2	79.7	7.2	1654.5	1954.6	206.4	3.6
濱田	島根縣	34.54	132.04	14.5	18.6	10.7	73.5	6.9	1925.1	1621.5	190.2	5.0
岡山	岡山縣	34.40	133.54	14.5	19.5	10.1	74.9	6.0	2383.0	1135.2	128.3	2.5
廣島	廣島縣	34.23	132.27	14.7	19.8	10.2	74.4	6.2	2052.2	1553.5	136.9	2.8
山口	山口縣	33.57	130.56	15.1	18.8	12.2	75.7	6.4	1931.7	1655.7	162.6	4.7
以上　中國區內												
德島	德島縣	34.04	134.33	15.4	19.9	11.4	74.1	6.0	2192.2	1769.1	144.2	3.5
多度津	香川縣	34.17	133.46	15.3	19.3	11.3	75.6	6.1	2241.8	1183.0	142.2	4.7
松山	愛媛縣	33.50	132.45	14.9	20.2	10.1	77.1	6.3	2055.8	1374.0	146.1	2.5
高知	高知縣	33.33	133.32	15.6	21.0	11.3	75.5	6.0	2172.2	2774.3	148.9	2.2
以上　四國區內												
福岡	福岡縣	33.35	130.25	15.1	19.9	10.3	78.0	6.4	1891.9	1615.9	167.6	3.4
佐賀	佐賀縣	33.12	130.18	15.5	20.4	11.2	76.9	6.4	1796.4	1772.9	148.6	2.8
長崎	長崎縣	32.44	129.52	15.7	19.9	12.1	73.7	6.4	2048.3	1950.2	165.6	4.3
熊本	熊本縣	32.49	130.42	15.5	21.2	10.1	78.5	6.0	1783.0	1825.7	154.6	2.3
大分	大分縣	33.14	131.37	15.1	19.5	10.8	79.1	6.0	1961.3	1652.7	138.3	2.9
宮崎	宮崎縣	31.55	131.26	15.5	21.4	12.0	79.0	5.7	2017.7	2597.5	155.7	3.3
鹿兒島	鹿兒島縣	31.34	130.33	16.7	21.3	12.8	75.9	6.0	1950.8	2225.4	170.9	3.8
以上　九州區內												

第四圖　三府三十七縣の地圖

以上の四十五地方に於ける氣候の平均及び最高最低を示せば次の如くです。

	位置 北緯	位置 東經	平均氣温	氣温毎日最高の平均	氣温毎日最低の平均	平均濕度	平均雲量	日照時數	降水量	降水日數	平均風速
	度分	度分	度	度	度	百分率		時	粍	0・1粍以上	米/秒
平均(四十五地方の)			一四・三	一九・三	一〇・一	七六・五	六・三	二〇三三・五	一七六八・四	一六三・三	三・五
最高	新潟	小名濱	鹿兒島	宮崎	潮岬	福井	新潟	潮岬	潮岬	新潟	潮岬、勝浦
	三七・五五	一四〇・五四	一六・七	二一・四	一三・六	八二・四	七・四	二五一四・二	二六六五・〇	二二六・四	六・四
最低	鹿兒島	長崎	長野	新潟	長野	神戸	宮崎	新潟	長野	岡山	宇都宮
	三一・三四	一二九・五三	一一・〇	一六・七	六・三	七一・三	五・七	一六〇三・八	一〇〇七・〇	一二八・三	一・八

卽ち之によつて明かなる如く、多少の相違はあつて區々として居りますが大體に於ては一樣の氣候と見做すことが出來ます。

但し之等地方中には裏日本の多くの部分をも含まれて居りますから、更に裏日本と表日本との氣候を詳述比較せば次の如くです。

それ等兩地方を比較なす場合に代表として選ぶには何れの地を以てしても差支ありませんが、緯度のみが相違して同一の經度上にある二地を選べば、第一表中にて津及び金澤は殆ど同一經度上にあつて僅かに八分の差にて、南北に於ては一度四十八分の相違があります。依つて之等兩地の氣候を擧ぐれば次の第二表の如くです。

第 二 表

津　（表日本代表の地）　北緯 34 度 44 分　東經 136 度 31 分
金 澤　（裏日本代表の地）　北緯 36 度 32 分　東經 136 度 39 分

	一月	二月	三月	四月	五月	六月	七月	八月	九月	十月	十一月	十二月	春 三四五月	夏 六七八月	秋 九十十一月	冬 十二一二月	夏 六七八九月	年
平均氣溫　（攝氏の度）																		
津	4.1	4.4	7.0	12.6	16.8	21.2	25.2	26.1	22.6	16.5	11.1	6.2	12.1	24.2	16.7	4.9	23.8	14.5
金澤	2.5	2.4	5.4	11.1	15.5	20.0	24.1	25.5	21.5	15.4	10.1	5.1	10.7	23.2	15.7	3.3	22.8	13.2
平均濕度　（百分率）																		
津	69.1	69.2	71.1	75.4	77.1	80.9	81.9	82.0	83.3	79.4	75.5	70.7	74.5	81.6	79.4	70.1	82.0	76.3
金澤	80.1	77.6	74.0	71.6	75.0	79.8	81.8	79.3	80.6	79.1	77.8	78.3	73.5	80.3	79.2	78.7	80.4	78.0
平均雲量　（0—10）																		
津	4.9	5.4	6.0	6.4	6.7	7.6	6.8	6.0	6.9	6.0	4.9	4.4	6.4	6.8	5.9	4.9	6.8	6.0
金澤	8.5	8.4	7.6	6.7	6.7	7.5	7.1	6.0	7.2	6.6	6.9	8.1	7.0	6.9	6.9	8.3	7.0	7.3
降水量　（粍）																		
津	50.7	69.5	115.0	157.3	165.3	252.4	183.9	206.5	294.0	185.7	89.1	54.7	437.6	642.8	568 8	174.9	936.8	1823.9
金澤	277.0	187.8	167.9	163.4	144.6	183.8	209.8	164.6	241.9	204.2	268.7	352.6	475.9	558.2	714.8	817.4	616.3	2566.2
平均風速　（米/秒）																		
津	5.0	5.0	4.7	4.3	4.0	3.6	3.4	3.7	3.6	3.5	3.9	4.2	4.3	3.6	3.7	4.7	3.6	4.1
金澤	3.9	3.6	3.6	3.5	3.2	2.7	2.6	2.5	2.5	2.7	3.4	4.2	3.4	2.6	2.9	3.9	2.6	3.2

此の第二表に就いて見るに、雲量は表日本にては六月に於て年中の最大を十二月に於て最小を示し、季節にて比較すれば冬季に於て最小です。裏日本にては一月に於て年中の最大を八月に於て最小を示し、夏季に於て最小です。一年を通じて其の平均を比較せば大差ありませんが、裏日本は表日本に比して其の量が少しく大です。次に一年間に於ける降水量は表日本に比して裏日本は多量ですが、何れの地にあつても我國の降水量は極めて大にして、其の氣候の特徴の一つとなつて居ることは後に詳しく述べます。

兩地方の間には此の如き相違はありますが、家屋氣候の形成に最も重大なる關係を有する外界の溫度濕度及び氣流に關し比較せば、氣溫は大體一樣にて一年間に於ける變化は全く同一にして、一月或は二月に最低溫を示し八月に最高溫を表します。濕度にあつては、表日本にては一月より漸次各月に亘つて增加しますが、裏日本に於ては一月より四月に至る間は次第に減少します。此の點は相違せるも、夏季に於て最大濕度に達することは兩地とも同一にして、之が我國氣候の特徴の一つです。風速には多少の相違あるも之等の地に於ける每月平均は一年間の平均に對して大差なく、卽ち極めて僅かの變化をなすのみです。

ルブネル氏の言に從つて濕球溫度を以て兩地を比較せば次の如く、各月を通じて僅かに約一度の相違あるのみです。

平均濕球溫度　(攝氏の度)

	一月	二月	三月	四月	五月	六月	七月	八月	九月	十月	十一月	十二月	春 三月 四月 五月	夏 六月 七月 八月	秋 九月 十月 十一月	冬 十二月 一月 二月	夏 六月 七月 八月 九月	年
津	三・二	三・五	五・〇	一〇・四	一四・六	一九・一	二三・〇	二三・九	二〇・七	一四・五	九・二	四・二	一〇・〇	二二・〇	一四・八	三・〇	二一・七	一二・四
金澤	一・四	一・一	三・七	八・八	一三・一	一七・九	二一・九	二二・九	一九・四	一三・四	八・四	三・七	八・五	二〇・九	一三・七	二・一	二〇・五	一一・三

之と同様の比較を尚南西に位する地に就いて試みれば、上述の如き相違せる點は甚しく縮小されます。例へば廣島と濱田とに於ては次頁の第三表の如くで、之等兩地の間には相違少なく、濕度に於ても全く同様の變化を示しますから、濕球溫度に就いて比較すれば各月殆ど同一です。

上述の如く三府三十七縣の氣候は地方に依つて多少の相違があり、殊に裏日本の一部にては冬季の雲量日照時數等に於て他地方と相違せるも、日本の住宅に就いて考究する場合には之等を一括して同様に論ずるも何等の妨げありません。更に之を諸外國の氣候と比較對照して論ずる場合には、上述の地方を全く同一と見做すも決して不當ではありません。

且つ之等三府三十七縣の面積及び人口は內地のそれ等に比較せば次の如く、面積に於て約六十二パーセントを占め、人口に於ては約八十七パーセントを占めて居ります。

	面積		人口	
	方里	千分比例	人	千分比例
內地	二四、七一八・八四九	一、〇〇〇	五九、七三六、八二二	一、〇〇〇
三府三十七縣	一五、四〇七・三五一	六二三・三	五一、九五八、八一九	八六九・八
	參謀本部陸地測量部調査		大正十四年十月一日國勢調査	

（第四十五回日本帝國統計年鑑〔大正十五年刊行、內閣統計局編纂〕より摘出計算す。）

而して我國三千年來の歷史は全く之等の地方に於て起り、昔日より文化汎く普及し、我國の政治經濟教育其の他一切は何れも之等三府三十七縣の地內に於て發達して居ります。我國の所謂六大都市たる東京、大阪、京都、名古屋、橫濱、神戸（總人口 六、六〇八、九九二人〔大正十四年十月一日國勢調査〕）及び百

第三表

廣島（表日本代表の地）　北緯 34度23分　東經 132度27分
濱田（裏日本代表の地）　北緯 34度54分　東經 132度 4分
較差　31分　23分

	一月	二月	三月	四月	五月	六月	七月	八月	九月	十月	十一月	十二月	春 三四五月	夏 六七八月	秋 九十十一月	冬 十二一二月	夏 六七八九月	年
平均氣温（攝氏の度）																		
廣島	4.0	4.4	7.5	13.0	17.1	21.7	25.4	26.8	23.0	16.8	11.1	6.0	12.5	24.5	17.0	4.8	24.2	14.7
濱田	5.4	5.0	7.6	12.3	16.2	20.5	24.4	25.6	21.8	16.3	12.0	7.6	12.0	23.5	16.9	6.0	23.1	14.5
平均濕度（百分率）																		
廣島	72.3	70.6	71.0	72.8	73.3	78.8	79.3	76.3	76.7	74.0	74.5	73.1	72.4	78.1	75.1	72.0	77.8	74.4
濱田	66.5	66.7	68.5	73.1	75.0	80.4	80.9	80.0	80.2	76.0	69.5	65.2	72.2	80.4	75.3	66.1	80.4	73.5
平均雲量（0－10）																		
廣島	6.3	6.3	6.3	6.3	6.3	7.5	6.8	5.7	6.8	5.6	5.1	5.8	6.3	6.7	5.8	6.1	6.7	6.2
濱田	8.1	7.9	7.1	6.4	6.2	7.5	6.8	5.5	6.8	6.1	6.6	7.8	6.6	6.6	6.5	7.9	6.7	6.9
降水量（粍）																		
廣島	54.9	64.9	112.2	171.8	150.1	252.6	222.9	105.4	186.0	112.8	67.6	52.3	434.1	580.9	366.4	172.1	766.9	1553.5
濱田	113.2	101.1	120.7	130.2	115.5	205.4	180.1	120.1	192.1	129.6	102.7	110.8	366.4	505.6	424.4	325.1	697.7	1621.5
平均風速（米/秒）																		
廣島	2.7	2.8	3.0	2.8	2.7	2.6	2.6	2.8	2.8	3.0	2.8	2.7	2.8	2.7	2.9	2.7	2.7	2.8
濱田	3.9	9.8	4.1	4.2	3.8	3.4	3.2	3.2	3.7	3.9	4.0	3.7	4.0	3.3	3.9	3.7	3.4	3.7
平均濕球温度（攝氏の度）																		
廣島	2.3	2.6	5.5	10.6	14.4	19.1	22.8	23.7	20.3	14.2	9.1	4.2	10.2	21.9	14.5	3.0	21.5	12.4
濱田	3.2	2.8	5.4	10.0	13.8	18.3	22.1	23.1	19.6	14.0	9.4	5.1	9.7	21.2	14.3	3.7	20.8	12.2

一市（內地に於ける市の數）中の八十五市（大正十四年十月一日國勢調査）は之等の地內に存します。故に北緯約三十八度以南の地である三府三十七縣を以て我國を代表せしめて日本の住宅を論じます。

四

日本の氣候を詳述なすには、前に揭げたる三府三十七縣內の何れの地を取つて以て代表としても差支ない譯ですが、東京、京都、大阪の三地は總ての意味に於て我國の中樞であり、且つ之等三地の氣候の平均は次の如くで、

	平均氣溫	氣溫每日最高の平均	氣溫每日最低の平均	平均濕度	平均雲量	日照時數	降水量	降水日數	平均風速
	度	度		百分率		時	粍	0・一粍以上	米／秒
東京	一三・九	一八・六	九・九	七四・三	六・二	二一二四・〇	一五七三・九	一四七・九	三・七
京都	一三・八	二〇・一	八・五	七七・三	六・五	二一〇五・〇	一六一六・二	一六三・四	二・二
大阪	一五・一	一九・八	一〇・八	七三・九	五・九	二一五八・〇	一三八五・一	一三九・一	四・〇
以上三地の平均	一四・三	一九・五	九・七	七五・二	六・二	二一三九・〇	一五三四・七	一五〇・一	三・三
三府三十七縣中の四十五地方の平均	一四・三	一九・二	一〇・一	七六・五	六・三	二〇三三・五	一七六八・四	一六三・三	三・五

第一表に述べたる四十五地方の氣候の平均に殆ど等しきを以て、東京（關東に於ける中心地）及び京都、大阪（關西に於ける中心地）を選んで尙其の氣候を詳述します。之等三地の氣候は次に第四第五第六表に於て明細なる數字によつて示しましたが、尙其の要素中最も重大なる溫度と濕度とは年中に於ける變化を一目瞭然たらしむる爲めに第五圖に示しました。

第 四 表

東 京 北緯 35°41′ 東經 139°46′ 高さ 5.8 米 統計年數 38 箇年 毎時測定
本表は中央氣象臺報告の本邦氣候表、中央氣象臺年報及び全國氣象觀測の成績による

	一月	二月	三月	四月	五月	六月	七月	八月	九月	十月	十一月	十二月	春 三四五月	夏 六七八月	秋 九十十一月	冬 十二一二月	夏 六七八九月	年 平均或加
平均氣壓（粍）	762.4	762.1	762.5	761.6	759.2	756.9	757.2	757.6	759.9	762.7	763.7	762.5	761.1	757.2	762.1	762.3	757.9	760.7
平均氣温（攝氏の度）	3.0	3.9	6.9	12.6	16.6	20.5	24.1	25.5	21.9	15.8	10.5	5.2	12.0	23.4	16.1	4.0	23.0	13.9
最高	5.1	8.5	9.2	14.2	18.2	23.6	26.8	27.0	24.3	17.6	12.8	9.3						
最低	1.6	2.0	5.1	10.9	15.1	18.4	21.8	22.2	19.3	10.5	8.7	3.3						
較差	3.5	6.5	4.1	3.3	3.1	5.2	5.0	4.8	5.0	7.1	4.1	6.0						
毎日最高平均	8.2	8.8	11.9	17.5	21.1	24.5	28.1	29.8	25.9	20.5	15.7	10.8	16.8	27.5	20.7	9.3	27.1	18.6
毎日高低平均	-1.4	-0.6	2.4	8.1	12.2	17.0	20.9	22.1	18.7	12.3	6.1	0.5	7.6	20.0	12.4	-0.5	19.7	9.9
較差	9.6	9.4	9.5	9.4	8.9	7.5	7.2	7.7	7.2	8.2	9.6	10.3	9.2	7.5	8.3	9.8	7.4	8.7
月中最高及年中最高の平均	15.5	15.9	20.1	24.2	26.8	30.2	32.7	33.5	31.4	26.5	22.2	17.5						33.9
月中最低及年中最低の平均	-5.9	-5.0	-2.6	1.9	6.5	12.1	16.4	18.6	13.1	6.5	0.4	-3.9						-6.2
較差	21.4	20.9	22.7	22.3	20.3	18.1	16.3	14.9	18.3	20.0	21.8	21.4						40.1
高極	22.1	23.4	23.3	29.2	29.6	33.9	36.6	35.7	34.7	32.0	25.1	23.2						
低極	-8.2	-7.9	-5.4	-1.1	2.4	8.5	13.0	15.4	10.5	2.3	-3.1	-6.6						
較差	30.3	31.3	28.7	30.3	27.2	25.4	23.6	20.3	24.2	29.7	28.2	29.8						
顯著氣温日數 平均＜0°C	1.7	0.9	—	—	—	—	—	—	—	—	—	0.2	—	—	—	2.8	—	2.8
最高＜0°C	—	—	—	—	—	—	—	—	—	—	—	—	—	—	—	—	—	0
最低＜0°C	21.9	17.6	6.6	0.2	—	—	—	—	—	—	0.7	14.2	6.8	—	0.7	53.7	—	61.2
最高＞25°C	—	—	—	0.4	3.4	13.9	25.3	29.0	17.8	2.2	—	—	3.8	68.2	20.0	—	86.0	92.0
平均濕度（百分率）	63.5	62.3	67.2	73.3	76.5	81.4	83.2	81	82.9	79.8	74.1	66.3	72.3	82.2	78.9	64.0	82.4	74.3
平均風速度（米/秒）	3.6	4.0	4.2	4.2	3.7	3.6	3.6	3.7	3.6	3.3	3.3	3.4	4.0	3.6	3.4	3.7		3.7
最多風向（十六方位）	NW	NNW	NNW	NNW	S	S	S	S	NNW	NNW	NNW	NW						NNW
平均雲量（0–10）	4.2	5.0	6.1	6.9	7.1	8.0	7.5	6.6	7.4	6.7	5.1	3.8	6.7	7.4	6.4	4.3		6.2
快晴日數（雲量2以下）	11.1	7.2	4.9	2.9	2.4	0.9	1.2	2.0	1.0	3.2	7.4	12.0	10.2	4.1	11.6	30.3		56.3
曇天日數（雲量8以上）	6.3	7.1	12.1	14.3	15.7	19.1	16.8	12.1	16.2	14.5	8.5	4.9	42.1	48.0	39.2	18.3		147.5
日照時數（時）	187.3	176.9	177.5	182.7	201.2	158.1	182.9	209.6	173.4	145.5	138.3	190.6	561.4	550.6	457.2	554.8		2124.0
可照時數（時）	310.4	305.1	370.0	392.1	434.1	434.4	441.6	416.4	370.4	348.2	307.3	302.0	1196.2	1292.4	1025.9	917.5		4432.0
百分率	60.3	58.0	48.0	46.6	46.3	36.4	41.4	50.3	46.8	41.8	45.0	63.1						
降水量（粍）	56.6	73.7	111.5	131.7	155.4	166.6	141.6	160.5	228.2	192.4	101.5	53.3	398.6	468.7	522.1	183.6		1572.9
降水日數（降水0.1粍以上）	7.4	8.2	13.4	14.2	14.0	15.7	14.8	12.6	16.7	14.4	10.0	6.6	41.6	43.1	41.1	22.2		147.9
雪日數	3.9	4.5	3.2	0.3	—	—	—	—	—	—	0.1	1.2	3.5	—	0.1	9.6		13.0
暴風日數（風速10米/秒以上）	4.3	5.2	6.3	6.4	4.8	2.9	2.7	2.7	2.9	1.7	2.7	3.4	17.5	8.3	7.3	12.9		46.0
霧日數	0.6	0.4	0.8	1.1	1.7	1.8	2.1	2.9	1.9	1.5	0.7	0.7	3.6	6.8	4.1	1.7		16.3

第 五 表

京 都　北緯 35°1′　東經 135°44′　高さ 42.9 米　統計年數 38 箇年　毎時測定

本表は中央氣象臺報告の本邦氣候表、中央氣象臺年報及び全國氣象觀測の成績による

	一月	二月	三月	四月	五月	六月	七月	八月	九月	十月	十一月	十二月	春 三四五 月月月	夏 六七八 月月月	秋 九十十一 月月月	冬 十二一二 月月月	夏 六七八九 月月月月	年 平均或加
平均氣壓（粍）	765.1	764.4	764.0	762.2	759.5	756.9	757.0	757.1	759.5	763.0	765.2	765.1	761.9	757.0	762.7	764.9	757.6	761.6
平均氣溫（攝氏の度）	2.6	3.1	6.4	12.3	16.6	21.1	25.2	26.2	22.2	15.6	9.7	4.6	11.8	24.2	15.8	3.4	23.7	13.8
最高	4.8	6.6	9.0	14.2	18.0	23.5	27.0	27.3	24.4	18.2	12.5	8.9						
最低	1.0	0.7	4.6	10.5	15.2	19.4	23.1	24.3	19.8	12.6	7.0	2.0						
較差	3.8	5.9	4.4	3.7	2.8	4.1	3.9	3.0	4.6	5.6	5.5	6.9						
毎日最高平均	8.7	9.3	13.0	19.0	23.2	26.6	30.6	32.2	28.0	22.4	16.8	11.2	18.4	29.8	22.4	9.7	29.4	20.1
毎日最低平均	-2.3	-2.0	0.6	5.9	10.2	16.0	20.7	21.4	17.6	10.2	4.0	-0.8	5.6	19.4	10.6	-1.7	18.9	8.5
較差	11.0	11.3	12.4	13.1	13.0	10.6	9.9	10.8	10.4	12.2	12.8	12.0	12.8	10.4	11.8	11.4	10.5	11.6
月中最高及年中最高の平均	14.3	16.0	20.6	25.6	29.2	31.6	34.5	35.4	33.2	27.4	22.8	17.3						35.7
月中最低及年中最低の平均	-7.0	-7.2	-5.3	-1.7	3.0	8.6	15.2	16.9	10.7	3.2	1.8	-5.6						-8.0
較差	21.3	23.2	25.9	27.3	26.2	23.0	19.3	18.5	22.5	24.2	24.6	22.9						43.7
高極	19.9	22.9	25.0	29.2	34.9	33.8	37.2	37.6	36.7	30.8	26.9	22.8						
低極	-11.9	-11.6	-8.2	-4.4	-0.3	4.9	10.6	12.8	7.8	0.2	-4.4	-9.4						
較差	31.8	34.5	33.2	33.6	35.2	28.9	26.6	24.8	28.9	30.6	31.3	32.2						
顯著氣溫日數 平均＜0°C	3.9	2.4	0.3	—	—	—	—	—	—	—	—	0.8	0.3	—	—	7.1	—	7.4
最高＜0°C	—	—	—	—	—	—	—	—	—	—	—	—	—	—	—	—	—	0
最低＜0°C	25.5	21.2	16.2	3.0	—	—	—	—	—	—	4.8	20.5	19.2	—	4.8	67.2	—	91.2
最高＞25°C	—	—	—	1.1	9.8	20.9	29.0	30.8	24.4	6.2	0.1	—	10.9	80.7	30.7	—	105.1	122.3
平均濕度（百分率）	77.9	75.4	73.2	73.1	73.0	77.5	78.6	77.4	80.2	80.8	80.7	79.4	73.1	77.8	80.6	77.6	78.4	77.3
平均風速度（米/秒）	2.2	2.4	2.6	2.6	2.4	2.1	2.1	2.2	1.9	1.7	1.8	2.0	2.5	2.1	1.8	2.2		2.2
最多風向（十六方位）	W	NW	N	N	N	N	S	N	N	N	N	N						N
平均雲量（0-10）	6.2	6.6	6.5	6.6	6.8	7.7	7.3	6.2	7.1	6.2	5.4	5.5	6.6	7.1	6.2	6.1		6.5
快晴日數（雲量2以下）	1.7	1.2	2.3	3.0	3.0	1.3	1.4	2.5	1.6	3.7	4.0	3.3	8.3	5.2	9.3	6.2		29.1
曇天日數（雲量8以上）	9.1	10.0	11.7	13.3	13.8	18.0	15.6	10.3	14.8	10.9	7.2	6.5	38.8	43.9	32.9	25.6		111.2
日照時數（時）	136.2	138.1	173.4	190.8	216.1	173.0	208.1	235.2	165.7	170.6	153.4	144.3	580.3	616.3	489.7	418.6		2105.0
可照時數（時）	312.0	305.9	370.1	391.3	432.6	432.5	439.9	415.3	370.2	348.8	308.7	303.8	1194.0	1287.7	1027.7	921.7		4431.1
百分率	43.7	45.1	46.9	48.8	50.0	40.0	47.3	56.6	44.8	48.9	49.7	47.5						
降水量（粍）	62.8	70.3	116.0	158.6	144.3	234.5	203.5	148.9	208.9	133.6	78.9	55.9	418.9	587.0	421.4	189.0		1616.2
降水日數（降水0.1粍以上）	113.1	13.1	15.7	14.1	13.4	15.7	14.9	12.1	15.6	11.6	11.5	12.7	43.2	42.7	38.7	38.9		163.4
雪日數	11.8	11.2	5.8	0.2	—	—	—	—	—	—	0.3	4.7	6.0	—	0.3	27.7		34.1
暴風日數（風速10米/秒以上）	2.2	1.7	2.4	1.8	0.9	0.5	0.9	1.2	0.8	0.5	0.7	1.7	5.1	2.6	2.0	5.6		15.3
霧日數	3.5	2.8	2.6	2.1	1.3	1.2	1.2	1.7	2.0	3.4	4.8	4.2	6.0	4.1	10.2	10.5		30.8

第 六 表

大 阪 北緯 34°39′ 東經 135°26′ 高さ 30 米 統計年數 38 箇年 毎時測定

本表は中央氣象臺報告の本邦氣候表、中央氣象臺年數及び全國氣象觀測の成績による

	一月	二月	三月	四月	五月	六月	七月	八月	九月	十月	十一月	十二月	春 三四五月月月	夏 六七八月月月	秋 九十十一月月月	冬 十二一二月月月	夏 六七八九月月月月	年 平均或加
平均氣壓（粍）	765.1	764.4	763.9	762.0	759.3	756.7	756.9	756.9	759.3	762.8	765.1	765.1	761.7	756.8	762.4	764.9	757.5	761.5
平均氣溫（攝氏の度）	4.2	4.4	7.6	13.3	17.6	21.8	25.9	27.2	23.4	17.2	11.5	6.5	12.8	25.0	17.4	5.0	24.6	15.1
最高	6.7	7.5	10.0	14.8	19.3	24.1	28.2	28.4	25.4	19.5	13.4	10.0						
最低	2.8	2.0	5.7	11.8	16.3	20.4	24.0	25.2	21.3	14.5	9.2	4.1						
較差	3.9	5.5	4.3	3.0	3.0	3.7	4.2	3.2	4.1	5.0	4.2	5.9						
毎日最高平均	8.6	8.9	12.4	18.4	22.6	26.2	30.3	32.1	28.1	22.4	16.7	11.3	17.8	29.5	22.4	9.6	29.2	19.8
毎日最低平均	0.3	0.4	3.0	8.4	12.7	18.0	22.5	23.4	19.6	12.7	6.9	2.3	8.0	21.3	13.1	1.0	20.9	10.8
較差	8.3	8.5	9.4	10.0	9.9	8.2	7.8	8.7	8.5	9.7	9.8	9.0	9.8	8.2	9.3	8.6	8.3	9.0
月中最高及年中最高の平均	13.8	14.9	19.6	23.9	27.7	30.6	34.0	35.3	33.0	27.0	22.6	17.2						35.4
月中最低及年中最低の平均	−3.2	−3.8	−2.0	1.9	6.9	12.3	18.2	20.1	13.9	6.8	1.6	−2.0						−4.0
較差	17.0	18.7	21.6	22.0	20.8	18.3	15.8	15.2	19.1	20.2	21.0	19.2						39.4
高極	19.0	23.0	23.9	28.2	31.0	33.9	36.5	37.6	35.2	30.3	26.6	23.6						
低極	−7.1	−6.5	−4.6	0.2	3.7	8.9	14.8	17.2	11 1	3.4	−2.1	−4.1						
較差	26.1	29.5	28.5	28.0	27.3	25.0	21.7	20.4	24.1	26.9	28.7	27.7						
顯著氣溫日數 平均＜0°C	0.6	0.8	—	—	—	—	—	—	—	—	—	—	—	—	—	1.4	—	1.4
最高＜0°C	—	—	—	—	—	—	—	—	—	—	—	—	—	—	—	—	—	0
最低＜0°C	15.3	15.4	6.4	0.1	—	—	—	—	—	—	0.2	6.8	6.5	—	0.2	37.5	—	44.2
最高＞25°C	—	—	—	0.2	6.2	20.9	29.5	30.8	24.8	5.9	0.1	—	6.4	81.2	30.8	—	106.0	118.4
平均濕度（百分率）	71 5	70.7	70.8	72.2	72.5	77.0	77.1	76.7	74.9	76.4	75.3	71.5	71.8	76.9	75.5	71.2	76.4	73.9
平均風速度（米/秒）	4.5	4.4	4.3	4.1	3.9	3.8	3.9	3.8	3.7	3.4	3.7	4.5	4.1	3.8	3.6	4.5		4.0
最多風向（十六方位）	W	N	N	NE	NE	NE	WSW	NE	NE	NE	NE	W						NE
平均雲量（0-10）	5.3	5.7	6.0	6.3	6.4	7.4	6.5	5.3	6.5	5.8	4.9	4.7	6.2	6.4	5.7	5.2		5.9
快晴日數（雲量2以下）	3.9	2.5	3.3	3.5	3.8	1.9	2.3	3.9	2.7	1.6	6.5	5.2	10.6	8.1	13.8	11.6		44.1
曇天日數（雲量8以上）	5.9	6.7	9.4	11.9	12.5	16.6	12.2	7.2	12.6	10.2	6.1	4.5	33.8	36.0	28.9	17.1		115.8
日照時數（時）	146.0	143.5	173.0	186.2	212.5	173.4	219.4	250.6	171.6	167.5	160.9	153.5	571.7	643.4	500.0	443.0		2153.0
可照時數（時）	312.8	306.3	370.1	391.0	431.8	431.6	439.1	414.8	370.1	349.2	309.4	304.8	1192.9	1285.5	1028.7	923.9		4431.0
百分率	46.7	46.8	46.7	47.6	49.2	40.2	50.0	60.4	46.4	48.0	52.0	50.4						
降水量（粍）	49.3	60.1	105.0	142.1	129.0	201 4	155.0	107.6	181.6	130.5	75.6	48.1	376.1	464.0	387.7	157.5		1385.1
降水日數（降水0.1粍以上）	8.9	9.6	13.1	13.4	12.5	14.8	12.6	10.1	14.3	10.8	9.8	9.2	39.0	37.5	34.9	27.7		139.1
雪日數	4.8	5.9	2.6	—	—	—	—	—	—	—	—	1.4	2.6	—	—	12.1		14.7
暴風日數（風速10米/秒以上）	10.5	8.8	8.0	6.4	5.9	4.8	4.8	4.6	4.9	3.8	5.6	11.0	20.3	14.2	14.3	30.3		79.0
霧日數	1.4	0.8	0.8	0.5	0.3	0.4	0.2	0.2	0.5	1.0	1.8	1.8	1.6	0.8	3.3	4.0		9.8

之等を對照せば我國の氣候は自ら明瞭に了解されて說明の要はないと思ひますが、其の大略を述ぶれば、氣溫は夏季に於て甚しく高く且つ頗る長い期間に亘つて居ります。之等の表に於て後述の歐米先進諸國と比較する爲めに、夫等と同一に夏季を六、七、八の三箇月としましたが、海洋の影響を受けるので最高氣溫の月は大陸氣候よりも約一箇月遲れて、八月が最高で九月は六月よりも高溫です。卽ち夏季は表中に別に記せる六、七、八、九の四箇月に亘り、其の平均氣溫は攝氏二十三度以上です。每月に於ける每日最高溫度の平均攝氏二十度以上は五、六、七、八、九、十の六箇月に及んで、顯著氣溫日數に示せる如く最高溫度二十五度以上の日は一年間に東京にあつては九十二日、京都にあつては百二十二日、大阪にあつては百十八日の多きに達します。從つて之等の地方に於ける無風の場所にあつては、ルブネル氏の所謂裸體で居るを適當となす時の驚く程多いことが想像出來ます。冬季は十二、一、二の三箇月間で、其の平均氣溫は東京にあつては攝氏四度、京都にあつては攝氏三度四分、大阪にあつては攝氏五度で、每月平均氣溫に就いて見ればハンティングトン氏の所謂精神的活動に適當なる最低溫度の攝氏三度三分に對しては、東京及び京都の兩地にて僅かに下位にある月を一、二箇月見るのみです。而して一年間に於ける昇溫の期間は七ヶ月に亘りますが、降溫の期間は僅かに五箇月に亘つて、比較的急速に下り短日月で終ります。

氣濕に對しては標準氣候に就いて述べたる際明かにせし如く、比較的高溫なる場合は少濕を適當とし、低溫の時には比較的多濕を欲します。世界の各地は夏季にあつて高溫少濕冬季にあつて低溫多濕であることが一般的の現象で、之が原則となつて居ります。然るに我國に於ては第五圖の曲線によつて明示せる如く、冬季には各地によつて相違せるも多くは少濕にして、夏季には何れの地も多濕です。

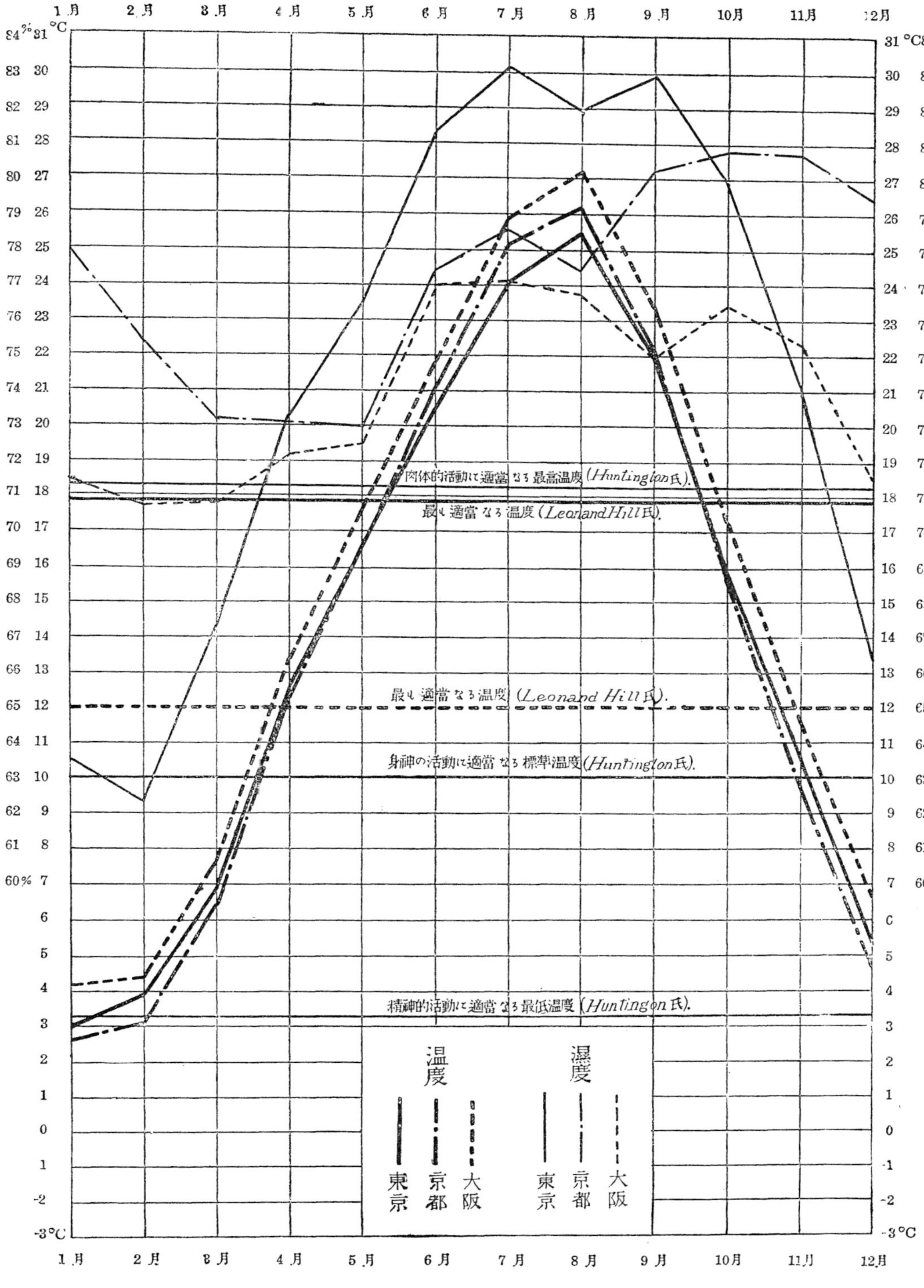

第五圖　東京・京都・大阪に於ける一年間の温濕度高低圖

降水量に於ても歐米の先進諸國に比して甚しく相違し、それ等の地は少量ですが我國は頗る多量です。稻垣農學博士（同博士著農業氣象學）の世界各地に於ける降水量の分類は一年間に二百五十粍以下、二百五十乃至五百粍、五百乃至一千粍、一千粍以上の四種とされますが、此の分類に從へば我國に於ける降水量は最多量の地に屬します。世界に於ける各地にあつて我國と同様に多量の降水を見る地方は、南米のアマゾン河、印度のガンヂス河及び亞弗利加のコンゴー河の流域、南洋諸島、南太平洋に面したる亞細亞大陸であつて、歐米諸國に於ては後に述べますが遙かに少量です。彼の陰欝にして極めて不愉快なる梅雨の如きは、我國を除いてはアマゾン河の流域の一部と支那の一小部分に於て見らるゝのみにして、其の他の地方にては何れに於ても見ることは出來ません。

要するに吾々の環境に欲求する特種の氣候と比較せば、我國にては春秋二季に於ける外氣の狀態は其の標準に近き場合も多々ありますが、夏季は高溫多濕冬季は低溫少濕にして欲求する氣候とは甚しき懸隔が起ります。而して更に夏冬二季の何れが一層甚しき不良の狀態にあるかを比較せば、夏季に著しく不適當であり、且つ屋内にては氣流減少し人體其の他より發散する熱及び水分が加はるので、彌々不快の感を增します。

尙建築設備上より考察して、夏季の高溫多濕及び冬季の低溫少濕を調節し吾人に適當なる氣候を形成するの難易を比較せば、溫度及び濕度を上昇せしむることは比較的容易ですが、下降せしむることに至つては極めて困難なる問題です。殊に我國夏季の氣候程度にては、其の住宅に於て溫度或は濕度を下降せしむるの装置を爲すは容易でなく、僅かに氣流によつて其の不足せる點を補ひ得るのみです。外界氣候の如何に關せず家屋氣候をして標準狀態を保たしむるには特種の裝置によつて甚しき苦心を要しますが、冬季にあつては比較的容易に其の狀態に近づかしむることを得ます。現今の和風住宅にては冬季に對する設備の全く缺けたるを以て、實際は左程恐るべき程度に非ざるにも拘らず不快に感ずる人々もありますが、之は僅かの裝置によつて凌ぎよくなすことを得るのみならず、衣服氣候によつても家屋設備の不完全に備ふることを得るの便があります。

五

我國が建築學に於て主として範を求むる國々は英、獨、佛及び北米合衆國ですが、之等諸國の氣候を詳述し且つ我國の氣候と比較せんが爲めに前に揭げたる第四、第五、第六表及び第五圖と同樣のものを示せば次の第七、第八、第九表及び第六圖と第十、第十一、第十二表及び第七圖との如くです。

英、獨、佛にあつては其の首都を代表として擧げ、北米合衆國にあつては其の地域が頗る廣いのでニューヨーク、シカゴ、ロサンゼルスの三地に就いて記載しました。ロサンゼルスを揭げたる所以は近時我國住宅にして特に彼の地の住宅を模倣するものがありますから、我國の氣候と相違せる點を明かにして、其の蒙を啓かんが爲めです。

之等諸國の氣候に就いて其の大要を說明せば、英、獨、佛は何れも殆ど同樣の變化をなし、冬季に於ては前に述べたる吾々の欲求する標準氣候に甚しく遠ざかつて恐るべきですが、夏季に於ては左程でもありませ

第 七 表

London

本表は Monthly Normals of Temperature, Rainfall and Sunshine. British Meteorological and Magnetic Year Book 1913 より摘出せり

○印は Hann Klimatologie より △印は稻垣乙丙氏著農業氣象學より轉載す

Kew 北緯 51°28′ 西經 0°19′ 高さ 5.5 米

Greenwich 北緯 51°28′ 西經 0 高さ 13.7 米

Westminster 北緯 51°30′ 西經 0° 8′ 高さ 8.2 米

	統計年數	一月	二月	三月	四月	五月	六月	七月	八月	九月	十月	十一月	十二月	春 三四五月月月	夏 六七八月月月	秋 九十十一月月月	冬 十二一二月月月	年平均或加
平均氣溫 Kew (攝氏の度)	40	3.9	4.4	5.7	8.3	11.3	14.8	16.7	16 3	13.7	9.7	6.4	4.3	8.4	15.9	10.0	4.2	9.6
Greenwich ○	30	3.6	4.2	5.4	8.5	11.7	15.3	17.0	16.5	14.1	10.0	6.4	4.4	8.5	16 3	10.2	4.1	9.8
毎日最高平均 Kew	40	6.2	7.1	9.4	12.7	16.2	19.7	21.7	21.0	18.2	13.3	9.3	6.6	12.8	20.8	13.6	6.6	13.5
毎日最低平均 Kew	40	1.4	1.8	2.2	4.3	7.0	10.4	12.4	12.1	9.7	6.3	3.6	1.8	4.5	11.6	6.5	1.7	6.1
較 差		4.8	5.3	7.2	8.4	9.2	9.3	9.3	8.9	8.5	7.0	5.7	4.8	8.3	9.2	7.1	4.9	7.4
平均濕度 △		87	86	82	78	73	72	69	75	80	88	88	88	78	72	85	87	80
日照時數 Kew (時)	30	43	59	108	152	200	193	204	191	141	92	51	36	460	588	284	138	1470
Westminster	30	22	36	74	122	170	167	180	172	121	71	28	15	366	519	220	73	1178
百分率 Kew		17	21	30	37	42	39	41	43	38	28	20	15	36.3	41.0	28.7	17.7	30.9
Westminster		9	13	20	30	35	34	37	39	32	22	11	6	28.3	36.7	21.7	9.3	24.0
毎日平均時間 Kew		1.39	2.09	3.48	5.07	6.45	6.43	6.58	6.16	4.70	2.97	1.70	1.16	5.00	6.39	3.12	1.55	4.02
Westminster		0.71	1.28	2.39	4.07	5.48	5.57	5.81	5.55	4.03	2.29	0.93	0.48	3.98	5.64	2.42	0.82	3.22
降水量 Kew (粍)		45.0	38.9	39.1	41.7	43.2	57.2	61.0	55.9	51 8	70.1	55.6	51.3	124.0	174.0	177.6	135.1	610.6
降水日數(降水0.25粍以上)		15	13	13	13	13	13	13	14	13	17	15	16	39	40	45	44	168

第八表

Berlin 北緯 52°30′ 東經 13°23′ 高さ 50 米 午前七時 午後二時 午後九時 三回測定

本表は Das Klima von Berlin (Eine Meteorologisch-hygienische Untersuchung von Otto Behre) より摘出せり

	統計年間	一月	二月	三月	四月	五月	六月	七月	八月	九月	十月	十一月	十二月	春 三四五月	夏 六七八月	秋 九十十一月	冬 十二一二月	年 平均或加
平均氣壓（粍）	1848-1907	758.9	757.4	754.7	755.8	756.4	757.0	756.4	755.7	758.4	756.7	758.3	757.8	755.6	756.7	757.8	758.0	757.1
平均氣溫（攝氏の度）	1848-1907	-0.4	1.0	3.7	8.7	13.7	17.7	18.9	18.3	14.7	9.5	4.0	0.8	8.7	18.3	9.4	0.5	9.2
最高		4.8	5.5	7.6	11.6	19.2	21.7	21.8	21.3	17.2	13.3	7.9	5.3	12.8	21.6	12.8	5.2	10.8
最低		-9.4	-7.5	-1.9	5.3	10.0	14.2	15.6	15.2	12.1	5.8	-0.2	-4.4	4.5	15.0	5.9	-7.1	7.3
較差		14.2	13.0	9.5	6.3	9.2	7.5	6.2	6.1	5.1	7.5	8.1	9.7	8.3	6.6	6.9	12.3	
毎日最高平均		1.8	3.4	7.1	13.0	18.3	22.6	23.9	22.9	19.1	12.9	6.3	2.8	12.8	23.1	12.8	2.7	12.9
毎日最低平均		-2.9	-1.6	0.4	4.5	8.7	12.9	14.5	14.0	10.7	6.3	1.5	-1.5	4.5	13.8	6.2	-2.0	5.6
較差		4.7	5.0	6.7	8.5	9.6	9.7	9.4	8.9	8.4	6.6	4.8	4.3	8.3	9.3	6.6	4.7	7.3
高極		13.8	15.7	22.5	27.4	35.5	34.0	37.0	36.2	33.0	26.2	18.7	14.5					
低極		-25.0	-24.8	-14.0	-6.2	-2.6	3.7	6.4	6.5	1.2	-5.4	-14.4	-19.6					
較差		38.8	40.5	36.5	33.6	38.1	30.3	30.6	29.7	31.8	31.6	33.1	34.1					
顯著氣溫日數平均＜0°C		14.5	11.5	6	—	—	—	—	—	—	—	4.5	11.5	6	—	4.5	37.5	48
最高＜0°C		9	6	2	—	—	—	—	—	—	—	2	6	2	—	2	21	25
最低＜0°C		20	19	12	2	—	—	—	—	—	1	8	17	14	—	9	56	79
最高＞25°C		—	—	—	—	4	9	12	9	2	—	—	—	4	30	2	—	36
平均濕度（百分率）	1848-1906	86	81	77	69	64	65	67	69	74	80	84	85	70	67	79	84	75
平均風速度（米/秒）	1887-1906	3.3	3.6	3.6	3.3	3.7	3.6	3.3	3.2	3.1	3.3	3.2	3.3	3.5	3.4	3.2	3.4	3.4
最多風向（十六方位）		W	W	W	W	W	W	W	W	W	W	W	W					W
平均雲量（0-10）	1868-1906	7.3	7.2	6.9	6.2	5.7	5.7	6.0	5.7	5.7	6.9	7.3	7.6	6.3	5.8	6.6	7.4	6.5
快晴日數（雲量2以下）		3.1	3.0	3.3	4.0	4.9	4.1	3.3	4.2	5.3	2.9	2.7	2.3	12.2	11.6	10.9	8.4	43.1
曇天日數（雲量8以上）		17.3	13.9	14.0	10.1	8.7	7.7	8.1	7.5	8.3	13.4	15.9	17.2	32.8	23.3	37.6	48.4	142.1
日照時數（時）	1891-1900	37.5	68.8	105.8	169.3	232.2	258.4	224.6	231.6	142.6	102.2	61.8	37.2	507.4	714.6	306.7	142.9	1671.5
百分率		14.8	24.6	28.9	40.6	47.7	51.7	44.8	51.2	37.7	31.3	23.8	15.6	30.3	42.7	18.4	8.6	
降水量（粍）	1848-1907	39	38	43	39	49	63	75	56	44	47	43	46	131.0	194.0	134.0	123.0	582
降水日數（降水0.1粍以上）		14	13	14	12	12	14	14	14	12	14	14	16	38.0	42.0	40.0	43.0	163
雪日數		8	7	7	2	—	—	—	—	—	—	3	7	9	—	3	22.0	34
暴風日數（風速10米/秒以上）		—	—	—	1	2	3	4	3	1	1	—	—	3	10	2	—	15
霧日數	1887-1906													2.3	0.7	6.6	6.2	15.8

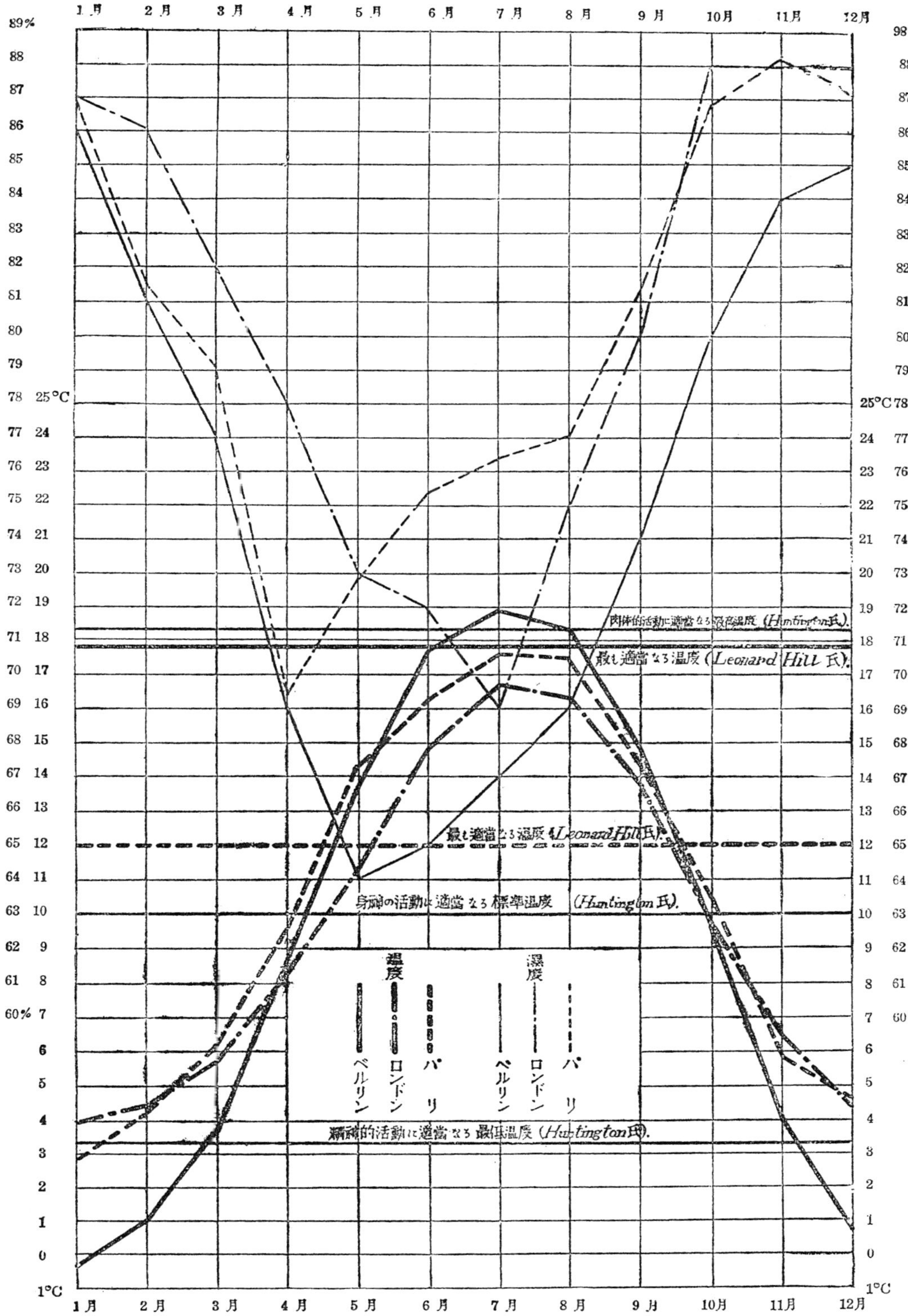

第六圖　ロンドン・ベルリン・パリに於ける一年間の溫濕度高低圖

第九表

Paris 北緯 48°49′ 東經 2°19′ 高さ 50.3 米

本表は Annales du Bureau Central Meteorologique de France. Publices par A. Augot directeur du Bureau central meteorologique より摘出す

	統計年間	一月	二月	三月	四月	五月	六月	七月	八月	九月	十月	十一月	十二月	春 三四五月月月	夏 六七八月月月	秋 九十十一月月月	冬 十二一二月月月	年 平均或加
平均氣壓（粍）	1915–1917	756.7	755.3	753.0	756.8	756.3	757.6	758.4	756.6	758.7	757.2	757.7	754.8	755.4	757.5	757.9	755.6	756.6
平均氣溫（攝氏の度）	1908–1917	2.8	4.2	6.2	9.5	14.3	16.3	17.6	17.5	14.4	10.4	5.8	4.6	10.0	17.1	10.2	3.9	10.3
最高	〃	6.9	6.9	8.7	12.2	16.5	18.7	21.1	21.4	17.1	11.8	9.5	7.7					
最低	〃	-0.1	0.9	4.0	6.3	12.6	13.5	15.8	14.9	11.5	8.6	3.6	0.1					
較差	〃	7.0	6.0	4.7	5.9	3.9	5.2	5.3	6.5	5.6	3.2	5.9	7.6					
毎日最高平均	1915–1917	6.3	6.6	9.9	14.3	21.6	22.7	23.2	23.1	20.6	14.1	9.2	6.5	15.3	23.0	14.6	6.5	14.8
毎日最低平均	〃	1.1	-1.0	1.0	3.3	9.7	11.2	12.0	12.4	9.7	5.5	2.8	1.1	4.7	11.9	6.0	0.4	5.7
較差	〃	5.2	7.6	8.9	11.0	11.9	11.5	11.2	10.7	10.9	8.6	6.4	5.4	10.6	11.1	8.6	6.1	9.1
平均濕度（百分率）	1908–1917	86.9	81.5	79.1	69.4	72.8	75.4	76.4	77.1	81.4	86.8	88.2	87.7	73.8	76.3	85.5	85.4	80.2
平均風速度（米/秒）	1908–1917	3.6	4.0	4.1	4.0	3.2	3.0	2.9	2.9	2.7	2.9	3.4	4.0	3.8	2.9	3.0	3.9	3.4
平均雲量（0–10）	1913–1917	7.7	5.8	6.8	5.4	5.9	6.1	6.2	5.1	5.0	6.7	7.3	7.3	6.0	5.8	6.3	6.9	6.3
日照時數（時）	〃	54.1	93.7	110.0	179.5	210.4	207.9	211.0	213.6	172.0	100.2	54.4	47.4	499.9	632.5	326.6	195.2	1654.2
降水量（粍）	〃	49.0	36.8	47.9	52.3	35.5	47.2	60.0	60.1	43.7	47.0	53.4	72.1	153.7	167.3	144.1	157.9	723.0

第十表

New York 北緯 40°43′ 西經 74°0′ 高さ 11.3 米　統計年數 33 箇年

本表は Climatology of the United States by Alfred Judson Henry (Professor of Meteorology) より摘出計算し、溫度降水量等は我國に於けると同一單位に換算せり

	一月	二月	三月	四月	五月	六月	七月	八月	九月	十月	十一月	十二月	春 三四五月月月	夏 六七八月月月	秋 九十十一月月月	冬 十二一二月月月	年 平均或加
平均氣溫(攝氏の度)	-1.1	-0.6	3.3	8.9	15.6	20.6	23.3	22.8	18.9	13.3	6.8	1.1	9.3	22.2	13.0	-0.2	11.1
○	-0.9	-0.6	2.8	9.3	15.8	21.2	23.9	22.8	19.3	12.9	6.4	1.1	9.3	22.6	12.9	-0.1	11.2
最高	4.4	4.4	8.9	12.8	18.3	22.2	25.6	25.0	22.2	16.1	10.0	5.6					
最低	-5.0	-5.0	-1.7	5.0	12.2	17.8	21.1	20.6	16.1	10.0	2.8	-3.9					
較差	9.4	9.4	10.6	7.8	6.1	4.4	4.5	4.4	6.1	6.1	7.2	9.5					
毎日最高平均	2.8	3.3	7.2	13.9	20.0	25.0	27.8	26.7	23.3	17.2	10.6	5.0	13.7	26.5	17.0	3.7	15.2
毎日最低平均	-4.4	-4.4	-1.1	5.0	11.1	16.1	19.4	18.9	15.0	8.9	3.3	-2.2	5.0	18.1	9.1	-3.7	7.1
較差	7.2	7.7	8.3	8.9	8.9	8.9	8.4	7.8	8.3	8.3	7.3	7.2	8.7	8.4	7.9	7.4	8.1
高極	19.4	20.6	22.2	32.2	35.0	36.1	37.2	35.6	37.8	31.1	23.3	20.0					
低極	-21.1	-21.1	-16.1	-6.7	1.1	8.3	10.0	10.6	2.2	-0.6	-13.9	-21.1					
較差	40.5	41.7	38.3	38.9	33.9	27.8	27.2	25.0	35.6	31.7	37.2	41.1					
平均濕度(百分率)	74	73	71.5	67.5	71	73.5	73.5	75.5	76	74	74.5	73	70	74.2	74.8	73.3	73.1
○	78	78	77	72	75	74	76	71	68	64	66	72	73.7	73.7	66.0	76.0	72.4
最多風向(十六方位)	NW	NW	NW	NW	NW	SW	SW	NW	NW	NW	NW	NW	NW	SW	NW	NW	NW
平均雲量(0-10) ○	5.2	5.2	4.9	4.7	5.0	4.4	4.6	4.4	4.4	4.7	5.0	5.0	4.9	4.5	4.7	5.1	4.8
日照時數(時)	158	173	202	230	252	271	260	258	225	180	150	151	684	789	555	482	2510
百分率	53	58	54	57	56	60	57	60	60	52	51	52					
○	47	48	52	57	59	65	63	40	61	55	50	49					
降水量(粍)	96.5	99.1	104.1	83.8	81.3	83.8	114.3	114.3	88.9	94.0	91.4	86.4	269.2	312.4	274.3	282.0	1137.9
○	90	92	97	80	78	85	119	115	91	99	86	84	255	319	276	266	1116
降水日數(降水0.25粍以上)	12	11	13	11	11	11	13	10	9	10	10	11	35	34	29	34	132
○	11	10	12	9	10	9	11	9	8	9	9	10	31	29	26	31	117

○印は Central Park の測候所（北緯 40°46′ 西經 73°58′ 高さ 53 米）に於ける觀測（AD. 1868—1904）を Hann Klimatologie より轉載す

第十一表

Chicago 北緯 41°53′ 西經 87°37′ 高さ 181.4 米 統計年數 31 箇年

本表の作製は New York に同じ

	一月	二月	三月	四月	五月	六月	七月	八月	九月	十月	十一月	十二月	春 三四五月月月	夏 六七八月月月	秋 九十十一月月月	冬 十二一二月月月	年平均或加
平均氣溫(攝氏の度)	-4.4	-3.3	1.1	7.8	13.9	18.9	22.2	21.7	17.8	11.7	8.9	3.9	7.6	20.9	12.8	-1.3	10.0
最高	4.4	3.3	6.7	11.7	18.9	21.7	25.0	24.4	21.1	16.1	8.3	6.1					
最低	-11.1	-9.4	-2.2	3.9	11.1	16.1	19.4	19.4	15.6	7.8	-0.6	-6.7					
較差	15.5	12.7	8.9	7.8	7.8	5.6	5.6	5.0	5.5	8.3	8.9	12.8					
毎日最高平均	-0.6	0.6	5.0	12.2	17.8	23.3	26.7	25.0	21.7	13.9	7.2	2.2	11.7	25.0	14.3	0.7	12.9
毎日最低平均	-8.9	-7.2	-2.2	3.9	9.4	15.0	18.3	18.3	13.9	7.8	0	-5.6	3.7	17.2	7.2	-7.2	5.2
較差	8.3	7.8	7.2	8.3	8.4	8.3	8.4	6.7	7.8	6.1	7.2	7.8	8.0	7.8	7.1	7.9	7.7
高極	18.3	17.2	26.7	31.1	34.4	36.7	39.4	36.7	36.7	30.6	23.9	20.0					
低極	-28.9	-29.4	-24.4	-8.3	-2.8	4.4	10.0	8.3	0	-10.0	-18.9	-30.6					
較差	47.2	46.6	51.1	39.4	37.2	32.3	29.4	28.4	36.7	40.6	42.8	50.6					
平均濕度(百分率)	82.5	82	78	72.5	71.5	73.5	70	72	70.5	71.5	77	81	73	73	74	82	75
最多風向(十六方位)	SW	W	NE	NE	NE	NE	SW	NE	SW	S	SW	SW	NE	NE	SW	SW	SW
日照時數	135	156	188	247	285	308	327	291	237	210	125	108	720	926	572	399	2617
百分率	46	53	51	62	63	68	71	68	63	61	42	38					
降水量(粍)	50.8	58.4	63.5	68.6	88.9	94.0	91.4	71.1	76.2	66.0	66.0	53.3	221.0	256.5	208.2	162.5	848.2
降水日數(降水0.25粍以上)	11	11	12	11	12	11	9	9	9	9	11	11	35	29	29	33	126

第十二表

Los Angeles 北緯 34°3′ 西經 118°15′ 高さ 87.2 米　統計年數 26 箇年

本表の作製は New York に同じ

	一月	二月	三月	四月	五月	六月	七月	八月	九月	十月	十一月	十二月	春 三四五月月月	夏 六七八月月月	秋 九十十一月月月	冬 十二一二月月月	年 平均或加
平均氣溫(攝氏の度)	12.2	12.8	13.9	15.6	17.2	19.4	21.7	22.2	21.1	17.8	15.6	13.3	15.6	21.1	18.2	12.8	16.9
毎日最高の平均	17.8	18.9	19.4	21.1	22.8	25.6	28.3	28.9	27.8	24.4	22.2	19.4	21.1	27.6	24.8	18.7	23.1
毎日最低の平均	6.7	7.2	8.3	9.4	11.1	10.0	15.0	15.6	13.9	11.1	8.9	7.8	9.6	13.5	11.3	7.2	10.4
較差	11.1	11.7	11.1	11.7	11.7	15.6	13.3	13.3	13.9	13.3	13.3	11.6	11.5	14.1	13.5	11.5	12.7
高極	30.6	31.1	37.2	37.2	39.4	40.6	42.8	41.1	42.2	38.9	35.6	31.7					
低極	-1.1	-2.2	-0.6	2.2	4.4	7.8	9.4	9.4	6.7	4.4	1.1	-1.1					
較差	31.7	33.3	37.8	35.0	35.0	32.8	33.4	31.7	35.5	34.5	34.5	32.8					
平均濕度(百分率)	65.5	68	72.5	72.5	76	74	76	75	72.5	73	64.5	62.5	74	75	70	65	71
最多風向(十六方位)	NE	NE	W	W	W	W	W	W	W	W	W	NW	W	W	W	NW	W
日照時(百分率)	73	69	70	60	67	78	76	76	75	79	80	73					
降水量(粍)	71.1	71.1	68.6	27.9	12.7	2.5	—	—	—	20.3	38.1	83.8	109.2	2.5	58.4	226.0	396.1
降水日數(降水0.25粍以上)	6	6	7	4	3	1	1	—	—	3	3	6	14	2	6	18	40

第十三表　各地に於ける**平均濕球溫度**(攝氏の度)

	一月	二月	三月	四月	五月	六月	七月	八月	九月	十月	十一月	十二月	春 三四五月月月	夏 六七八月月月	秋 九十十一月月月	冬 十二一二月月月	夏 六七八九月月月月	年平均
東京	0.9	1.6	4.6	10.3	14.4	18.4	22.0	23.2	20.0	13.9	8.5	3.0	9.8	21.2	14.1	1.8	20.9	11.7
大阪	2.4	2.6	5.5	10.8	14.9	19.2	23.0	24.2	20.4	14.8	9.4	4.6	10.4	22.1	14.9	3.2	21.7	12.7
京都	1.3	1.7	4.6	10.0	14.0	18.6	22.6	23.3	19.9	13.8	8.2	3.3	9.5	21.5	14.0	2.1	21.1	11.8
London	3.1	3.6	4.5	6.7	9.1	12.2	13.7	13.9	11.9	8.8	5.6	3.6	6.8	13.3	8.8	3.4		8.1
Berlin	-1.1	0	2.3	6.4	10.5	14.1	15.4	15.1	12.3	8.0	3.0	0	6.4	14.9	7.8	-0.4		7.2
Paris	2.0	3.1	4.8	7.1	11.8	13.9	15.2	15.2	12.6	9.3	5.0	3.8	7.9	14.8	9.0	3.0		8.7
New York	-2.4	-2.0	1.6	6.5	12.9	17.7	20.2	20.0	16.4	11.0	4.9	-0.4	7.0	19.3	10.8	-1.6		8.9
Chicago	-5.1	-4.1	-0.2	5.9	11.4	16.1	18.7	18.5	14.9	9.3	7.2	2.8	5.7	17.8	10.5	-2.1		8.0
Los Angeles	9.3	10.0	11.5	13.0	14.8	16.7	18.9	19.3	18.0	15.1	12.3	10.0	13.1	18.3	15.1	9.8		14.1

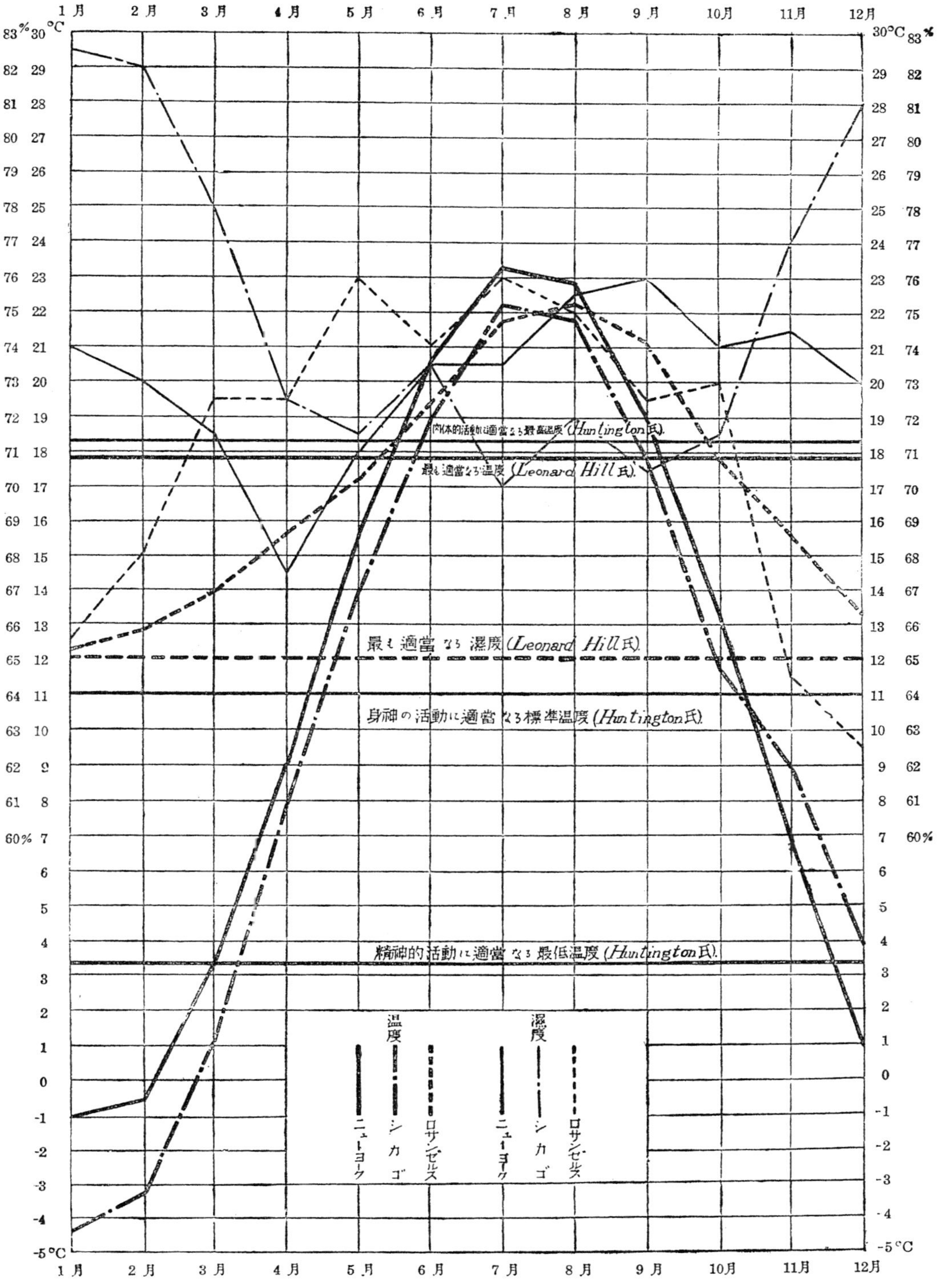

第七圖　ニューヨーク・シカゴ・ロサンゼルスに於ける一年間の溫濕度高低圖

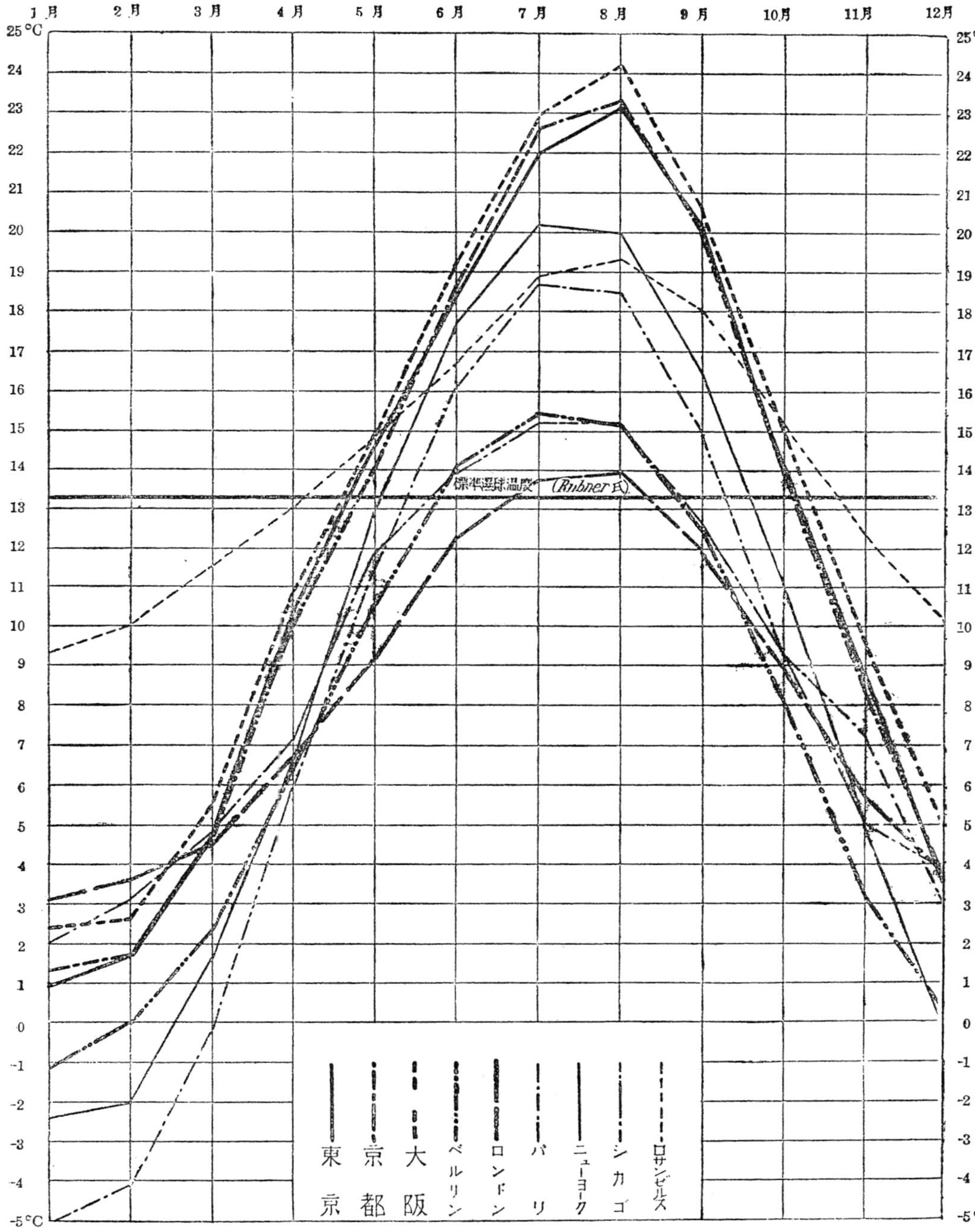

第八圖　世界の主要都市に於ける一年間の濕球温度高低圖

ん。第六圖によつて一年間に於ける溫度及び濕度の變化を示しましたが、之と我國の溫濕度の變化を示せる第五圖とを比較對照し、又各地の濕度及び溫度の變化を濕球溫度によつて表せる第十三表及び之を圖示せる第八圖を檢すれば、兩者の間には著しい相違のあることが極めて明瞭です。尙之等の表中の顯著氣溫日數に就いて見れば、我國の夏は極めて暑く獨逸の冬は頗る寒いことの大體が想像出來ます。又日照時數に就いて見れば、英國の冬は晝間に太陽を見ること極めて稀にして、不快なる日の著しく多いことが明かです。

北米合衆國のニューヨークとシカゴとに於ては大體同樣の變化を爲し、夏冬兩季に於て其の建築設備に注意することを必要とします。併し其の兩季を比較せば冬季に多大の苦心を要します。此の國の溫濕度の變化は第七圖に明かですから、上述の場合と同樣に之と第五圖と對照し且つ第八圖を見れば極めて明瞭です。ロサンゼルスの如きは四季とも溫和にして樂天地であることが知られ、又第十二表中の降水量及び降水日數を見れば、八月九月は全く降雨なく一年間に於ける降水量は極めて少なく、我國とは非常なる差異があります。北米合衆國の何れの地に於ても夏季は比較的少濕ですから、高溫なる場合があるとしても吾々の感ずる快感の程度は低下されないで之亦我國とは甚しい相違があります。

此の如く歐米の先進諸國にては冬季に於て苦心を要する故、之に對するの硏究は頗る盛にして其の設備を主眼とします。從つて屋の內外は全く區劃し外界と遮斷して屋內には煖房裝置を爲し、其の熱の外に逃げるのを防ぎ、且つ屋內は夫々間仕切を嚴重にして各室の間には全く氣流を起さしめないで、煖房の能率增進を計ります。

翻つて我國に就いて考察すれば、其の住宅の設備は冬季に對する研究も極めて重大ですが、夏季に於ける設備の研究を一層緊要とし、之を主眼として考究せねばなりません。卽ち外氣の高溫多濕の影響を防ぎ、日光の直射によつて建築物の外面及び其の周圍が高熱となるも之を屋內に傳達せしめず、且つ屋內にあつては人體其の他より發散する熱及び水分を除くが爲めに、各室の通風を能ふ限り盛にせねばなりません。

六

二に於て述べたる如く氣候の主なる要素の溫度濕度及び氣流の三者が配合に於て宜しきを得ざる場合には、吾々の生活機能は直に其の影響を蒙り、先づ能率の低下となり遂には疾病を釀し、更に甚しき時は生死と密接なる關係があります。故に罹患率死亡率姙娠率等は大體に於て之等の配合の良否に從つて一定の增減を來します。卽ち先に述べたる如く日本の住宅にあつては夏季に於て最も苦心を要し、諸外國の冬を主として設備する住宅とは著しい相違のあることを尙一層明白になす爲めに、各月に於ける之等率の變化を玆に示して此の議論の根據の確實なることを證明します。

本邦の死亡率は戶田博士（京都帝國大學敎授）の抄錄されたる次の第十四表に從ひますと、各原因に由る總死亡者は七、八月が最も多く、其の病源の最多數を占むるは下痢及び腸炎にして各原因に由る總死亡者の百人に對して約十八人は之が原因を爲して居ります。而して下痢及び腸炎の續發する第一因は高溫多濕の結果にして、七、八、九月に於ける每月の死亡者數は一、二、三月に於ける每月の死亡者數の約三倍以上に

第十四表

自大正二年
至大正六年 本邦の注目すべき季節的疾患に依る死亡月別一覧 （各年及平均）

死亡の月	下痢及腸炎 大正二年	同三年	同四年	同五年	同六年	平均	赤痢 大正二年	同三年	同四年	同五年	同六年	平均
一月	5,578	5,950	6,358	6,490	7,351	6,347	18	25	60	46	46	39
二月	4,831	5,320	5,528	6,135	6,367	5,636	20	17	32	17	20	21
三月	5,542	5,193	5,018	6,855	6,869	6,095	24	21	16	25	32	24
四月	5,110	5,672	5,541	5,884	6,144	5,670	25	33	40	43	30	34
五月	7,033	7,428	5,682	7,311	6,963	7,083	71	83	63	99	58	75
六月	9,470	11,810	10,221	12,318	9,785	10,721	238	345	241	302	160	257
七月	14,918	19,908	17,835	21,457	21,177	**19,059**	781	1,220	822	1,022	712	**911**
八月	13,275	19,484	19,050	20,788	22,087	**19,537**	1,008	1,598	1,466	1,764	1,272	**1,422**
九月	10,687	13,222	13,612	13,567	14,118	**13,042**	903	1,363	1,240	1,265	1,071	**1,169**
十月	8,151	9,429	11,095	10,012	11,446	10,027	662	1.027	820	741	686	787
十一月	6,514	7,552	8,263	7,595	9,150	7,815	315	594	420	317	250	379
十二月	6,320	7,025	7,486	7,340	8,117	7,258	117	215	147	133	56	134
總計	99,429	117,993	117,689	125,752	129.585	118,090	4,187	6,541	5,367	5,774	4,393	5,252

死亡の月	肺炎及氣管支肺炎 大正二年	同三年	同四年	同五年	同六年	平均	急性氣管支炎 大正二年	同三年	同四年	同五年	同六年	平均
一月	8,332	10,552	9,403	10,948	10,411	**9,929**	2,916	3,186	2,893	2,779	2,937	**2,942**
二月	7,927	10,246	9,374	13,064	10,618	**10,246**	2,567	3,081	2,988	3,299	2,870	**2,961**
三月	9,159	9,677	10,223	14,953	12,521	**11,307**	2,695	2,711	2,863	3,873	3,041	**3,037**
四月	7,622	8,328	8,247	10,841	10,864	9,180	1,716	2,144	1,851	2,202	2,285	2,040
五月	7,450	7,178	8,074	8,653	10,139	8,299	1,481	1,409	1,409	1,530	1,691	1,504
六月	6,559	6,210	6,606	6,793	8,225	6.879	1,179	1,191	974	1,078	1,242	1,133
七月	5,501	5,563	5,849	5,721	6,027	5,732	969	894	880	916	883	908
八月	4,644	4,689	4,652	4,948	4,974	4,781	794	834	744	849	726	789
九月	4,252	4,160	4,243	4,461	4,207	4,265	1,025	858	843	864	757	869
十月	4,372	4,861	4,528	5,333	4,771	4,773	1,183	1,288	1,025	1,399	1,082	1,195
十一月	5,943	5,016	5,817	5,702	6,382	5,772	1.690	1,449	1,470	1,703	1,759	1,614
十二月	8,787	7,166	8,998	8,072	10,097	8,624	2,665	2,269	2,434	2,454	2,866	2,538
總計	80,548	83,646	86,014	99,489	99,236	89,787	20,880	21,314	20,374	22,946	22,139	21,531

自大正二年
至大正六年 五箇年間平均死亡月別 （注目すべき原因十例竝に總死亡者）

死亡の月	脚氣	腸窒扶斯	流行性感冒	慢性氣管支炎	實布垤利亞及格魯布	麻疹	百日咳	肺結核	老衰	自殺	各原因に依る總死亡者
一月	311	475	285	**3,824**	**658**	606	396	6,494	**6,556**	660	98,410
二月	256	385	390	**3,792**	545	574	371	6,351	6,055	628	91,925
三月	285	368	**554**	**4,094**	524	769	376	7,259	6,214	819	**99,140**
四月	326	333	375	3,102	405	744	366	7,187	4,646	948	88,287
五月	459	405	211	2,641	321	**942**	449	7,404	3,975	1,073	83,123
六月	636	468	139	2,230	265	**970**	574	7,057	3,595	959	83,821
七月	1,476	734	96	2,026	189	781	**768**	**7,439**	4,363	**1,104**	**101,823**
八月	**2,264**	1,094	81	1,825	154	482	**731**	7,226	5,354	963	**107,110**
九月	**2.250**	**1,340**	95	1,806	198	225	514	7,051	5,440	835	96,651
十月	1,770	**1,250**	**111**	2,074	334	261	340	7,161	5,669	744	92,831
十一月	987	935	134	2.352	489	445	296	6,539	5,450	666	96,903
十二月	557	736	201	3,192	**628**	621	388	6,609	6,225	641	96,001
總計	11,577	8,525	2,873	32,957	4,709	7,419	5,570	83,897	63,542	10.039	1,122,030

達し、甚しい相違があります。尙高野博士の統計學研究に據つても、我國の死亡率は夏季が最大です。

之に據つて見れば、住宅に於て夏季の高溫多濕を調節なすの設備を怠る時は死亡率は著しく增加し、國民の幸福を甚しく阻害する事が明かです。此の言は衞生學方面よりは屢〻聞く所ですが、住宅改善の問題を建築學上より論ずる場合には多く顧みられません。震火災等による禍害は一地方にあつても一時に起るを以て注意を喚起し易いのですが、此の如き廣く不斷に起る大なる災禍は反つて看過され易き傾向にあります。併し國民の保健上極めて重大なる問題ですから、之を防止するの策を講ぜねばなりません。

前に我國の代表的地方として論じたる東京、大阪、京都の三都市に於ける夫々の死亡率を一年一日死亡一千に付き各月平均一日死亡にて表したる戸田博士の抄錄に從つて、大正二年より大正六年に至る五箇年間の毎月平均を示せば次の如くです。

	一月	二月	三月	四月	五月	六月	七月	八月	九月	十月	十一月	十二月
東京市	九九九・四	一〇一九・四	一〇一五・六	九五四・七	九五〇・四	九六八・四	一一一五・〇	一一三三・三	一〇二〇・一	九三六・九	八八一・七	九九〇・〇
京都市	一〇四三・一	九八三・二	九八一・五	九〇五・二	八九一・六	八六五・五	一〇三二・八	一一七〇・一	一一二八・八	九九〇・九	九四七・一	一〇五二・六
大阪市	九八五・二	九九一・八	八九四・四	八五一・九	八五五・五	八三三・〇	一〇七七・六	一四三二・九	一三三二・六	一〇〇四・五	八八一・二	九四二・七

之によつて見るも夏冬二季の氣候は吾々に對し極めて不適當にして、殊に夏季の最も恐るべき事が明白です、之を三市に於ける同年間の氣溫氣濕及び氣流を中央氣象臺年報より摘出平均したものと比較せば、更に瞭然として居ります。

自大正二年至大正六年

		一月	二月	三月	四月	五月	六月	七月	八月	九月	十月	十一月	十二月	年
東京市	毎月平均溫度(攝氏の度)	三・三六	四・一三	六・七六	一二・四九	一六・四八	二一・一九	二四・五一	二五・一六	二二・一八	一六・三七	一〇・三八	五・四九	一四・〇六
	毎月平均濕度(百分率)	六二・六	六三・五	六五・四	七二・〇	七五・二	八一・四	八一・一	八〇・九	八三・七	八〇・六	七五・一	六六・七	七四・〇
	毎月平均風速(米/秒)	三・四七	三・九〇	四・二一	四・一八	三・八三	三・六九	三・四五	三・六二	三・〇九	三・三一	三・四七	二・九九	三・六〇
京都市	毎月平均溫度(攝氏の度)	二・九五	三・七七	六・〇四	一二・三八	一六・五五	二一・八四	二五・八二	二六・一六	二二・八〇	一六・五九	一〇・五〇	四・八六	一四・一九
	毎月平均濕度(百分率)	七四・九	七三・五	七一・四	七一・一	七一・六	七七・二	七四・二	七四・七	七八・〇	七九・〇	七八・六	七六・八	七五・一
	毎月平均風速(米/秒)	三・〇六	二・八七	三・二一	三・一七	二・六三	二・四七	二・三七	二・六九	二・三三	二・三一	二・二一	二・七三	二・六五
大阪市	毎年平均溫度(攝氏の度)	四・六九	五・〇八	七・二四	一三・〇〇	一七・三六	二二・二六	二六・六九	二七・一九	二四・一一	一七・九六	一二・一三	六・九六	一五・三九
	毎月平均濕度(百分率)	六九・一	六九・五	六九・五	七二・八	七三・七	七九・〇	七五・三	七三・三	七五・三	七六・五	七四・八	七〇・三	七三・三
	毎月平均風速(米/秒)	六・一三	五・四四	五・一〇	四・八六	四・一四	四・三四	四・三六	四・五四	四・一八	四・二五	四・一〇	五・七六	四・七七

死亡率と氣候との關係を圖示なすには、屋内の氣候に就いては氣流は上述の如きものに非ずして、夏季には窓等は開放なすも著しく減少し、冬季に於ては上述の溫濕度の及ぼす影響よりは頗る僅少ですから、上述の各月平均溫度及び濕度より各月平均濕球溫度を求めて、之とルブネル氏の標準濕球溫度攝氏十三度三分との差を計算したる次の結果を前述の死亡率に比較して第九圖の如く示せば、明瞭であると思ひます。(毎月平均濕球溫度と標準濕球溫度との差に○印を有する數字は後者に比して前者の不足せることを示し、他は其の數字だけ前者が高溫なることを示します。)

		一月	二月	三月	四月	五月	六月	七月	八月	九月	十月	十一月	十二月	年
東京市	毎月平均濕球溫度(攝氏の度)	一・二	一・九	四・三	一〇・一	一四・一	一九・一	二二・二	二二・八	二〇・四	一四・五	八・七	三・三	一一・八
	前行の毎月濕球溫度と標準濕球溫度(攝氏十三度三分)との差	○一二・一	○一一・四	○九・〇	○三・二	○・八	五・八	八・九	九・五	七・一	一・二	○四・六	○一〇・〇	

京都市 毎月平均濕球温度(攝氏の度)	一・五	二・二	四・一	九・九	一三・九	一九・二	二二・五	二三・〇	二〇・三	一四・六	八・八	三・四	一一・九五
前行の毎月濕球温度と標準濕球温度(攝氏十三度三分)との差	〇一一・八	〇一一・一	〇九・二	〇三・四	〇・六	五・九	九・二	九・七	七・〇	一・三	〇四・五	〇九・九	
大阪市 毎月平均濕球温度(攝氏の度)	二・八	三・一	五・一	一〇・一	一四・八	一九・九	二三・五	二三・八	二一・〇	一五・七	一〇・〇	四・九	一三・九三
前行の毎月濕球温度と標準濕球温度(攝氏十三度三分)との差	〇一〇・五	〇一〇・二	〇八・二	〇三・二	一・五	六・六	一〇・二	一〇・五	七・七	二・四	〇三・三	〇八・四	

此の圖に於て見らるゝ如く外界の濕球溫度と標準濕球溫度との差を示したる曲線は死亡率の曲線と同樣に夏冬二季に於て高き山を描いて居ります。併し、夏と冬との間には死亡率の曲線の如き高低の相違が明かではありませんが、此の曲線を外界氣候に就いてゞなく、每月に於ける一般的の家屋氣候の濕球溫度を求めて、之を前同樣に計算して其の數字に據つて描けば、家屋氣候は夏冬兩季とも外界氣候より高溫ですから、(之は夏の設備の章に詳述して居ります)ルブネル氏の標準濕球溫度に夏季は更に遠ざかり冬は比較的近づいて、外界氣候より描きたるものに比すれば、冬の山は低く夏の山は高く、死亡率の曲線の高低と殆ど同一に每月平行して昇降します。斯くして比較するのを一層剴切と思ひますが、一般的に各月に於ける家屋氣候を表はすことは極めて困難ですから、此の場合には前揭の如き圖を作つた譯です。

以上の如く我國に於ける各月の死亡率は氣候の變化に大なる影響を蒙り、一年間に標準氣候に遠ざかる度數及び程度の如何に從ひ、其の率の高低も之と平行して變化なすことは明かですが、諸外國の死亡率も同樣の結果を明示して居ります。

歐洲各地に於ける各月の死亡率は次の第十五表に揭げて居りますが、瑞典の如き北方の地にては冬季に於て其の率の最大を、夏季に於て最小を表します。伊太利の如き南方の地にては夏季に最大を示し、次い

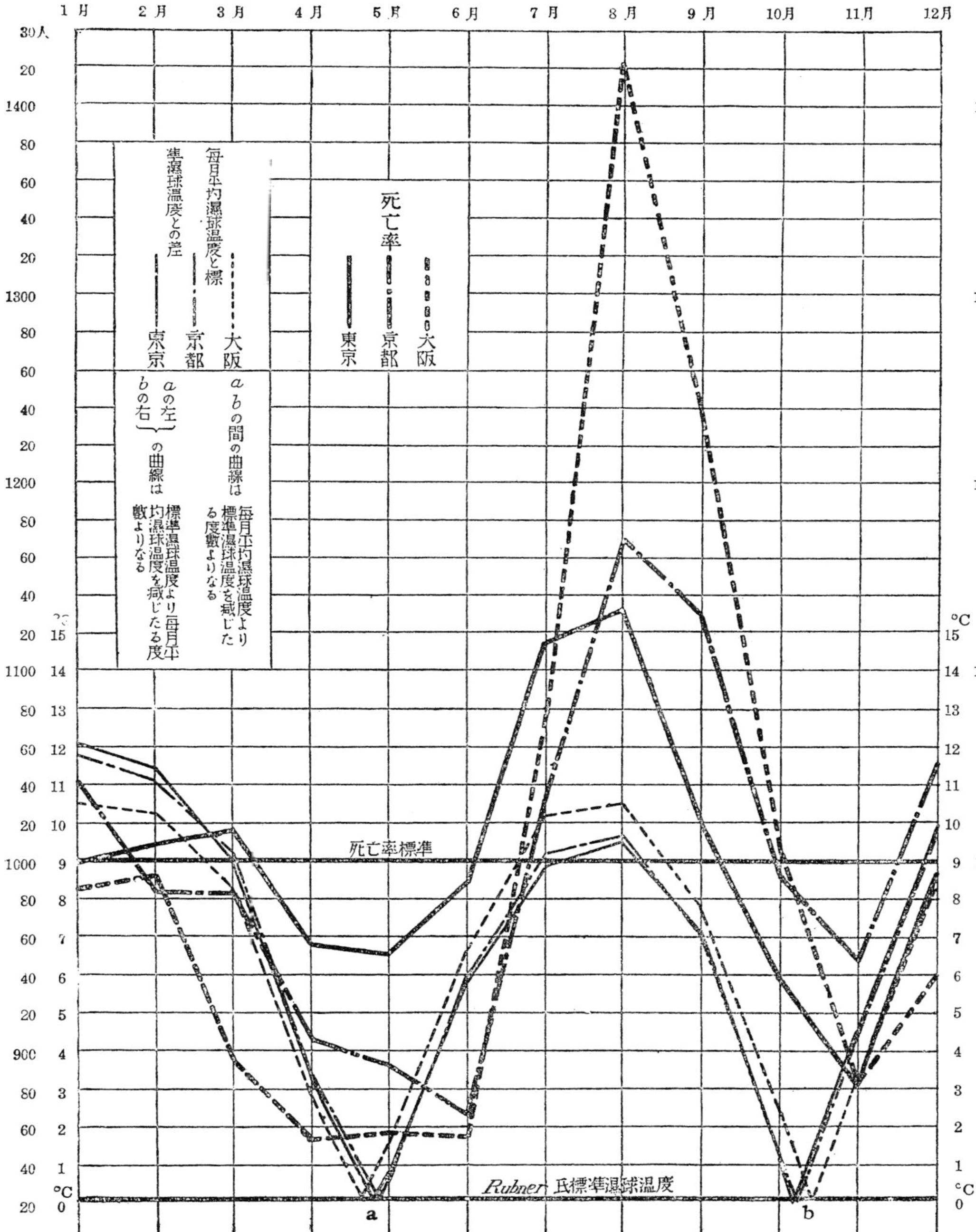

第九圖　東京・京都・大阪の氣候と死亡率との比較

第十五表

毎月平均死亡百に付き各月死亡（西暦一千八百七十二年——一千八百八十年）

	一月	二月	三月	四月	五月	六月	七月	八月	九月	十月	十一月	十二月
瑞典	112.5	113.3	110.7	112.9	111.4	93.9	84.9	79.5	79.8	88.1	102.1	111.8
獨逸	101.7	108.0	109.9	105.8	101.5	94.2	94.9	103.0	99.7	91.5	92.6	97.7
佛蘭西	105.0	111.3	108.2	105.4	98.1	92.5	92.1	100.8	100.7	92.8	94.2	99.4
伊太利	107.8	106.6	104.4	94.2	84.2	84.9	103.9	111.9	104.9	97.1	98.9	101.2

（Mayo-Smith氏著 Statistics and Sociology. より轉載）

毎月平均死亡一千に付き各月死亡

	期間	一月	二月	三月	四月	五月	六月	七月	八月	九月	十月	十一月	十二月
獨逸	1876—1880	1023	1058	1084	1072	1045	970	943	991	962	910	937	1005
墺太利	1888—1892	1209	1170	1152	1089	995	872	858	888	852	884	986	1045
匈牙利	1896—1900	1091	1045	1208	1134	1009	852	885	953	905	946	946	1026
丁抹	1895—1900	1080	1120	1140	1120	1100	1020	960	890	850	850	900	970
諾威	1896—1900	1071	1089	1185	1092	1098	967	950	920	836	878	896	1018
瑞典	1891—1900	1250	1100	1170	1130	1100	940	860	820	780	850	920	1080
芬蘭土	1896—1900	1160	1210	1100	1020	990	930	860	860	850	900	1000	1120
露西亜	1890—1894	1028	962	952	928	843	1038	1400	1199	900	839	959	952
白耳義	1891—1900	1262	1120	1198	1034	985	875	865	917	912	902	882	1048
佛蘭西	1896—1900	1100	1100	1163	1057	988	886	947	1011	934	921	880	1013
伊太利	1896—1900	1110	1162	1106	1003	875	884	1044	1032	929	892	925	1038

（J. Conrad氏著 Politische Oekonomei〔IV Teli Statistik Erster Teil 1923〕より轉載）

で冬季が大ですが、兩者の中間に位する獨逸及び佛蘭西の死亡率は冬が最大で夏季が之に次ぎます。其の他の地に就いては丁抹、諾威、芬蘭土、蘇格蘭は、一年間に二回の高低を示さずして、瑞典に似て單に冬季に於て最大死亡率を示します。墺太利、瑞西、和蘭、白耳義は獨逸、佛蘭西に似て晩冬から初春にかけて最大で、之に次いで大なるは晩夏の候に於てゞす。西班牙は伊太利よりも南に位して其の氣候は冬季に良好なる狀態にあるのを以て、晩夏の候に最大死亡率を表しますが、伊太利の如く冬季に第二の高き死亡率を示しません。

之等の高低と外界氣候の變化との比較を爲すには、前に第九圖に於て示したると同様なる圖を以て示せば極めて明瞭です。卽ち表中の主なる國々の首都に於ける外界氣候の各月平均溫度及び濕度（前の諸表中になきものは東京天文臺編纂理科年表に據る）より毎月平均濕球溫度を求めて、それと標準濕球溫度攝氏十三度三分との差を算出して死亡率の高低と共に圖示せば前掲第十六表及び第十圖第十一圖の如くです。

之に據つて、各國の住宅の根本方針は著しく相違し、或は純防寒的建築を必要とし、或は防寒を又は防暑を主とする建築を必要となす所以が明瞭です。圖中には我國の代表として大阪府を擧げましたから、（大阪府の死亡率の數字は後に掲げ、代表的地方として大阪市其の他の都市を擧げないで府を以てしたる理由も後に詳述します。）之と諸外國とを比較對照して一般的に云へば多くの國々に於ては冬季が最も恐るべきで、其の期間の生活に留意せねばなりませんが、我國に於ては夏季に最も警む可きであることが明かに認められます。

北米合衆國に於ては冬季の生活に留意すべきことは幾多の統計によつて知られます。マッサチウセッツ

第十圖　瑞典・墺太利・日本の氣候と死亡率との比較

- - - - 死亡率
—— 外界氣候
（第十一圖も同樣）

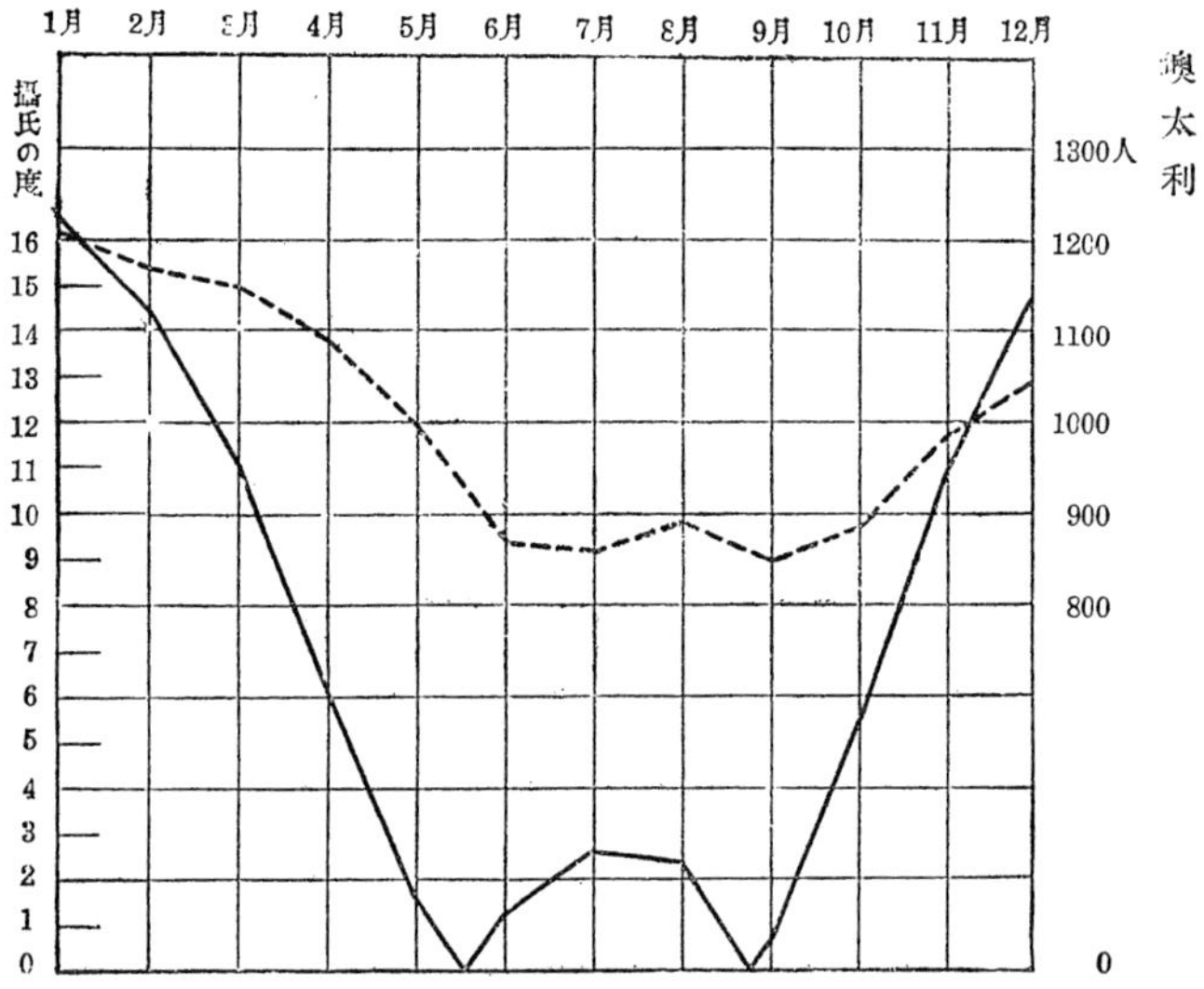

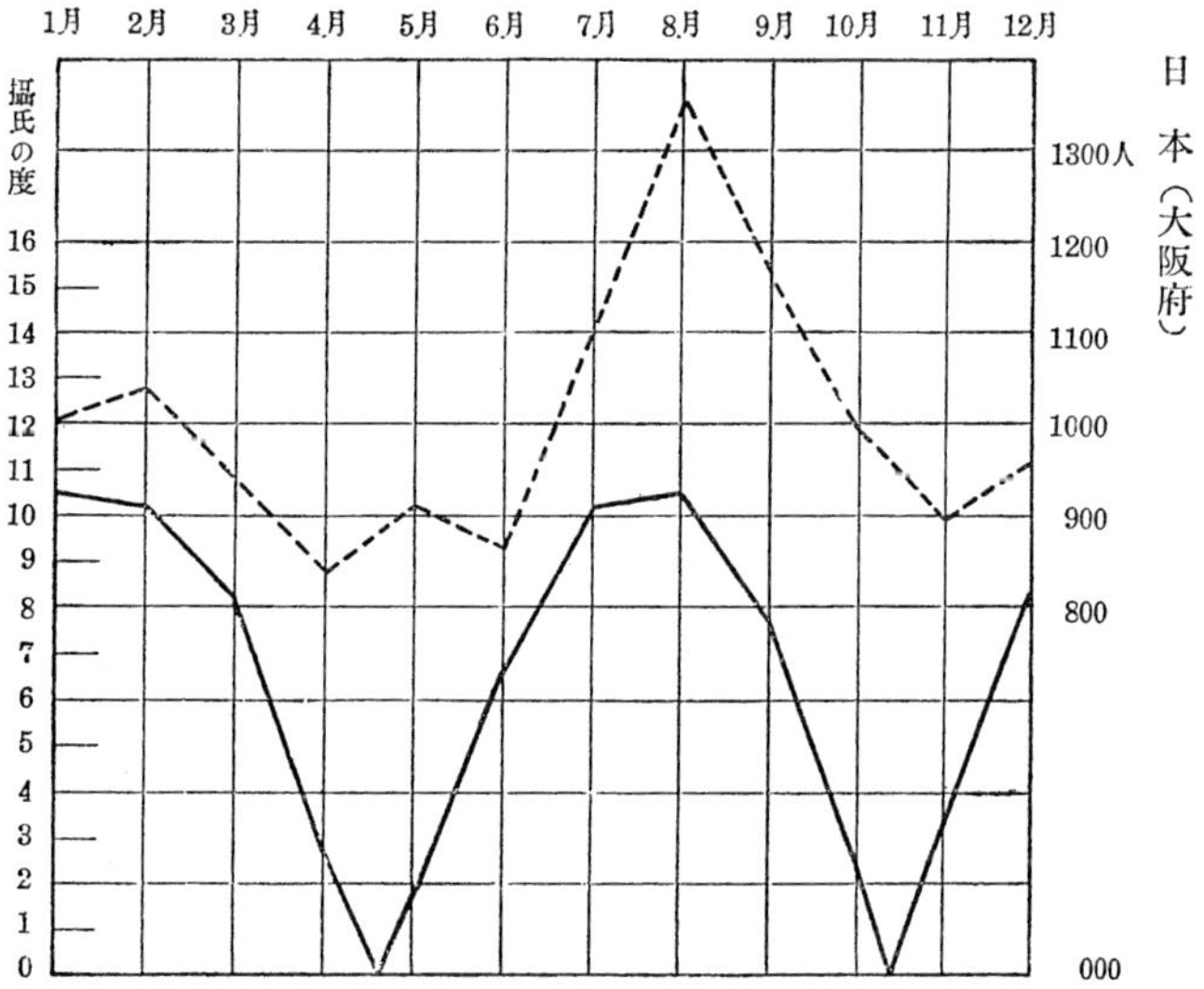

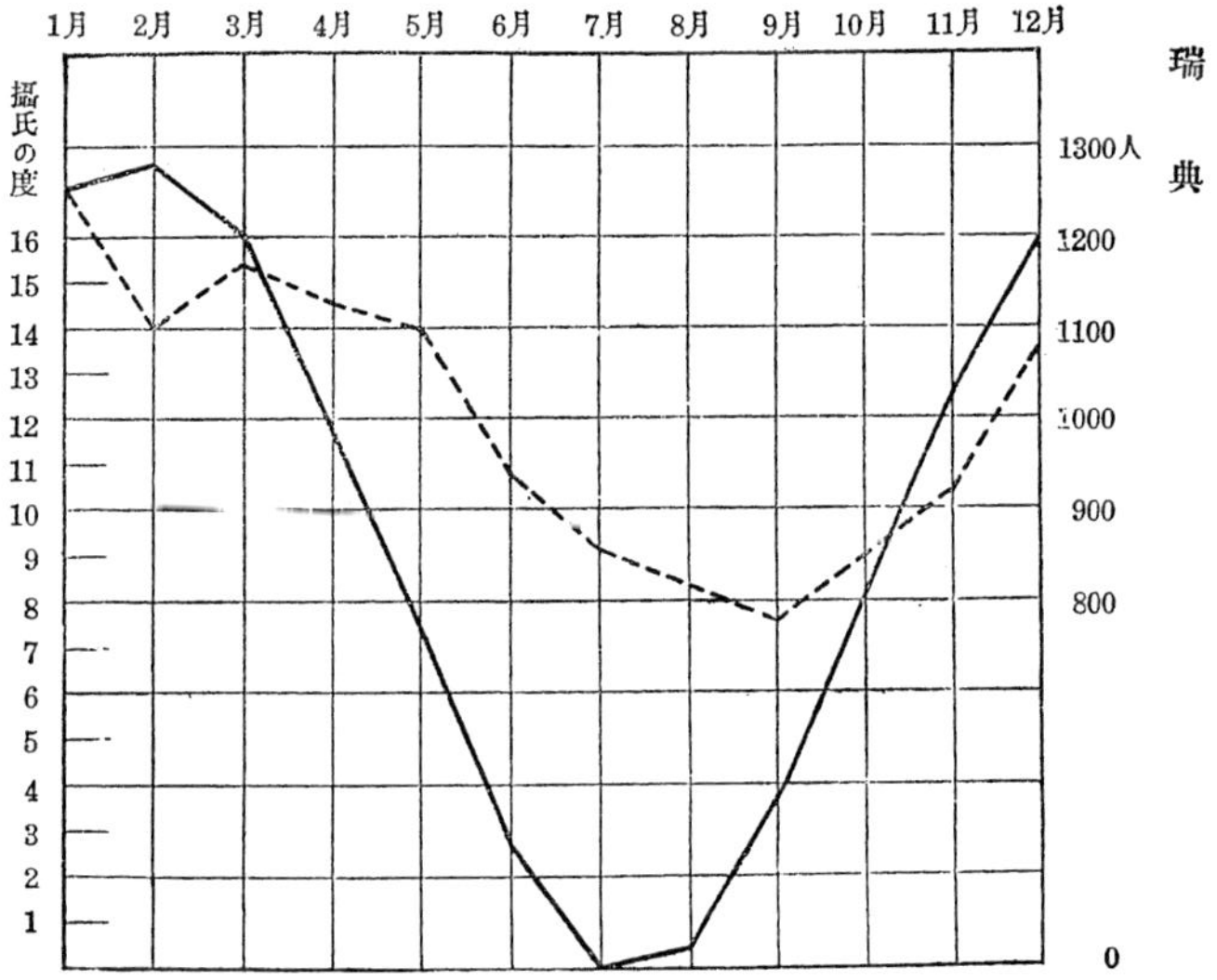

第十一圖　丁抹・獨逸・佛蘭西・伊太利の氣候と死亡率との比較

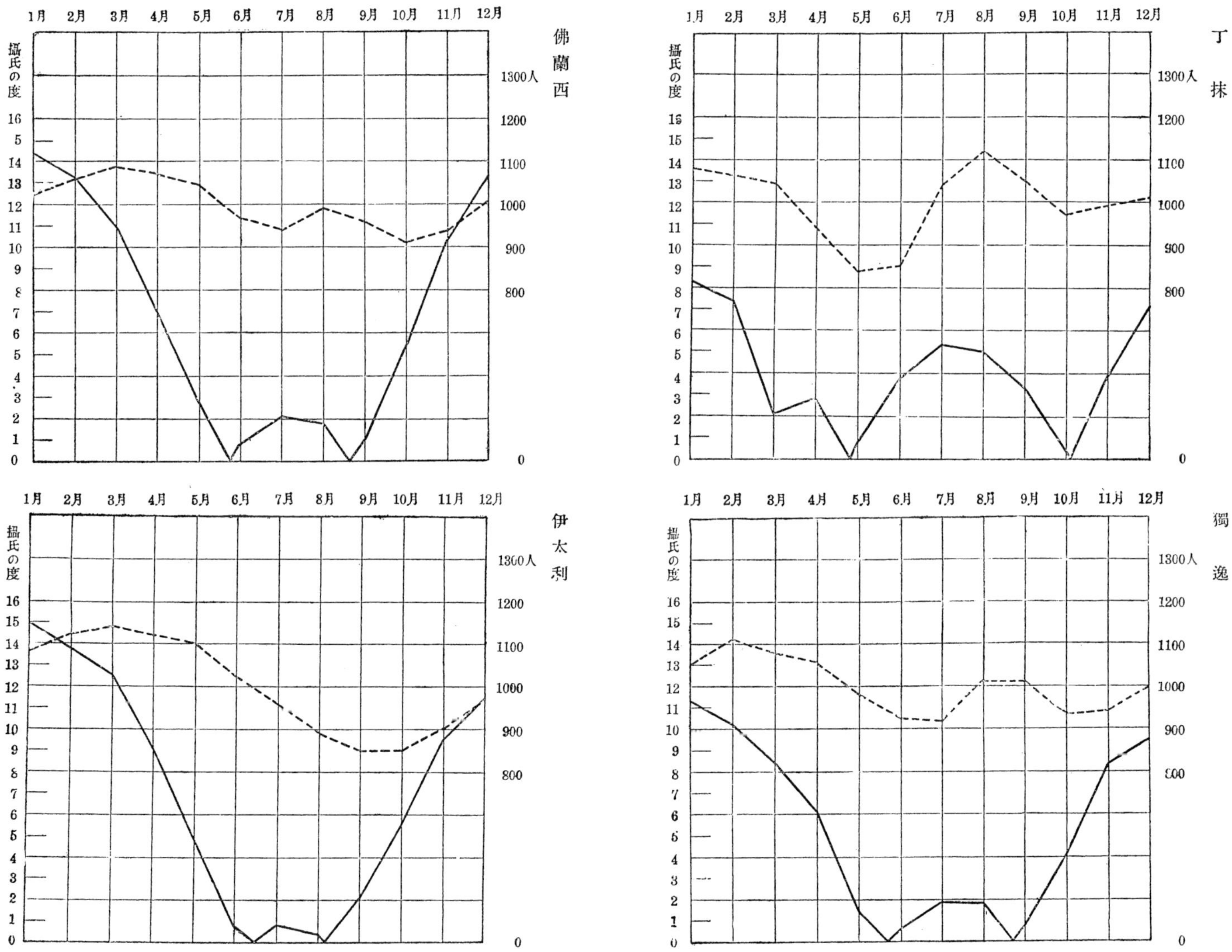

第十六表

歐洲大陸の各地に於ける各月平均濕球溫度(攝氏の度)

	一月	二月	三月	四月	五月	六月	七月	八月	九月	十月	十一月	十二月
ストックホルム(瑞典)	-3.8	-4.3	-2.8	1.6	5.8	10.6	13.3	12.9	9.7	5.1	0.7	2.7
ウィーン(墺太利)	-3.2	-1.2	2.1	7.0	11.6	14.5	15.9	15.7	12.7	8.0	2.4	-1.5
コペンハーゲン(丁抹)	-1.7	-0.5	0.8	4.2	8.4	12.5	14.1	13.7	11.3	7.8	3.8	1.9
ベルリン(獨逸)	-1.1	0	2.3	6.4	10.5	14.1	15.4	15.1	12.3	8.0	3.0	0
パリー(佛蘭西)	2.0	3.1	4.8	7.1	11.8	13.9	15.2	15.2	12.6	9.3	5.0	3.8
ローマ(伊太利)	5.0	5.9	11.2	10.5	13.9	17.0	18.6	18.3	16.6	13.7	9.4	6.1
大阪(日本)	2.8	3.1	5.1	10.6	14.8	19.9	23.5	23.8	21.0	15.7	10.0	4.9

各月平均濕球溫度と標準濕球溫度との差

ストックホルム(瑞典)	-17.1	-17.6	-16.1	-11.7	-7.5	-2.7	0	-0.4	-3.6	-8.2	-12.6	-16.0
ウィーン(墺太利)	-16.5	-14.5	-11.2	-6.3	-1.7	1.2	2.6	2.4	-0.6	-5.3	-10.9	-14.8
コペンハーゲン(丁抹)	-15.0	-13.8	-12.5	-9.1	-4.9	-0.8	0.8	0.4	-2.0	-5.5	9.5	-11.4
ベルリン(獨逸)	-14.4	-13.3	-11.0	-6.9	-2.8	0.8	2.1	1.8	-1.0	-5.3	-10.3	-13.3
パリー(佛蘭西)	-11.3	-10.2	-8.5	-6.2	-1.5	0.6	1.9	1.9	-0.7	-4.0	-8.3	-9.5
ローマ(伊太利)	-8.3	-7.4	-2.1	-2.8	0.6	3.7	5.3	5.0	3.3	0.4	-3.9	-7.2
大阪(日本)	-10.5	-10.2	-8.2	-2.7	1.5	6.6	10.2	10.5	7.7	2.4	-3.3	-8.4

州の如き北に位する地方にては、其の死亡率は一月が最大ですが、七月は最小で一月の半にも達しません。(Whipple氏著 Vital Statisticsに據る) 北米合衆國全體より見るも同樣に冬季の死亡率が著しく大なることに就いて、(Falk氏著Principles of Vital Statisticsに據る) 西曆一千九百十九年に於ける每一千人に對する每月の死亡率は

一月	二月	三月	四月	五月	六月	七月	八月	九月	十月	十一月	十二月	一ケ年	每月平均
一・七	一・三	一・三	一・一	一・〇	〇・九	〇・九	〇・九	〇・九	〇・九	〇・九	一・〇	一三・九	一・一

尙罹患率が氣候の期節的變化に因る影響に就いては、北米合衆國の某會社に於て一週間以上働くことを得ざる程度の疾病に罹るものの率は一月より六月までの間に次の變化を示します。

一月	二月	三月	四月	五月	六月
二七	三四	一三	一二	九四	八二

卽ち二月に於て最高に達したるものが、三月には急激に減じて四五六月と次第に減じます。(Falk 氏著 Principles of Vital Statistics中に記載されたる The United States Public Health Service よりの報告)

此の外諸種の率の增減と氣候の變化との關係に就いて、調査されたる統計の二三を擧げて我國の夏季の恐るべきを次に示します。

姙娠率に就いて我國に於ける各月の變化を見れば、岡田氏の「本邦死產に就いて」(國民衞生第一卷第八號) に據れば

大正七年に於ける出產月別

一月	二月	三月	四月	五月	六月	七月	八月	九月	十月	十一月	十二月

二八、六五六	一八四、七五五	一三六、一五九	一一八、一五三	一三一、四〇二	一一〇、六三三	一三〇、五八一	一三八、七五三	一三七、六六六	一四〇、九六九	一五一、五四八	一三一、七一五

であり、岡崎氏の人口統計研究に據れば、京都市上京區役所から蒐集した大正十一年の六千九百三十八人に就いては

出産月別	一月	二月	三月	四月	五月	六月	七月	八月	九月	十月	十一月	十二月
	九八〇	六七八	七三一	四五三	三九三	三六三	五三〇	五三七	五九四	六四六	六〇八	四四五

之等を受胎月に換へて增減を檢すれば、好季節或は其の次に位する四、五、六月頃が姙娠率は最大で、盛夏或は其の影響を蒙る七、八、九月が常に最小です。

作業能率に就いても同樣の結果が示されて居ります。其の一例を擧げて見ますと、澤野氏藤岡氏の「作業能と季節との關係に就いて」(國民衞生第一卷第四號)には、煙草專賣局京都工場に於て、大正十一年四月より翌年の四月まで約一箇年間勤續せる五十三名の鉛紙女工に就いて、各月作業能率の消長を調査した結果が發表されて居りますが、其の大要は次の如くです。

		大正十一年 四月	五月	六月	七月	八月	九月	十月	十一月	十二月	大正十二年 一月	二月	三月	四月(參考)
大正十一年四月前に於ける勤續期間平均六箇月の五十三人に對する作業能率		二七・一	二六・五	二七・三	二五・八	二四・九	二六・七	二八・〇	二九・三	二九・七	二九・一	二八・三	二八・五	二八・〇
溫度攝氏の度	煙草工場內	二〇・〇	二三・八	二六・七	二八・九	三一・七	二八・三	二三・三	二〇・六	二一・七	一八・六	一八・一	一八・三	一八・三
	京都測候所	一三・八	一七・六	二三・一	二五・八	二七・六	二三・九	一六・一	一〇・四	三・七	一・五	三・七	八・一	一三・二
濕度百分率	煙草工場內	七四	七四	七一	七三	七一	七三	七七	七八	七三	七三	七一	六九・五	七五・五
	京都測候所	七四	七〇	七三	八〇	七九	七八	八一	八二	八二	八〇	七五	七三	七五

工場內は冬季に蒸氣煖房の裝置をなし外氣より屋內は遙かに高溫にして標準氣候に近きを以て、作業能

率は極めて優秀です。夏季の氣候は外界も屋內も著しく不良の狀態にあるので、能率は甚しく劣ります。

此の如く夏季に高溫多濕なる場合には其の影響は著しいものですが、尙之に加へて通風の減少する場合にあつては恐るべき結果が表れます。卽ち各都市に於て家屋が密集して氣流を阻む事は、其の市民の健康狀態を夏季に於て著しく惡化するの一大原因となります。此の點は都市の住宅に對し頗る重要なる問題にして、戶田博士が之を明瞭に示されたる實例は、大阪市と大阪府（大阪市を除きたるものを意味します、以下同樣。）とに於ける死亡率にして、同博士の說の大要を述ぶれば次の如くです。大阪府は大阪灣に臨める平野にして他府縣と異なり地勢の變化に乏しく、府內に於ける氣候は何れも殆ど同一です。然るに大阪市と大阪府とに於ける死亡率を比較せば

一年一日死亡千に付き各月平均一日死亡（大正二年より大正六年に至る五箇年間の每月平均）

	一月	二月	三月	四月	五月	六月	七月	八月	九月	十月	十一月	十二月
大阪市	九八五・二	九九一・八	八九四・四	八五一・九	八五九・五	八五三・〇	一〇七七・六	一四二三・九	一三三二・六	一〇〇四・五	八八一・一	九四二・七
大阪府	一〇〇六・六	一〇三八・〇	九三九・五	八三八・七	九一〇・二	八六三・七	一一〇五・八	一三四八・〇	一二六六・六	九九二・四	八九五・五	九六〇・八

の如くにて、（玆に述ぶる目的に對しては關係の薄いことですが、本項六にての大阪市に關する統計は大正十四年四月一日の大阪市新區增設以前に於てのことですから、其の區域は現在のものに非ずして舊大阪市に屬する部分です。從つて府も現在とは狀態を異にし家屋の稠密なる地を含んで居ることを斷つて置きます。）冬季に於ては大阪市は大阪府に較べて甚しく良好の狀態にありますが、夏季に於ては大阪府に比すれば頗る不良の狀態にあることが知られます。

此の如き實例は諸外國の都市に於ても見らるゝ所にして、殊に冬季を主眼となし之に對してのみ設備を爲せる建物にあつては、夏季高温の際氣流が缺除せば甚しく不良の狀態に陷ることは容易に想像されます。例へば獨逸の死亡率は次に掲げたる如く冬季に著しく增大して夏季に減少しますが、伯林市のみに就いて見れば其の反對で次の如く夏季が頗る不良です。(Mayo-Smith氏著Statistics and Sociologyに據る)

每月平均死亡百に付き各月死亡(西曆一千八百七十二年—一千八百八十年)

	一月	二月	三月	四月	五月	六月	七月	八月	九月	十月	十一月	十二月
伯林	八九・〇	八八・三	九〇・二	八九・四	九三・〇	一三三・一	一四四・七	一一六・七	一〇一・四	八九・一	八一・八	八五・三
獨逸	一〇一・七	一〇八・〇	一〇九・九	一〇五・八	一〇一・五	九四・二	九四・九	一〇三・〇	九九・七	九一・五	九三・六	九七・七

即ち家屋の密度は過重、街路は狹隘、庭園其の他空地の少なき都市にては、夏季吾々の生活機能に極めて密接なる關係を有する風力は、後ちの章にて詳述しますが其の地の測候所にて測定せるものに比して著しく減殺され、又同一の場所にても高さによつて相違し地盤に近き處にては意外に僅少なることが、此の結果を齎す重大なる原因の一つです。此の如き狀態にある建物は特に夏季の建築設備改善に對して愼重なる注意を拂はねばならないことが明かです。

市街地と郊外とにあつて上述の如き差異を示すのみならず、一つの建物內にあつても場所によつて通風に良否があれば、其の結果は直ちに表れます。東京大阪其の他の都市に於ては、換氣に就き極めて不完全なる百貨店事務所等の高層建築もありますが、之等の建築物中にて勤務せる人々の罹患率或は陳列された商品の保存率に就いて見れば、各階にありて明瞭なる差異が表れ比較的大なる風力を受くる上階に至るほど、良好の狀態にあるものと信じますが、之に對する統計を示すことの出來ないのは洵に遺憾です。

尙以上述べたることゝは全く別の方面よりですが、建物それ自身の保全に就いて考慮する場合にも我國の夏季は頗る恐るべきであることが知られます。木骨構造の耐久力に至大なる影響を及ぼすものは菌類の發生にして、之が甚だ恐るべきものです。洋風の木造住宅は地震或は暴風其の他に對して比較的堅牢なる構造となれるにも拘らず、其の災害を蒙ること和風住宅と大差なきは腐朽の甚しきことが根本の原因を爲して居ります。又鐵筋混凝土造の如き建物にても仕上げ床の根太其の他密封せられたる箇所に使用せる木材は極めて迅速に腐朽します。之等に就いては嘗て理學博士川村清一氏が痛論されたる所にして、建築雜誌（第三十一輯第三百六十一號三百六十二號三百六十三號三百六十五號三百六十七號）上の同氏の「菌類と建築用材腐朽の關係に就きて」に據れば其の大要は次の如くです。植物學上より見て洋風の木造建築は我國の夏季に於て甚しき缺陷の生ずるものにして、我國の氣候は溫度及び濕度共に菌類の生育に適し世界に其の比を見ません。殊に六、七月の梅雨初秋の霖雨の候は高溫多濕にして、菌類の發生に最も適し、且つ溫度は高低の變化少なく晝夜に於て一樣なるを以て、繁殖上極めて良好の狀態にあります。此の如く我國の建築は夏季に對して最も警むべきことが此の點より見ても窺はれます。（本文は大正十四年春書いた論文「我國住宅建築に關する改善の研究」中の一部「氣候論」を書き直したものです。）

設備

一

「和風住宅と洋風住宅」の章に於て、吾々は舊來の建築に囚はれず外國の風に盲從せず、我國固有の環境に調和し眞に吾々の生活上の要求より起つた住宅を造らねばならないことを述べました。

之に對する研究は諸種の方面から爲さねばなりませんが、住宅の研究を建築學上より見れば洵に面白い問題です。建築物は其の設計に際して建築學上の必要なる研究は、構造設備及び意匠裝飾の三方面に分けることが出來ると思ひます。其の中で構造學に關する研究に對しては住宅以外の他種の建築物に、より以上適當なるものがあるとしても、住宅に於ては設備及び意匠裝飾の二學に關し特に極めて微妙なる問題に接觸して居りますから、中々複雜で細心の注意を以てせねばなりません。從つてそれだけ困難ですが亦面白い研究が出來ると思ひます。之等二學の中でも、一般の傾向は意匠裝飾について比較的大なる努力が從來から拂はれ、殊に近來住宅が建築上重要なる地位を占むるに至り、藝術的の對象ともなる場合がありまして、美的方面に對する要求が頗る重大視さるゝに至りました。然るに、設備に就いては單に目前の便不便に拘泥して之にのみ注意を奪はれます。從つて第一主眼點となすべき吾々生活體の健康維持に關する方面に對しては多くの考慮を拂ひませんが、此の點が先づ完備せねば、住宅としての基礎は定まつたと謂ふことは出來ないと思ひます。氣候風土は時代の推移に殆ど何等の關係もなく住宅に對して絕對的威力を逞しくし、何れの場合に於ても之を無視することは出來ませんから、氣候風土を對象となし、之に適應せしむることは其の地に於ける住宅の最大必要條件です。而して先に「氣候」の章にて詳述したる如く、彼我の氣候風土には著しき相違がありますから、之に對する衞生設備に就いては、必ずしも構造の如く其の範を歐米の先進諸國に求むることは出來得ないし、彼を模することは能く其の目的を達し得るの路でありません。

　故に眞の日本住宅の創成に對しては諸外國の住宅より學ぶ所多く、其の研究を必要としますが、我國の氣候風土に適合せしむるには舊來の住宅を研究し、之を參考に供するは頗る適切緊要なる方法です。之が現代吾々の要求する住宅と著しい逕庭があるとしても、之を閑却して顧みない譯には行きません。新生活樣式に適合するものを創成するには彼我の住宅を比較研究し、自由に長所を採り自家藥籠中に收め適宜處法せねばなりません。卽ち長短を明瞭にせずしてそれ等に據る場合は改善でもなく進步でもなく、單にそれ等に追從したる變更に外ならないのです。故に兩者の深い研究が眞の日本住宅創成を獲る路の第一步ですから、先に述べたる我國住宅としての二大樣式である和風住宅と洋風住宅との主要なる部分に就いて、其の長短を明かになし、眞の日本の文化住宅として必要なる根本の諸設備に關して茲に鄙見を述べます。

二

間取の根本問題に就いて一般的に云へば、各室は南面して日光の直射を多量に受くるを適當となすも、日本の住宅に於ては、夏季は日光の直射を避けて之より遠ざかり、冬季は能ふ限り之を利用せねばなりませんから、其の間取は各室を東西に一列に配置する大體方針よりも、南と北と二列になしたるものを東西に長く配置するを可とします。舊來の我國住宅に於ては此の方針を嚴守して居ります。例へば、私の宅附近卽ち淀河々畔の農村の住家に就いて、二三の間取りを示しますと次の第十二圖の如くです。

此の如く日本の農家の間取は大體一樣にて、其の大多數は南向きとし南北に二室（或は二室以上の場合もありますが）を竝列して、之を基準とし必要に應じて東西に部屋數を增して延長し、其の何れかの側に土間と臺所とを設くるのが一般の型となつて、能く我國の氣候に適應してをります。之に就いては夏と冬とに於ける太陽光線の投射角度の相違を本章の第四項（屋根に就いて）に於て詳述しますからそれを參照すれば明瞭になりますが、夏季には北向の室を主として冬季は南向の部屋を主として使用し、小住宅にても南面したる室の外部には椽側を設け、之に據つて夏季日光の直射より遠ざかるのみならず、冬季日光の直射せる場合に家族はこゝに出て、裁縫其の他の家事をなし日光に浴せるは屢〻實見する所です。

將來の日本の住宅にあつても此の方針に從ふべきもので、全體の間取は東西に長く南北に短きものに非ずして、南北に於ても相當の長さを必要とします。若し南北には一室のみにて椽側等のなき場合は、其の室に於ては夏季にあつて位置の相違に從ひ溫度の差異著しきを以て、歐米住宅の如く卓椅子類の室內設備を多く固定的に爲し、夏冬二季共全く同一の場所を使用するは不適當にして、寒暑の變化に應じ其の使用位置を移動せしむるのが得策です。具體的の私案に就いては序文に述べたる如く第五回住宅が最近の鄙見を表すものですが、玆には不完全ながら嘗て試作なせる第一、第二、第三、第四回住宅及び他の二案を掲げます。

各室の關係に就いては「和風住宅と洋風住宅」の章に於て述べたる如く、和風住宅にては室と室との間を仕切るには、壁の部分を少くなし之に換ふるに襖或は障子を嵌め其の上部に欄間を設け、夏季は之等を開放して屋內の全部を常に氣流氣積關係に於て一室となし、天井の如きも竿縁天井を用ひて、洋風の平板張天井或は漆喰天井に比較すれば緊密でありません。卽ち我國舊來の住宅に於ては、一屋一室方針に近きものであると謂つても敢て過言ではないと思ひます。西洋の住宅に於ては各室の區劃を嚴重に爲し、それ等の間に氣流の共通することなく氣積も亦小さいので、我國に於て之を模すれば夏季著しい缺陷を痛感します。冬季には常に窓を閉ぢて居りますが、換氣は煖爐を使用することによつて非常に助けられます。嘗て歐洲大戰の際英國にて石炭が不足せるため、煖爐を廢止せんとして問題となつたこともありますが、洋風住宅にて煖爐を設けないものは、夏冬共に換氣について頗る不良の狀態にあります。此の點は新生活樣式の住宅にあつても深く注意せねばならないことで、舊來の方針を踏襲すべきです。故に臺所便所浴室等の如き他と嚴重に區劃せねばならない室を除きて、其の他の室は夏季には夜間に於ても開放し可及的に一室となし、其の氣積を大にし且つ通風を自由にせねばなりません。夏季に高溫でもなく多濕でもない外國の住宅を摸倣して、各室を個々に嚴重に仕切つて全く一つ宛の室となすのは甚しい錯誤です。比較的小なる住宅に多くの人の居住する場合には特に注意せねばならない問題です。之に就いて二三の實例を以て其の意匠を示せば、第十九圖第二十圖の如くです。

從つて夏季の通風を容易になすには、其の地に於て如何なる風向が最も多きかによつて間取を決定せね

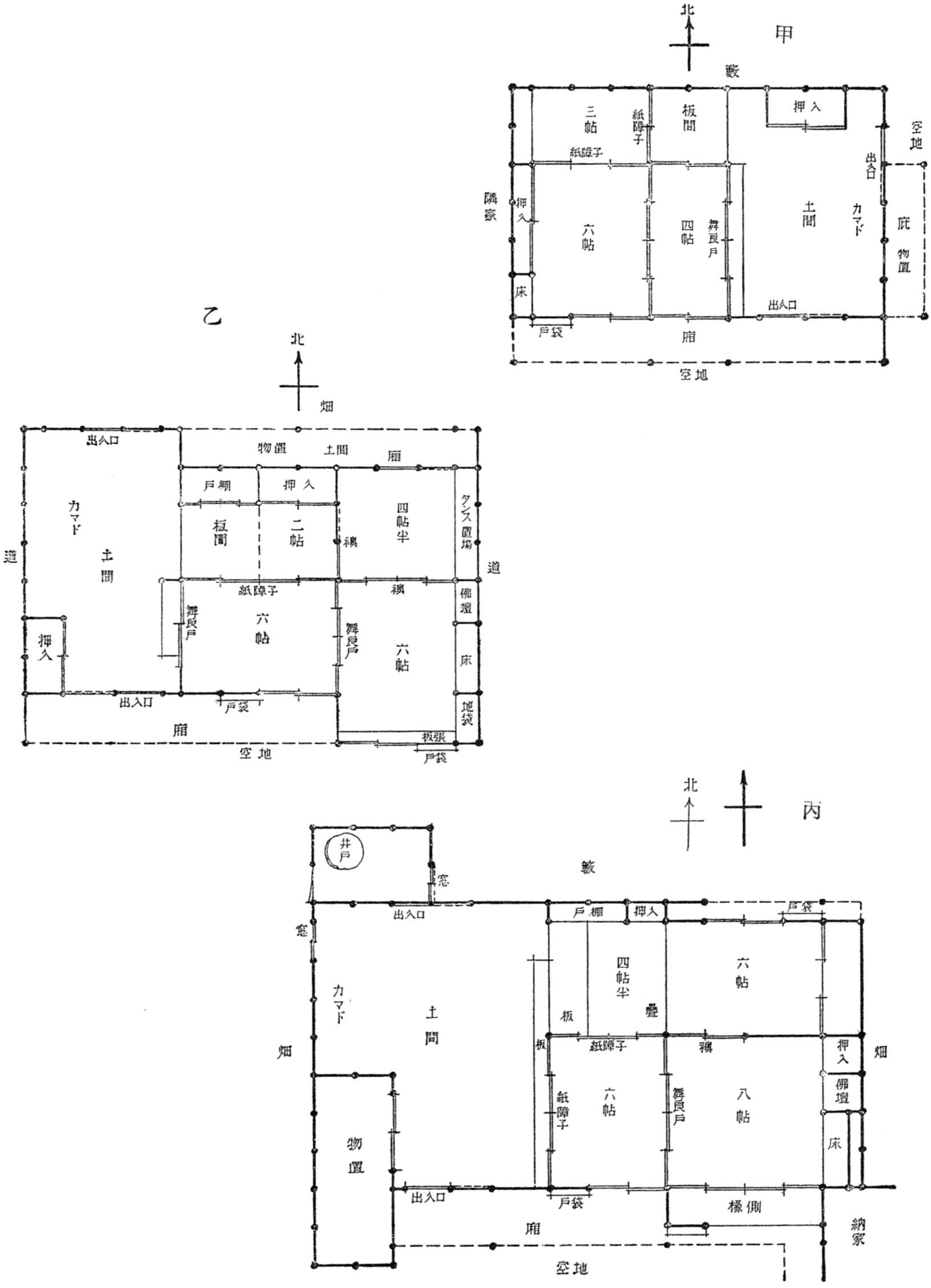

第十二圖　我國に於ける農家の間取

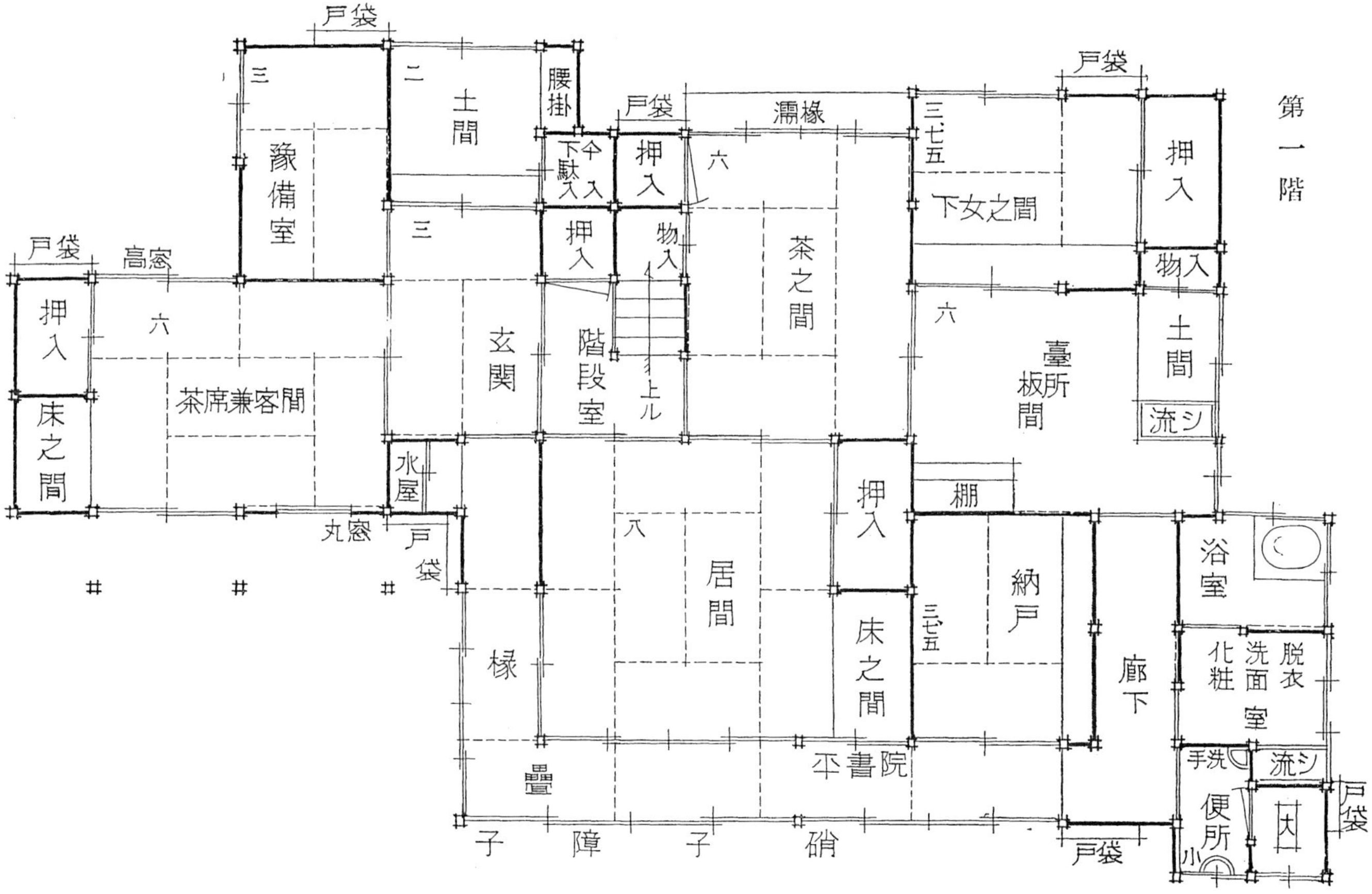
戸袋
三
豫備室
二
土間
腰掛
下駄入
个入
戸袋
押入
濡椽
六
三七五
下女之間
戸袋
押入
三
押入
物入
茶之間
物入
戸袋
高窓
押入
六
茶席兼客間
玄関
階段室
上ル
六
臺所
板間
土間
流シ
床之間
水屋
押入
棚
丸窓
戸袋
八
居間
三七五
納戸
浴室
床之間
廊下
化粧
洗面
脱衣
室
椽
手洗
流シ
平書院
疊
便所
小
戸袋
子
障
子
硝
戸袋

第一階

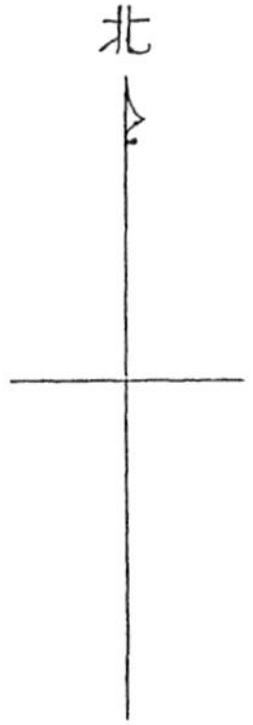

第十三圖　第一回住宅平面圖
縮尺百分之一

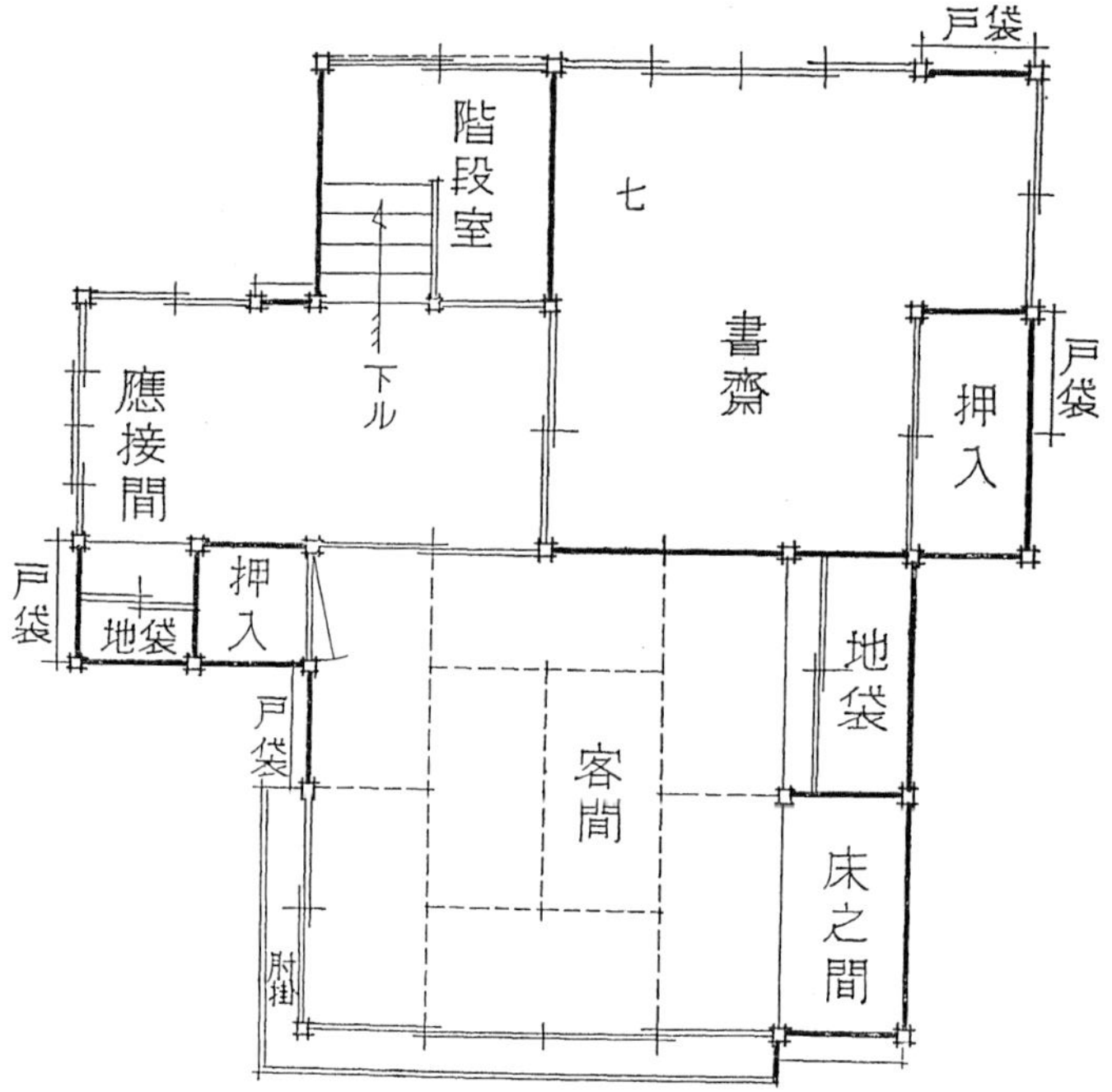

第二階

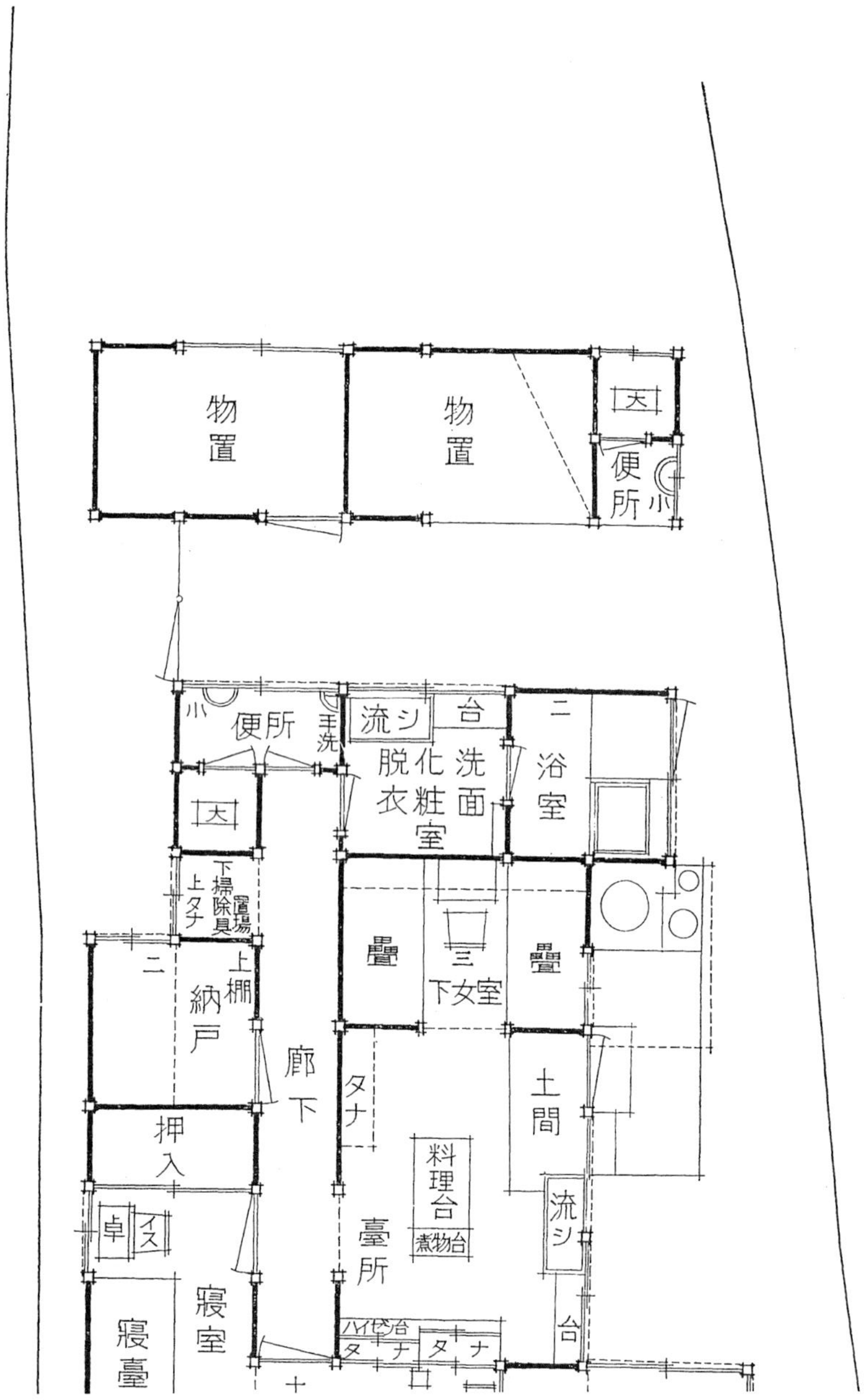
物置
物置
便所
小
便所
手洗
流シ
台
脱衣室
化粧室
洗面室
浴室
二
下掃除具置場
上タナ
疊
三
下女室
疊
二
上棚
納戸
廊下
タナ
土間
押入
料理台
煮物台
流シ
卓
イス
臺所
寝室
寝臺
ハイゼン台
タナ
タナ
台

第十四圖　第二回住宅平面圖　縮尺百分之一

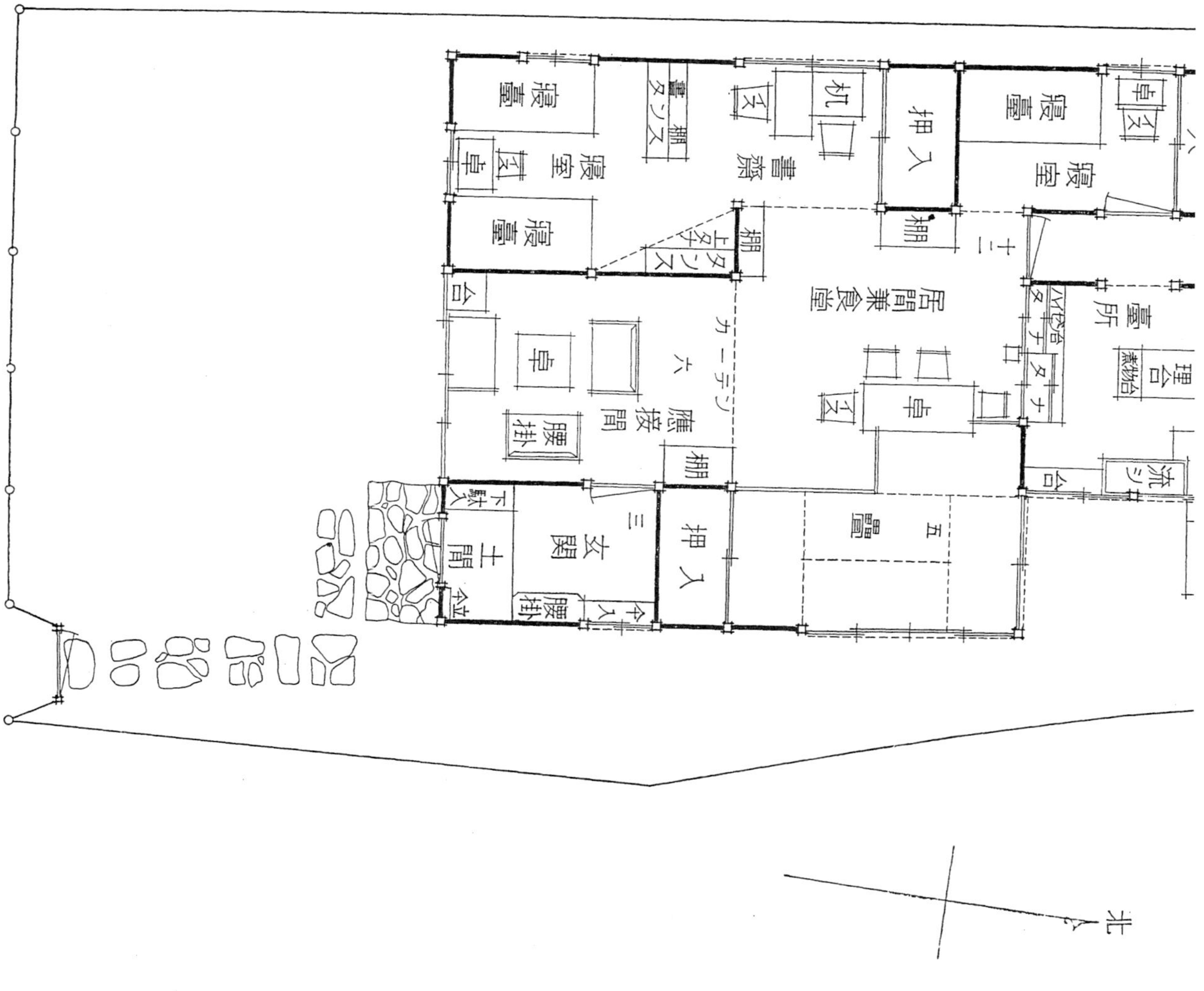

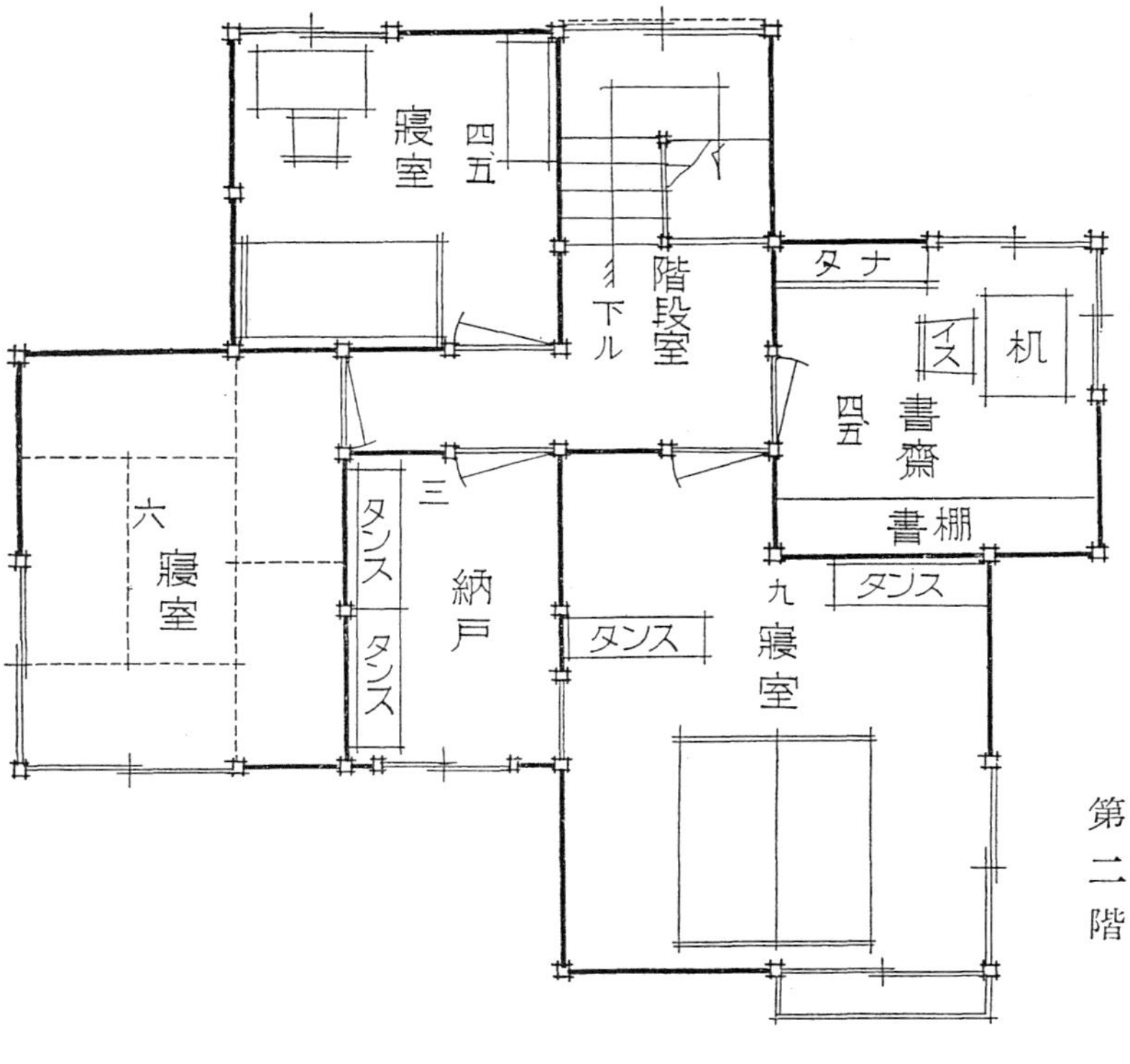

第二階

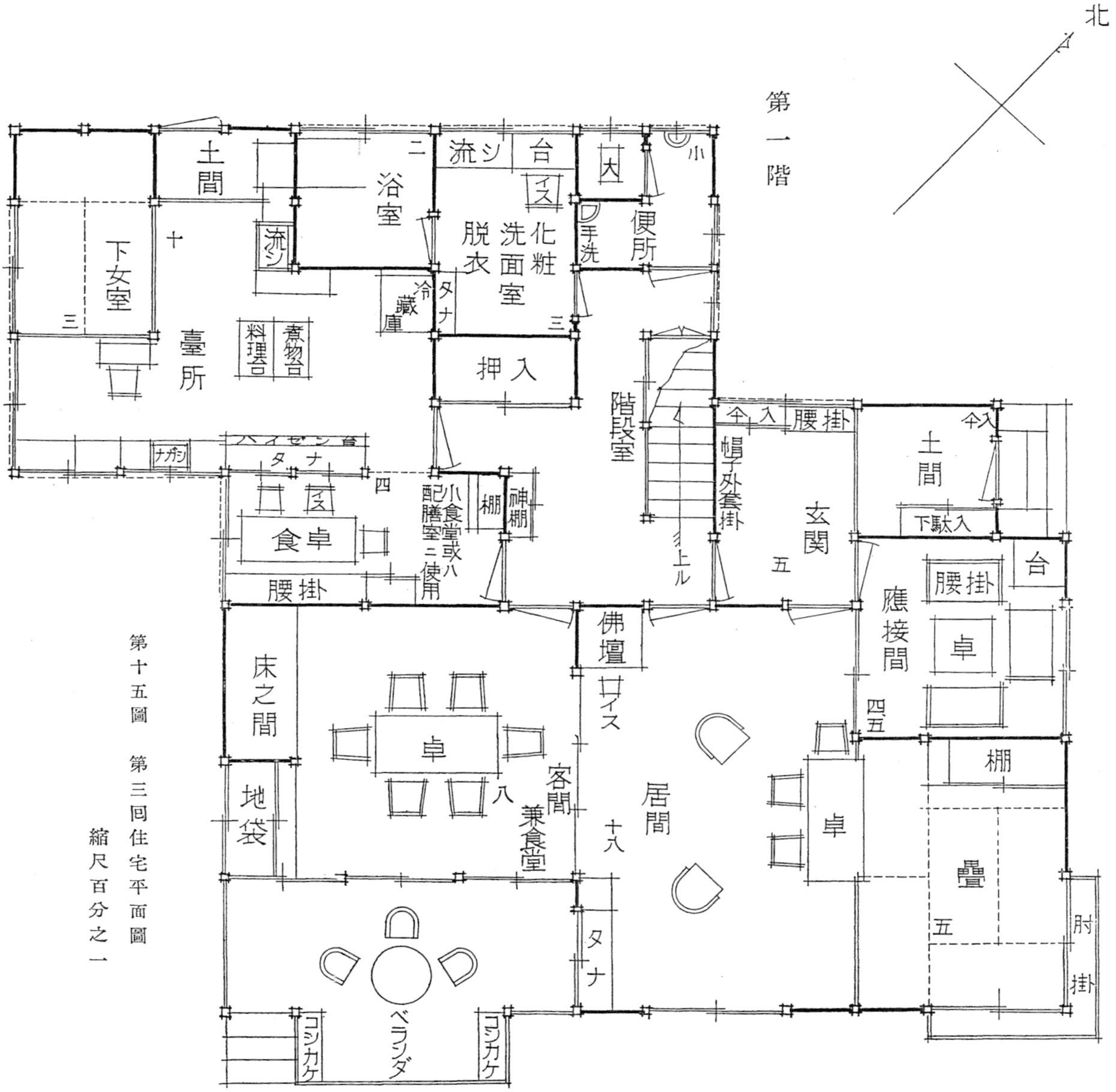

第十五圖　第三同住宅平面圖

縮尺百分之一

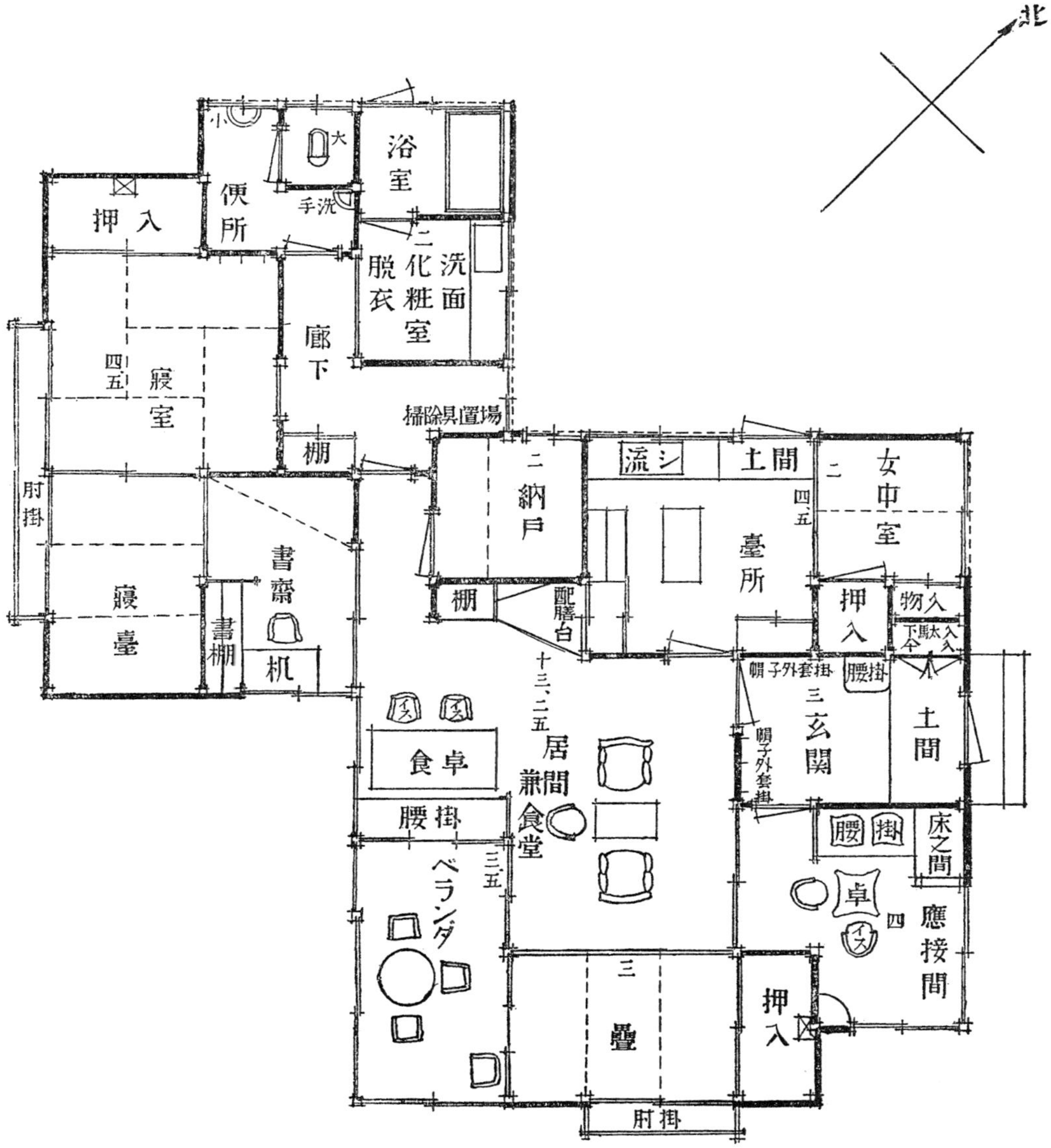

第十六圖　第四回住宅平面圖　縮尺百分之一

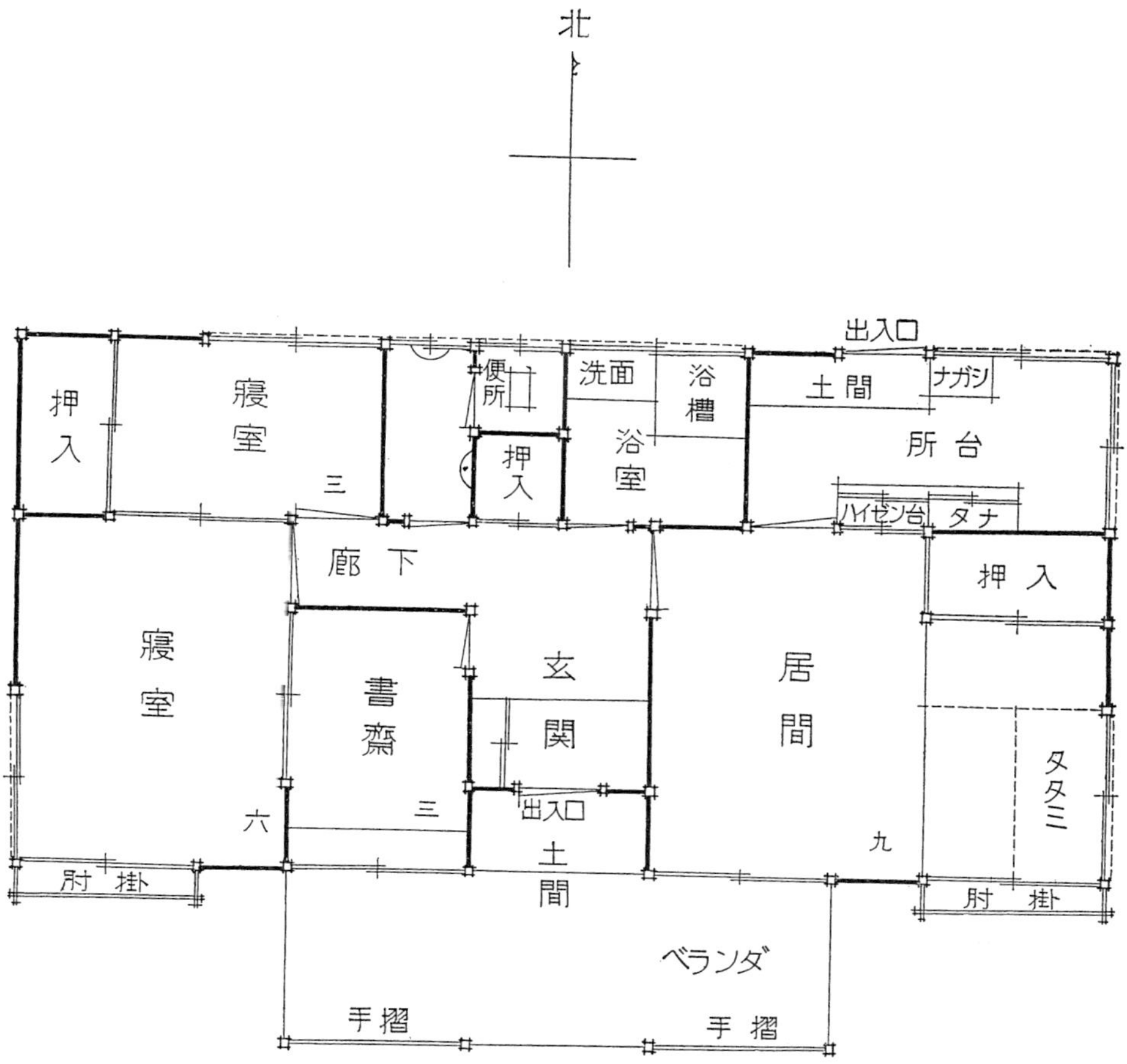

第十七圖　小住宅平面圖　縮尺百分之一

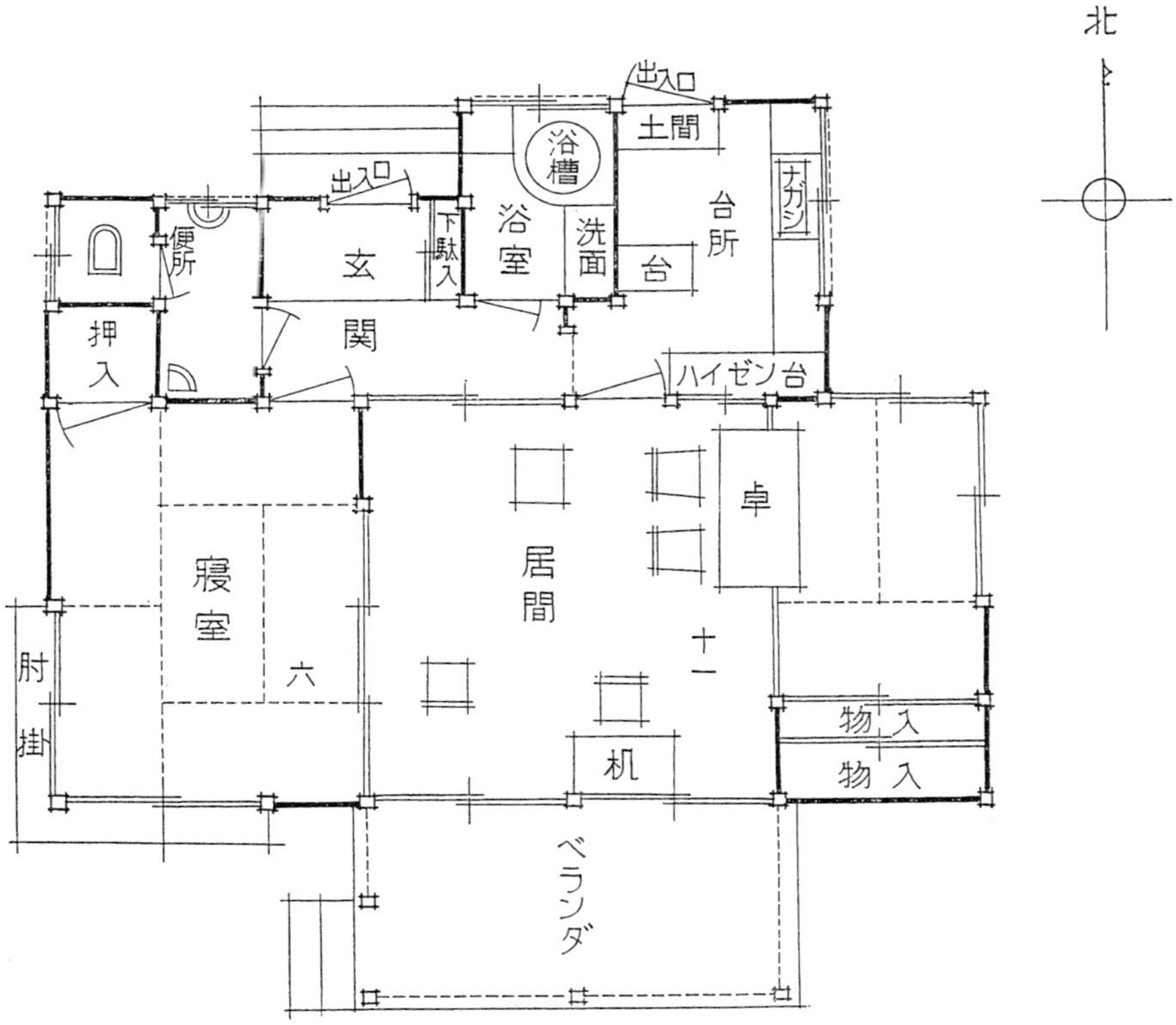

第十八圖　小住宅平面圖　縮尺百分之一

第十九圖　第四回住宅の客間と居間の一部

第十九圖は第四回住宅の應接間と居間の一部とを示したる圖で、兩室は二枚の引違の襖にて仕切り、來客のない場合には開放して一室の如くにします。（第十六圖第四回住宅平面圖參照）應接間の氣積は僅かに十七立方米餘で全く區劃すれば換**氣が不充分ですから、襖の上部の欄間は冬季にても常に開放して置きます。**

第二十圖　某邸の食堂、主人室、客室

第二十圖は某邸(著者設計)の夫人室より食事室主人室(二室とも腰掛式客室(座式)を見たる圖ですが、之等四室の間仕切は主として襖を用ひ圖の如く夏季は開放し、尙上部には欄間を設けて襖を閉ぢたる場合には之を開放します。

ばなりません。例へば、東京附近にては南北に風通しよくせねばなりませんが、大阪神戸附近にては夏季に西風多きを以て、一般的には西日を防ぐために西側には窓を設けないで壁となすのを得策としますが、此の地方に於ては特に西を開放して西風を採り入れ、且つ西日を防ぐ工風を別に講ぜねばなりません。

通風を完全に爲すには中庭を設くる如き間取は絶對に避けねばなりません。四方が建物にて圍まれたる中庭を設くれば、其の周圍の室の通風は極めて不良ですから、之に對する考慮が必要であるのみならず、中庭それ自身の通風を完全にせねばなりません。

上述の如く舊來の方針に從はねばならない點も多々ありますが、時代の趨勢に從つて其の必要となす條件には變遷があり、改善を要する點も多々ありますから、其の重なるもの丶二三を述ぶれば次の如くです。

舊來は接客に重きを置くの要がありましたが、近來は比較的之に重きを置かなくても差支ないようになりましたし、又倶樂部とかホテルとか其の他社交に對する設備が發達したので、住宅に於ける之に對する間取は至極簡單になりました。故に家族の居住に重きを置き、之を本位としての完備せる住宅を創成せねばなりません。

又舊來の住宅にては一室を種々の異なれる目的の爲めに使用し、設備は之に應じて其の都度變へますから、極めて不便です。之は當然室によつて大體其の用途を區別して設備せねばなりませんが、一室を食事室にも居室にも寢室にも色々の用途に兼用すれば空間は頗る經濟です。外國の住宅に寢床を晝間は札や長椅子に使用する裝置がありますが、我國の疊を敷きたる室は此の案を一層進歩させたる大仕掛のものと見ることが出來ます。押入より蒲團を出せば寢室となり、膳を出せば食事室となり、同じ室にて讀書もすれば裁縫もします。文化住宅と云ふ意味が單に安値に簡易に生活出來得る住宅と云ふのであれば、(こんな意味によく解せられて居りますが)舊來の住宅は最も勝れたる文化住宅です。併し、之では室としての設備は完全になし得ないで、何れの目的に對しても甚しく不便で決して愉快ではありません。西洋の住宅にて見受くる便所と浴室とが一室となれるは、我國の住宅の如く別々になれるよりは餘程不便で不快です。

總て種々の異れる用途にあるものを一つに兼ぬる場合には、其の用途の種類の多き程、且つ用途の交代が頻繁なる程多くの不便を增すものです。故に生活の極めて單純なる簡易の時代にあつてはそれが適當ですが、現今の如く複雜なる時代に於ては、各自の生活程度に應じて相違せる用途に從つて、各室を夫々區別しそれに適する設備をせねばなりません。而して何れの場合にも是非區別を要するものは居間と寢室とにして、之を一般の原則とせねばならないと思ひます。此の外に應接室(客室)書齋其の他の室を必要となす場合には書齋は寢室の一部、應接室(客室)は居間の一部を兼用するか或は之等に接して區劃したる獨立の室を設けます。(第二回第四回住宅は兼用した場合、第三回住宅は特別に設けたる場合第十四、第十五、第十六圖參照)

各室の大さ及び其の配置に對しても、近時發達せる科學の應用によつて、建築設備は完成されますから、舊來の如きものを要せずして、頗る愉快なる生活を爲すことが出來ます。從つて建物全體の大いさは比較的少になして、其の設備及び裝飾等を完全になすべきです。昔日は自己の住める住宅は子孫に傳へねばならないものとして、其の代々に於ける必要を豫想し、之に適應し得る大いさの住宅を建築せるもの多きも、今の時代に此の如きことを爲す人は殆ど無いでせう。世の變遷は激しくなり自己及び家族の將來も變り易く、一般的には之を結果より見る時は、約十年乃至十五年間を豫想して計畫すれば先づ以て充分です。

現代に適應する住宅として一般的には、腰掛式と坐式とを併用するの必要があります。其の場合に兩式の相違によりて一住宅內を全く二つに區別し、小住宅に於ても棟を分ち構造も意匠裝飾も總て嚴然たる區別を爲すの頗る不合理であることは、「和風住宅と洋風住宅」の章に於て述べたる如くです。兩式の設備は混用し、同一用途の室に就いて腰掛式と坐式とが必要なる場合は、兩式に對し別々に室を設けずして、一室內に兩式の設備をなす（或は兩者の中間を僅かに襖にて仕切る）べきです。

例へば、私の家族は常に腰掛式の生活をなすものと坐式の生活を好むものとありますから、客間其の他は腰掛式になし得ても、家族の集る居間は兩式を必要とします。且つ和服を着するもの多きを以て、其の裁縫及び折疊みの場合にあつては坐式の設備を便としますから、之に對し獨立したる各式の居間を設けずして、一室內に兩式を混用し得る設備をします。即ち一室內に於て、坐式の部分は其の床面を腰掛式の部分よりも三十乃至三十六糎高くなして疊敷とし、椅子に倚る人と座蒲團の上に坐する人とは其の眼の高さを略〻同一にします。斯くすれば、從來往々にして兩式の床面の高さを同一になして感じたるが如き不快の感を起しません。又卓を用ふる場合には兩式の中間に之を配置することを得て、欲するが儘に或は坐し或は椅子に倚つて之に向ふことが出來るので頗る便利です。其の一例は次の第二十一圖第三回住宅居間の如きです。

之に對する私の經驗は次表の通りです（第一、第二、第三、第四回住宅平面圖、第十三、第十四、第十五、第十六圖參照）

	居間總面積	腰掛式に使用し得る部分	坐式に使用し得る部分
大正四　年建築せし第一回の住宅（和風住宅）	一六平方米	○平方米	一六平方米
大正九　年建築せし第二回の住宅	三六	二六	一○
大正十一年建築せし第三回の住宅	三六	二六	一○
大正十三年建築せし第四回の住宅	二六・五（食堂兼川）	二○・五（食堂兼用）	六

卽ち大正九年より現今に至るまで腰掛式を基準となして老人の寢室は疊敷の坐式とし、其の他に於ては居間に腰掛式と坐式とを混用して居りますが、不快の感は少しもありません。私の主張する如き樣式の住宅は其の後他に於ても時々見受けますが、一見床面に高低のあるは不便なるかの如く感ぜられますが實際にはさうでありません。殊に幼兒に對し不便であるかの如く想像されますが、大正九年より昭和二年に至る七年間に生れたる三兒に對する經驗によれば、それは全く杞憂であつて、歩行の如きは高い坐式の床に倚り掛つて、之に沿ふて練習する樣子を見受けました。

次に室の配置に就いて大要を述べて見ますと、先づ注意を喚起したいのは平家建が原則として理想的であると云ふことです。是は建築さるゝ場所其の他の事情によつて二階建によらねばならない場合もあり、一樣に論ずることは出來ませんが、能ふ限り平家建となすべきです。殊に敷地が相當の廣さのある場合或は高臺に建つる場合には平家建となすべきです。住宅の平家建と二階建とは生活の能率に非常なる懸隔があつて、前者に比し後者の甚しく不便なることは兩者を比較居住せば極めて明瞭になりますが、較べて居住する人は少ないから痛切には感ぜず、從つて多くは此の言を信じません。

第二十一圖　第三回住宅の居間

私は二階建の家に生れて中學卒業迄茲で育つて、自分の造つた第一回住宅は二階建、第二回住宅は平家建、第三回住宅は二階建、第四回住宅は平家建で、兩者の便否を體驗しましたから、序文で述べたる目下建築中の第五回住宅は敷地は狹くても平家建になし得る高臺ですから之に據ること丶しました。

平家建は生活の能率上に著しく有利なるのみならず、住宅の外觀を自然と融和せしめて氣持よきものと爲すに適當です。又我國にて屢〻大なる禍害を蒙らしむる地震に對する豫防上より見るも平家を推奬します。平家建は夏季に其の家屋氣候が比較的高溫であると云ふ言を往々にして聞きますが、之は事實にして、從來の平家建にては二階建に於ける階下よりも高溫に陷り易いのですが、平家建に於ても屋根裏の通風を盛になし、屋根面より屋內に傳達する高熱を防げば、（後に「夏の設備」の章に於て詳述します）其の虞は著しく減少せしむることを得ます。

若し二階建となす場合には先に述べたる居間と寢室との區別に於ける寢室に屬する室を、或は日常使用せざる豫備室を階上に設けるのが適當でせう。（第十五圖の第三回住宅平面圖參照）第三回住宅にては寢室を階上に設けましたが、之に就いての失敗は寢室に附屬する便所を階上に設けなかつたことで、病氣其の他の場合に時々不便を感じました。

二階建に於て特に注意すべき箇所は階段です。我國舊來の諸建築物は平家建多く、僅かに町家の如きを二階建としますが、之とても階上には納戸、使用人の寢室、物置等を設けて、天井は低く、屋根裏と云つても差支なき程度のものです。從つて昇降の容易ならざる階段を押入內に設け、之を完全に爲すの必要は少なかつた譯です。併し、上述の如く二階に重要なる室を配置する場合には之を輕視することは出來ません。附屬の階段なれば兎に角、昇降の頻繁なる主階段であれば、踊場のなき直線階段或は廻り階段は絶對に避けて、極めて容易に昇降爲し得るものとせねばなりません。而して階段を居間或は其の他の室內より直ちに昇降なす如く造れば、其の室內に居る人も階段を昇降する人も共に不愉快に感ずるのみならず、之が上下階に通ずるを以て屋內の氣流の通路となり、汚染せられたる空氣は容易に上昇して階上の各室に入り、其の窓より外界へ流出することによります。臺所にて調理の際の臭氣が直ちに階上に匂ふことは常に經驗する處ですから、階段室を設けて獨立せしめ、其の換氣を完全にせねばなりません。（第一回第三回住宅平面圖〔第十三圖第十五圖〕參照）

又近時洋風住宅に於て、玄關の無き外部より居間に直ちに出入する間取のものを見受けることがありますが、之は先に「氣候」の章にて述べたるロサンゼルスの如き四季共に好季節にして、降水量の少なき處にては適當して居るかも知れませんが、寒風の入るを防がねばならない場合や降水多く道路の汚泥甚しい所にては不適當にして、之を省く譯には行きません。來客が外套等を脫ぐ場合或は其の他の目的に對して客の自由に使用し得る場所も必要で、居間に人々の集まれる時直接外部より入り込むことは、其の人も不體裁であり居間の人々も不快に感じます。

場所を經濟的になすの必要ある時には、食堂を居間の一部に設くることが最も適當ではないかと思ひます。玄關や獨立したる階段室を省略するよりも、之によつて面積を減少すべきです。每食事に對して一時間を費すものとすれば、一日中に食堂にて費さるゝのは僅かに三時間ですから、特別に設くることを得ざる場合には省略しても差支ないと思ひます。第二十二圖は第四回住宅ですが其の一例を示したものです。

第二十二圖　第四回住宅の居間兼食堂

第二十三圖 第四回住宅の食堂の配膳臺

第二十四圖 第四回住宅の椽側

（第二回第四回住宅平面圖〔第十四圖第十六圖〕參照）

而して食堂は臺所に接することが極めて肝要にして、廊下其の他によつて兩者の關係が遮斷さるゝ場合には頗る不便です。（第一回第二回第三回第四回住宅平面圖參照）第二十三圖は第二十二圖に於ける右側の配膳臺を示したるもので、臺は臺所のそれと同一面にして中央に引違戸を嵌めて仕切ります。

配膳室を設けくる場合に於ても、之を食堂と臺所との中間に置き三室を連續せしめて配置することを得ば頗る便利です。

和風住宅の椽側洋風住宅のベランダは先に述べたる如く極めて有用なるものですが、椽側は屢〻北部に面しても設けます。之を一箇所に纏めて西或は西南の部分に設くれば、夏季家屋氣候を好狀態に導くに頗る有効です。而して此の外側には硝子障子を嵌むれば、嚴寒の候或は風雨の際も椽側を使用することが出來るので極めて便利です。（第十六圖第四回住宅平面圖參照）第二十四圖は第四回住宅の椽側にして、窓の外側に硝子障子を、內側に夏季小蟲の入るを防ぐ爲めに金網障子を嵌めます。（窓の構造に就いては後に詳述します）。

三

壁は外界氣候の動搖に際して家屋氣候を調節なすに最も重要なる裝置にて、溫度及び濕度殊に溫度に對する壁の研究は盛にして、歐米の先進諸國に於て其の研究成績の發表せられたるものは澤山あります。併し、此の目的に對する歐米諸國の研究は何れも比較的低溫の場合にして、卽ち冬季外界の空氣が攝氏零度乃至零下十度(「氣候」の章に於ける英、獨、佛及び北米合衆國の冬季の氣候參照)の時、室內は煖房設備によつて攝氏十四度乃至二十二度に熱せらるゝ場合に於ける其の空氣の熱量の損失如何が重大なる問題です。

吾々は英獨佛及び北米合衆國の建築學に負ふ所頗る大なるを以て、「熱の絕緣」なる語によつて直に屋內の熱を屋外に對して絕緣なすの意に想到しますが、我國にあつては却つて外壁面に受くる高熱を屋內に對して絕緣なすことを第一の目的とします。卽ち溫度に對する壁の研究に就いて吾々の最も知りたいのは比較的高溫度の場合にして、夏季に於て壁の外面が太陽光線の直射を受け、直接其の輻射熱を吸收して高溫となり、且つ其の壁の周圍の地面其の他よりの輻射及び空氣の對流作用の影響を受くる場合に於ける室內溫度の影響に就いてゞす。從つて歐米の先進諸國に於ける壁の研究に比すれば、其の間に自ら內容の相違がある譯です。

單に壁に用ひる各種の材料に就いて、其の單位面積より單位時間に傳達する熱量の測定等に對しては佛蘭西のペクレー(Péclet)氏を始めレクナーゲル(Recknagel)氏其の他諸氏によつて研究せられましたが、北米合衆國のイリノイ大學に於ても研究の結果が數年前に發表されました。(A Study of the Heat Transmission of Building Materials by A. C. Willard and L. C. Lichty) 之に從へば、壁材料として一般に多く使用せらるゝものゝ熱傳導率は　煉瓦　四、　混凝土(調合セメント一、砂二、砂利四(容積にて)　八・三　セメントプラスター　八　木(縱一面仕上げ)　一　です。之等の材料に就いては、實驗に供せられたるものと我國にて一般に使用するものとの間の差違は正確に知ることを得ませんが、大體に於て一樣であると認めても實用には大なる誤差を生ずることはないと思ひます。併し、壁の構造は云ふ迄もなく、單一材料のみによつて造られる場合は極めて稀にして、諸種の材料の組合せより成る場合が多く、又我國特殊の材料を用ふる場合もあり、或は内部に於て空虚の部分を種々の形にて設くる場合もあり、同一の材料を使用しても施工方法如何により相違を生じ、極めて多種となりますし、單に外面の仕上げに就いて見るも種々の方法があります。斯る多種多樣の壁に就いて、吾々の最も苦心を要する夏季に於ける適否を知ることは極めて必要なる問題ですが、各種の壁を比較し其の優劣を定むるには、耐久、耐火耐震其の他構造上の方面より考察し、且つ施工の難易及び竣工に要する時間の長短等をも考慮せねばなりません。併し、住宅に於ける壁に就いて最も重要なる條件は衞生的方面、殊に溫度の影響如何にあります。之を先に述べたる多種の壁に就き數量的に明示することは頗る複雜ですから、單に標準ともなるべき代表的のものに就き、如何なる壁が其の目的に對して有効なるか大要を述べて見ませう。

　和風住宅に主として使用するものには木舞壁、土藏壁（この二種を總括して土壁と稱します）があり、洋風住宅に主として使用するものには木摺壁、煉瓦壁、中空煉瓦壁、鐵筋混凝土壁があります。之等の何れの壁が最も好成績を表すかを簡單明瞭に示すために、次の如き各種の約九千百平方糎の壁を造り、

	一、鐵筋混凝土壁	二、木舞壁	三、木舞壁	四、木舞壁	五、煉瓦壁	六、中空煉瓦壁	七、土藏壁	八、木摺壁	九、鐵筋混凝土二重壁
厚さ(糎)	一六・七六	五・八五	五・九一	五・八二	二四・六三	一六・七六	一八・〇六	一六・七六	二三・七三

大さ(平方糎)	九一一二	〃	〃	〃	〃	〃	〃	〃	〃
內面仕上	白漆喰塗	鶯色糊土壁	紙貼	〃	白漆喰塗	〃	〃	〃	〃
外面仕上	化粧煉瓦貼付	白漆喰塗	〃	黃茶色糊土塗	煉瓦露出	モルタル塗	白漆喰塗	モルタル塗	化粧煉瓦貼付

之等の外壁面を正南に面せしめ可及的に同一の狀態に排列して、夏季太陽光線を外壁面に直射せしめたる場合の內壁面の溫度を、或は內壁面に同一の木製の箱を取付け其の內部に於ける溫度を測定して比較して見ました。(詳細なる實驗成績は拙文「我國の住宅建築の改善に關する硏究」設備論第三章〔京都帝國大學醫學部衞生學敎室內日本豫防醫學會發行國民衞生第三卷第九、第十號」に記載して居ります。)

此の結果によれば、中空煉瓦壁木摺壁の如き中央部に空虛の存するものは比較的有効でありません。鐵筋混凝土壁の如く其の質緻密で、熱傳導率熱容量の大なるものは不可で、煉瓦壁、土壁(小舞壁、土藏壁)の如き多孔質のものは極めて有効です。

壁の中央に空虛の部分を設くるは何れの場合にても溫度に對し有効なるかの如く思惟せらるゝ傾向がありますが、實際に於ては上述の如き場合には比較的好成績を擧げませんから、之を設けたる場合の影響を熱の傳達に於ける傳導對流輻射に分けて論じて見ますと次の如くです。

傳導、中間に空虛の部分が存すれば、其の中の空氣を通じて傳導する熱量は極めて僅少で、之に比較せば、其の空虛の部分を挾む兩側面を連結せる構材を通じて傳導する熱量が遙かに大です。卽ち木摺壁に於ける傳導は主として空虛の部分の所々にあつて兩側面の木摺を支持せる柱、間柱及び筋違を通じて起り、中空煉瓦壁に於ける傳導は各中空煉瓦にある兩側を連結せる部分及び目地に使用されたるモルタルを通じて起ります。故に空虛の部分に壁體の兩側面の部分と同一材料を塡充して、密實なる壁體となしたる場合に比較せば、傳導の起り得る斷面積は遙に少なるを以て、單に此の點のみより見れば中空壁は良好なる成績を示す可き筈です。

對流、 對流に關しては空虛なる部分の形態如何によつて著しき相違があります。其の密閉せられたる區劃が大にして且つ上下に長い場合にあつては盛に對流を起します。而して其の兩側面の溫差が甚しければ甚しき程益〻劇甚になり、又濕潤なる空氣は乾燥せるものに比すれば良く熱を導きますから、我國氣候の如く高溫の際多濕なる場合に其の空虛部が密閉せらるれば、極めて不利ではないかと思ひます。木摺壁と中空煉瓦壁とを比較してみますと、先に述べたる實驗に於ける供試壁では次の如くです。

	表面積	厚さ	各空虛部の巾	各空虛部の高	壁中心に於ける壁面に平行なる斷面にありて構材の面積	壁中心に於ける壁面に平行なる斷面にありて空虛部の面積	空虛部と外壁面との間の構材の厚さ	空虛部と内壁面との間の構材の厚さ
木摺壁	九一一二平方糎	一六・七五糎	一一・二糎	九五・五糎	一〇三九平方糎	八〇七三平方糎	三・〇四糎	二・五二糎
中空煉瓦壁	九一一二	〃	八・七	八・五	二六二二	六四九〇	四・二八	三・七六

即ち之によれば、中空煉瓦壁にては各煉瓦に於て空虛の部分は仕切られ、兩側面の間隔は八・七糎にて木摺壁と殆んど同樣ですが（中空煉瓦壁約百に對する木摺壁百二十八の比）、高さに於て木摺壁の空虛部は中空煉瓦壁の空虛部の約十一倍ですから、木摺壁の空虛部にあつては對流頗る盛にして高溫に上ります。然るに中空煉瓦壁にあつては兩側面及び之を連結せる部分は煉瓦及びモルタルにして、連結せる構材の斷面積は木摺壁に於ける斷面積の約二倍半です。而して其の傳導率は先に述べたる如く煉瓦四モルタル八で、木摺壁の空虛部の兩側面を連結せる間柱其の他の傳導率は約一ですから、中空の内部に於ては木摺壁

が高溫となつても、內壁面に於ては中空煉瓦壁が比較的高溫です。

輻射、中空壁の外面が日光の直射を受けて熱せられたる時に其の中空の兩側面に於て、外方に接せる側面は之と相對して內方に接せる低熱の面に、空虛の部分を通じて輻射によつて傳達する熱量は大約其の兩面の絕對溫度の四乘の差に比例します。(Stefan and Boltzman Temperature Radiation Law) 故に兩側面の溫度の差が同一であつても、兩側面共に高溫なる場合は輻射によつて傳達する熱量は低溫の場合よりも大となる譯です。若し壁に使用する材料の或種のものを以て其の空虛の部分を塡充したとすれば、兩側面間の熱の傳達は單に傳導によつてのみ行はれます。而して傳導によつて傳達されたる熱量は兩側面間の溫度の差が同一である時は高溫の場合にても、其の量は僅かに增加するのみで殆ど一定です。故に壁に空虛部を設くるは低溫の場合、卽ち冬季室內に煖房設備をなして、其の室內空氣の熱量損失を防がんが爲めの目的に對しては有効ですが、夏季にあつて壁の外面が高溫に熱せらるゝ場合に、室內を低溫に保つの目的に對して冬季の場合と一徹に論じ有効なりとなすのは早計です。

壁の中央に空虛の部分を設くるは、濕氣止或は音響止の目的を以て使用せらるる場合もありますが、主として、空氣は熱の不良導體なるを以て、溫度に對し好結果を齎さんがために使用されます。從來往々如何なる場合にても、之の目的に對し頗る有効であるが如く信ぜられて居りますが「氣候」の章に於て詳述せし如く、我國の夏季は高溫にして且つ多濕なるを以て、上述の如き我が國に於ける熱の絕緣に對しては著しく其の効果を減殺します。

防暑の目的を達せんが爲に空虛部を設くる場合には、之に多くの區劃を設けて氣流の起るを阻み、能ふ限り空氣の對流作用を起さしめないか、或は空虚部に外界の空氣を自由に流通せしめて、之を常に低溫たらしむれば頗る有効ですが、空虚部を設くることは構造上殊に地震に對する不安施工の困難等を免かれませんから、密實なる壁にして溫度に對し比較的好結果を齎す材料を選ぶのが得策です。或は更に別の方法を講ずるのも亦一策です。例へば、廂を設くることは南面の壁に夏季日光の直射するを避くるには頗る有効です。故に、日本の住宅に於ては他の方法によつて防暑の目的を達し得る場合には、殊更に中空壁を使用するの必要はありません。但し壁の中空の部分に床下の空氣を自由に流通せしめ、屋根裏を通じて更に屋外に上昇せしむる裝置を施せば、床下の換氣を盛にし其の乾燥をも助くる好結果を齎すものにして、中空壁としての最善の施設かと思ひます。

我國の住宅に於て主として使用する壁は土壁（小舞壁土藏壁）及び木摺壁の二種類にして、前者は和風住宅に後者は洋風住宅に於て使用せらるゝことは「和風住宅と洋風住宅」の章に於て述べたる如くです。木摺壁は其の中空の部分が夏季强烈なる太陽光線の直射に對して良好の結果を示さないのみならず、空虚部は常に密閉せらるゝを以て、我國にあつては春夏秋の三季は常に比較的高溫多濕であるから菌類の被害は頗る劇甚です。火災に際しては空虚部の兩側面の木摺は燃え易く、此の空虚部が煙道の如き作用を爲して火氣の傳播は極めて迅速です。且つ耐久の點に關しても良好でありません、木摺上に附着せる漆喰或はモルタル其の他は極めて薄く一・五乃至二・五糎の厚で、其の一區劃の面積に比すれば甚しき相違があるので、此の層は木部に對する伸縮程度の相違或は其の他の原因によつて龜裂を生じ易く、外界の影響を甚しく受くる面にあつては、剝落し易きことは吾々の屢〻實驗する所です。

土壁は施工に長い時間を要すること及び架構の材が耐震的でないことは木摺壁に比較して劣りますが、從來我國に於て盛に使用せられて比較的好結果を齎すものであることは前に述べたる如くです。且つ工費の如何に關しても、農家其の他に於て使用する際に是非の論を聞きません。故に之を改善すれば、一般に其の使用を推奬すべきものではないかと思ひますから、其の改良に對する私案を述ぶれば次の如くです。

一、小舞壁は壁自身の收縮或は地震其の他外力の爲めに、壁と柱との間に空隙の生ずることがあります。從つて冬季之より隙風侵入し甚しく寒冷を覺えます。此の間隙の生ずるを防ぐ爲めに舊來より行はる方法は、幅約三糎の細長き荒目の麻布を細長き破り竹に取付け、其の竹片を柱に釘付けとなし、麻布は壁に塗り込んで後ち上塗をします。之は適當なる方法ですが施工上手數を要しますから、第二十五圖甲の如く、柱に約二糎角の斷面積を有する四分一を室內の壁面と同一面に打付ければ、至極簡單に此の缺點を防ぐことが出來ます。

壁の收縮によつて間隙の生ずる場合にも、隙風路は屈曲して其の侵入を甚しく減殺されます、且つ室內を土壁或は砂壁に仕上ぐる時は觸れゝば剝落し易く、殊に狹き室內に於ては其の虞があつて、實用上頗る不便ですから紙或は布を貼るのを得策とします。其の爲めには中塗面を四分一面までとし、其の面に於て壁紙を貼れば、壁紙の四端は此の四分一上に貼ることを得るを以て、剝落の虞がありません。此の方法によれば、間隙の生じたる場合にあつても隙風の侵入を防ぎ、且つ冬季短時間に室內溫度を上昇せしめて其の溫度を維持することが容易です。(之に就いては後に述べます)又左官工事に於て最も手數を要する散廻《チリマワリ》は、此の四分一の面を基準として爲すことを得るを以て極めて容易です。構

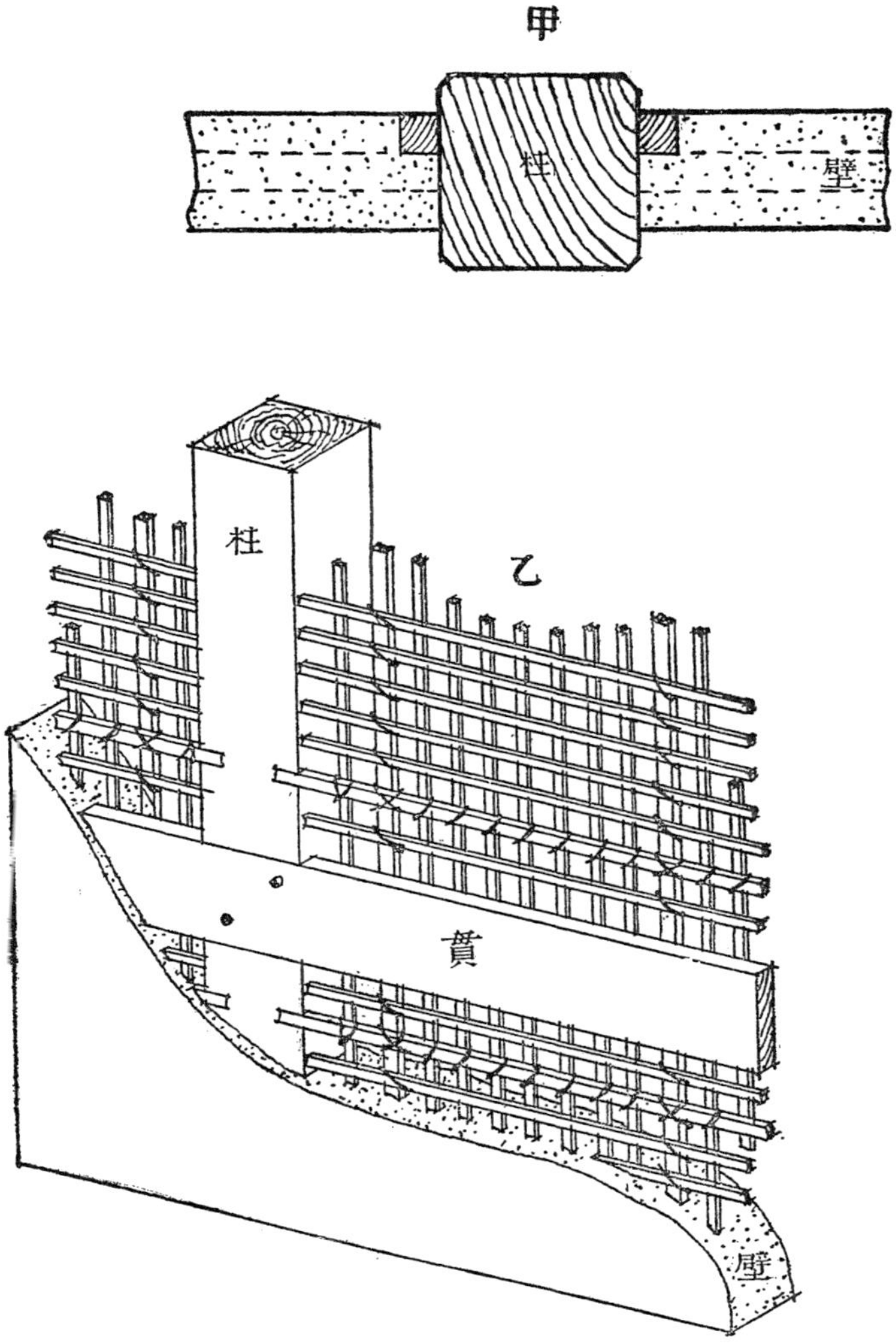

第二十五圖　木舞壁及び土藏壁に就いて改善の私案

造上に於ても貫《ヌキ》と四分一とを連結せば、貫の動搖を防ぎ得て軸部の組立に便利です。外觀上より外部に柱を表し小舞壁と爲す場合には此の方法によるを可となすも、土藏壁の如き構造になせば間隙は生ぜず壁厚は自由に增し得るを以て一層良好です。併し、從來の土藏壁は施工が容易でありませんから、之を簡單になして其の構造を模し、第二十五圖乙の如く外面に柱を表さず柱の外側に貫を缺ぎ込み、之に小舞壁の下地の如く小舞を掻き上げ壁土を塗り、其の內側にあつては前述の壁に於けるよりは一二回多く下塗をなして厚くなせば、柱面との散は間仕切壁に於けるそれと同一になつて、室內に於ては從來の壁と外觀上は同樣です。故に舊來の如き意匠上に何等の不都合を感ぜざるのみならず、夏季の防暑冬季の保溫に對し小舞壁に比して更に有効です。且つ筋違方杖等を柱の間に取付くることも自由にして、構造上にも安全です。(第三回住宅は木舞壁、第四回住宅は土藏壁によりましたが、「後に掲載せる同住宅の外觀參照」實驗成績より見るも土藏壁の勝れたることは明白なるを以て、第五回住宅は之に據りました。)

二、外界よりの熱の傳達及び濕氣の侵入を防ぐには外部の仕上が重要なる問題ですが、土壁の仕上に當つて、普通用ふるものを其の主なる混入材料によつて區別すれば漆喰壁、土壁、砂壁の三種です。之等の內では表面が緻密にして平滑なる漆喰壁を可としますが、外壁面全部を此の仕上となさずして一階にては地盤上に近き部分、二階にありては一階の屋根に近き下部を板張となす場合多く、東京附近の如きは殆ど全部を板張としますが、此の部分の施工に就いては特に注意を要します。

其の構造は荒壁の上に胴緣を取付け之に板を張るを以て、荒壁の面は粗雜にして板張との間には大約胴縁の厚に相當する空虛が出來ます。此の場合に空虛となすよりも、前述の理由によつて胴緣の外面まで土を丁寧に塗つて後に板張となすを可とします。又其の部分が日出或は日沒の際に殆ど直角に近き角度にて日光の直射を受けて熱せらるゝ場合には、胴緣の外面と同一面まで、板張となさざる部分と同樣に漆喰壁に仕上げて其の上に板を張れば、外部よりの濕氣の侵入するを防ぎ且つ室內が熱せらるゝを防ぐにも頗る有効です。壁の外面の高熱となるのを防がんが爲め或は降雨に對する影響を防がんが爲め、板張となすのは適當ですが、其の下地は露出せざるを以て工事は反つて粗漏に陷り易く、之が爲めに意外の惡結果を齎すことがあります。若し下地の壁面と外部の板張との間に空虛部を存して夏季に有効たらしめんとなすには、前述の如く其の空虛部の空氣の流通を能ふ限り自由になせば適當です。卽ち、下部にあつては空氣の流入口を上部にあつては排出口を設けねばなりません。但し、此の場合には蜘蛛其の他小蟲によりて其の目的を妨げらるゝ虞があります。

四

屋根は降水を排除なすのを大なる目的としますが、壁と同樣に、外界氣候の動搖に對して家屋氣候の調節を爲すに最も重要なる裝置の一です。降水に對し葺上材料の良否を定むるは極めて簡單なるも、此の目的に對し如何なる材料にて如何に設備なせば最も適當であるかを、數量的に知るのは極めて困難です。

現今我國にて使用せる葺上材料は極めて多種にして施工も複雜ですが、壁と同樣の方法によつて一般に使用する諸種の材料よりなる屋根に就いて比較し、夏季に於て其の外面に太陽光線の直射を受けたる場合に、何れが有効なるかを比較實驗して見ますと、（詳細なる實驗成績は拙文我國住宅建築の改善に關する研究、設備論第五章〔京都帝國大學醫學部衞生學教室內日本豫防醫學會發行國民衞生第三卷第十一號〕に記載して居ります。）柿葺《コケラブキ》は良好ですが耐火耐久上一般的に使用することは出來ません。之に次いで瓦葺が比較的良好の成績を擧げます。併し、之とても甚しき影響を蒙り、其の下地の野地板屋根裏面を先に述べたる壁の內表面に比較すれば、極めて高熱に達することは兩者の實驗の結果から、其の大要を推知することを得ます。

　而して壁及び屋根の外面を比較せば、屋根面が日光の直射を受くる時間は長く且つ其の面積は大にして多くの場合に全體の面積に亘つて直射を受けますが、壁面にありては其の全體の四分の一乃至二分の一以下にて、之が又軒及び庇により減少せらるゝのみならず周圍の建築物或は樹木等によつて減少さるゝ場合も屢〻あります。且つ兩者の面が受くる熱量は何れも周圍の地盤其の他よりの輻射及び空氣の對流作用の影響を受けて相違しますが、其の最も著しき相違は太陽光線と受熱面となす角の正絃に正比例して起りますから、屋根の外面が日光の直射によつて受くる影響は壁に比して頗る大なるものです。故に之を防ぐには單に從來の方法のみに據るのは極めて不完全にして、他に適當なる策を講せねばなりません。

　卽ち家屋氣候の調節を有効ならしむるには葺き上ぐる材料及び其の構造について改善を必要としますが、最も有効なる方法は天井と屋根面との間の空虛部所謂屋根裏を利用することではないかと思ひます。之に就いては後に「夏の設備」の章にて詳述しますが、單に屋根面に就いては葺土を全面に敷いて瓦を竝べたるベタ葺となすのが有効です。併し、瓦葺は地震に際しては搖り落さるゝ虞があり、强風の際には吹き飛ばさるゝ虞があるのが缺點です。故に經濟的にして且つ施工の容易なるものとして私は次の如き方法を撰びます。

野地板上にマルソイドの如きものを以て防水の目的を達せしめ、之が風化を防ぎ且つ防火の爲めには、棟に直角に兩側の軒に亘り幅約一米の細長き形に仕切り、鐵網入混凝土を厚約二•五糎に打ち上げ、其の仕上げとして混凝土を打ち終れば直ちにモルタルを約〇•五糎の厚さに塗ります。然る時は大部分の雨水は此の仕上げ面に依つて排除し、混凝土内に浸入せる水は下部の防水層によつて防ぎ得ます。

屋根面上の材料が大きく一體に連續せることは地震に際して有利なるのみならず、火災に際しても有利にして、瓦葺木造建物が火震災の際に頗る不利なることは常に實驗する所です。

耐震上には屋根面全體を銅板葺亞鉛鍍鐵板葺の如く輕いものを適當となすも、輕きに失する場合は木造の建物(殊に和風の建物)にあつては軸部の固定を完全に爲すことが困難ですから、風に折れない柳枝が微風の時にもよく動搖するのと同じ感があつて、汽車電車等によつて起る地盤の小震動或は風力に對しても敏感なるが如く思はれます。且つ木造建築の施工に於ては軸部の建前をなして屋上に瓦を葺き、其の荷重によつて下部の軸部を固定せしめて後、初めて內部の造作工事に着手するのを可として居ります。故に屋根面全體が柿葺或は金屬板葺の如きものにて、輕きに失する場合は不適當です。

庇を設け或は軒の出を深くなすことは我國の氣候に對して極めて重要なることで、本章の第二項(間取に就いて)に於ても述べたる所ですが、夏季日光の直射を遠ざくる爲めに有効なるのみならず、梅雨季の如き雨中に窓を開放して氣持よくせねばならない場合によく之をなし得るのも、それ等の裝置あるが爲です。壁の濡るゝを防ぎ建物に近き周圍の地盤及び床下の濕潤を防ぎ得るのも亦それ等に據るから、容易に且つ有効に爲し得るのです。故に先に述べたる如く高溫多濕にして降雨量の甚しき我國にては、深き軒や窓の上に廂のなき建物は眞の住宅に非ずと云つても敢て過言ではありません。此の點を一層明白になすには太陽の直射光線の投射角度の季節によつての變化を以つてせば適當であると思ひますから、之に就いて其の大要を次に述べます。

地球は常に太陽の周圍を一定の法則を以て運動して居りますが、今假りに其の逆に、地球は靜止して太陽が之に對して一定の運動をなすものと考ふれば、太陽は春分即ち春の彼岸中日に於て赤道の眞上に來り、其の正午時赤道に於ける太陽の高度即ち太陽の直射光線と地平面となす角度は第二十六圖甲の如く九十度にして其の他の地に於ける太陽の高度は九十度より其の地の緯度を減じたるものです。

例へば京都は北緯三十五度一分ですから、春分の正午時正しく云へば太陽の正南に來つた時の京都に於ける高度は五十四度五十九分です。從つて其の餘切は〇・七〇一ですから、此の時に一米の棒を垂直に立つれば、其の約十分の七の七十粍一の長さの影を投じます。春分後太陽は尚次第に北に來り夏至に至れば北緯約二十三度二十七分の眞上に來つて、其の地の正午時に於ける太陽の高度は第二十六圖乙の如く九十度にして、京都に於ける高度は九十度より十一度三十四分(三十五度一分と二十三度二十七分との差)を減じたる七十八度二十六分となります。其の餘切は〇・二〇五ですから、垂直の一米の棒は此の時には僅かに其の約十分の二の二十粍五の長さの影を投じます。而して夏至より後ちは再び次第に南に還り、秋分即ち秋の彼岸中日に至れば再び春分に於けると同位置に來ます。尚之よりは益〻南に至り、冬至の正午時に於て太陽は南緯約二十三度二十七分の眞上に來ますから、第二十六圖内の如く京都に於ける太陽の高度は九十度より五十八度二十八分(三十五度一分と二十三度二十七分との和)を減じたる三十一度三十二分です。從つて餘切は一・六三〇となりますから一米の垂直に立てる棒は其の約一・六倍の一米六十三糎の影を投じます。冬至より後ちは次第に北に還つて春分に先に述べたる如く赤道の眞上に來ます。此の如く各地に於ける太陽の直射光線の投射角度は其の緯度の相違に從ひ夫々季節によつて變化を示しますが、之を「氣候」の章にて述べたる各地に就いて示せば第十七表の如くです。

	緯度北緯	春分秋分正午時に於ける太陽の高度	餘切	夏至正午時に於ける太陽の高度	餘切	冬至正午時に於ける太陽の高度	餘切
東京	三五度 四一分	五四度 一九分	〇・七一八	七七度 四六分	〇・二一七	三〇度 五二分	一・六七三
京都	三五 一	五四 五九	〇・七〇一	七八 二六	〇・二〇五	三一 三二	一・六三〇
大阪	三四 三九	五五 二一	〇・六九一	七八 四八	〇・一九八	三一 五四	一・六〇七
ロンドン	五一 二八	三八 三二	一・二五六	六一 五九	〇・五三二	一五 五	三・七一〇
ベルリン	五二 三〇	三七 三〇	一・三〇三	六〇 五七	〇・五五五	一四 三	三・九九六
パリ	四八 四九	四一 一一	一・一四三	六四 三八	〇・四七四	一七 四四	三・一二七
ニューヨーク	四〇 四三	四九 七	〇・八六一	七二 四四	〇・三一一	二五 五〇	二・〇六六
シカゴ	四一 五三	四八 七	〇・八九七	七一 三四	〇・三三三	二四 四〇	二・一七七
ロサンゼルス	三四 三	五五 五七	〇・六七六	七九 二四	〇・一八七	三二 三〇	一・五七〇

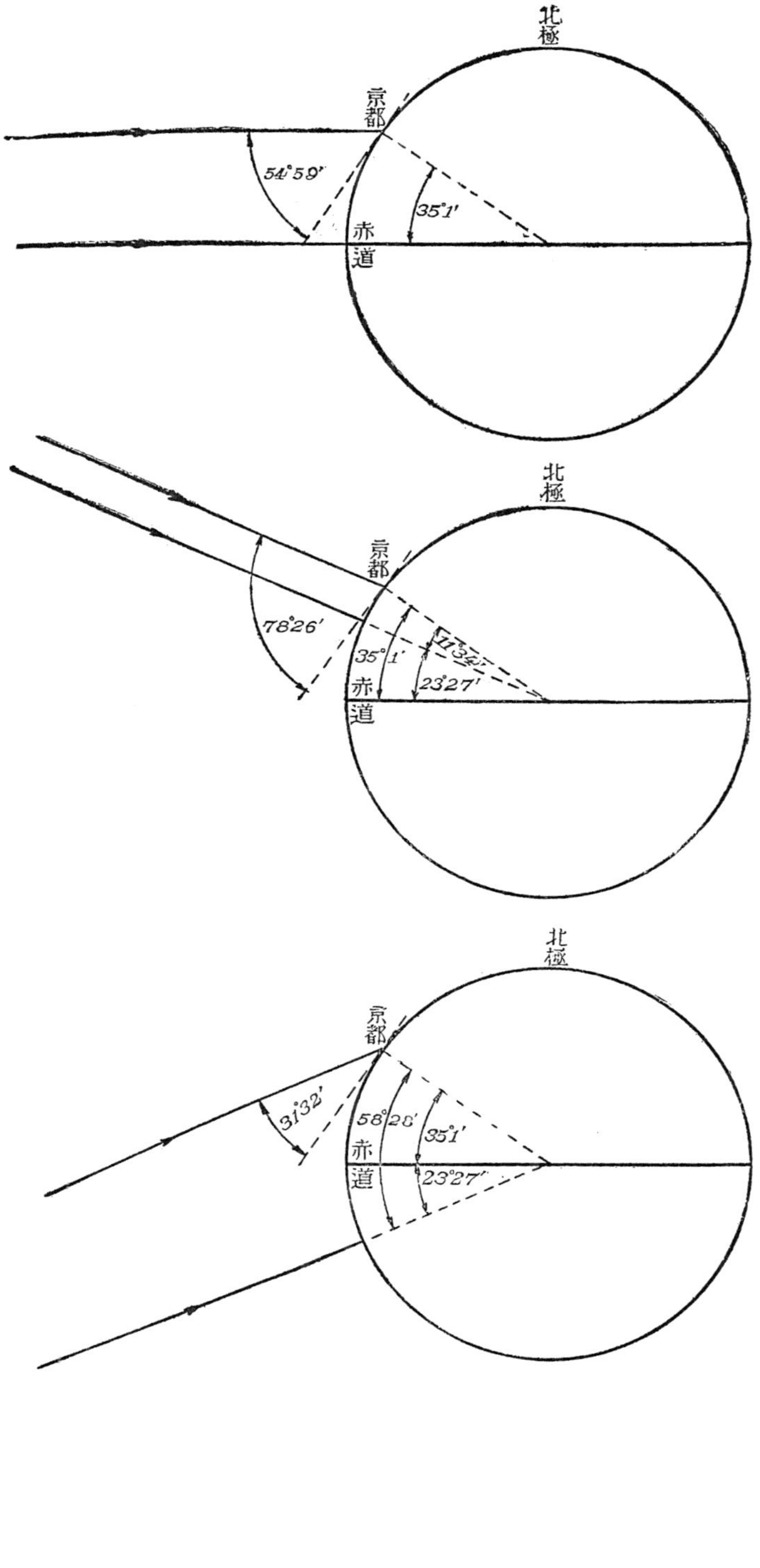

第二十六圖　太陽の直射光線の投射角度の變化

第二十七圖

京都及びロンドンに於ける太陽の高度

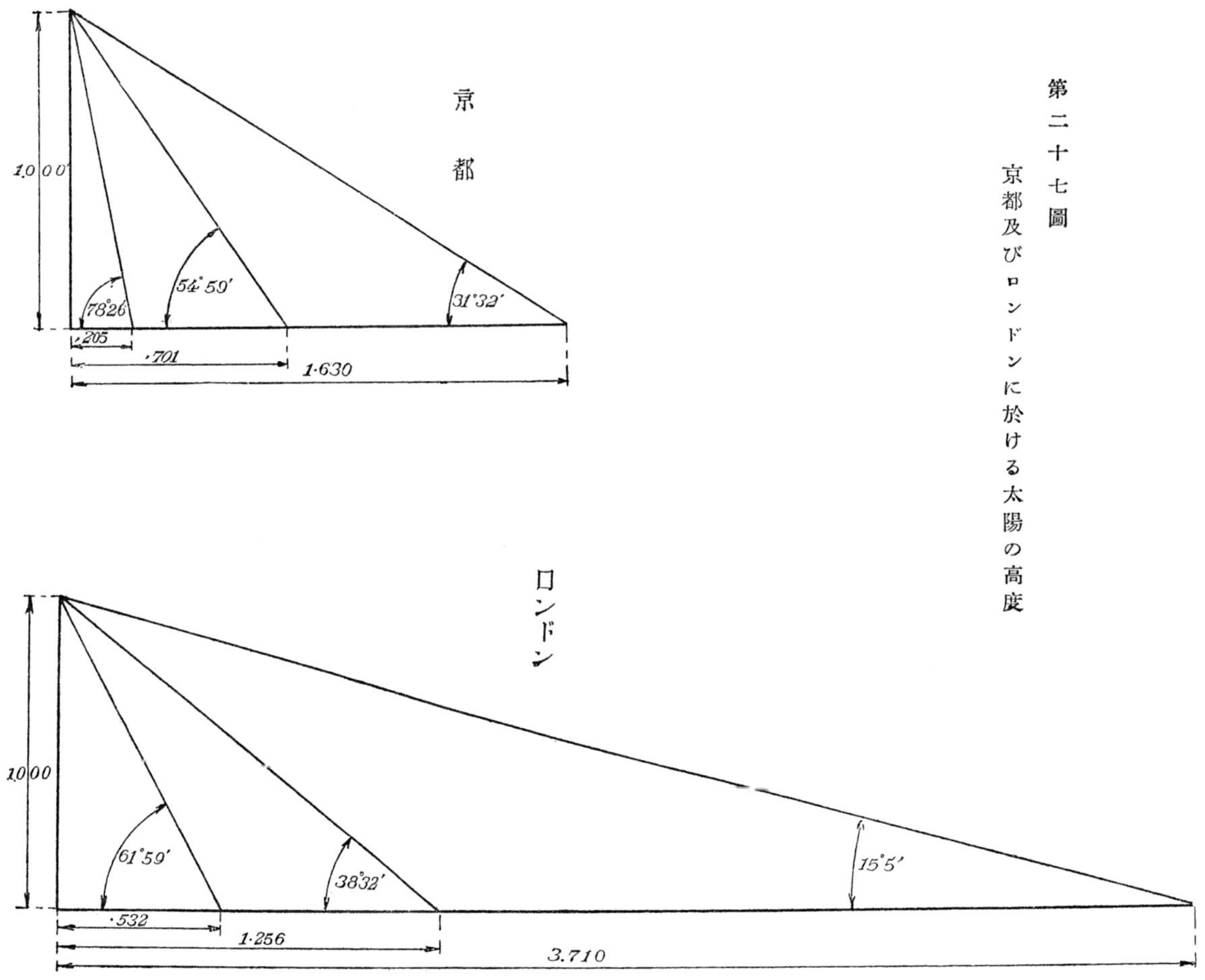

之に據つて見れば、我國内に於ける太陽の高度は各地の緯度の相違僅少なるを以て大體一様ですが、歐洲の先進諸國と比較すれば甚しき差異があります。今之を圖示比較せば第二十七圖の如くにして、我國に於て夏季日光の直射によつて壁及び窓より室内に傳達する熱量は軒の出の多少廂の有無によつて甚しき懸隔を生じます。

夏至の正午時に於て、我國にありては垂直に立てる棒は其の高さの僅かに約二割卽ち五分の一の長さの影を投ずるのですから、壁面より一米突出せる軒或は廂を設ける場合には其の眞下の五米の長さの壁面に對しては太陽光線の直射を防ぐことを得ます。從つて正南或は之に近き方位に面したる壁は其の高さ三米に對して約一米突出せる軒或は廂を附せば、夏季の日光直射を防ぐに適當にして且つ冬季の日光直射に殆と障碍を與へないと思ひます。從つて先に述べたる如く椽側を設くれば、夏季日光は多く直射しませんが、冬季には之を通して室内に深く差し込みます。

此の如く軒及び廂は構造其の他に不利を感ぜざる程度に於て壁面よりの突出の大なるを可としますが、之等を瓦葺の如き荷重の大なるものを以てすれば不適當ですから、屋内の上部に位する屋根面とは區別して銅板葺亞鉛鍍鐵板葺の如き輕き材料を使用せば、突出の大小は比較的自由になすことを得ます。

我國に於ける太陽の直射光線の投射角度は上述の如き變化を一年間に表しますが、それと相關聯せる各月に於ける可照時數の相違は「氣候」の章の第四、第五、第六表中に掲載しましたが我國各地の間には甚しき相違はありません。日出日沒の方位も亦甚しき差異はなく、我國に於ける其の大要を示せば次の第二十八圖の如くです。故に夏季の日出或は日沒の際に於ける水平の直射による高熱は、其の方位に對して壁面より垂直に突出せる袖壁の如きを設くれば、極めて容易に防ぎ得て、冬季に於ては其の直射を妨げず頗る好結果を擧ぐることを得ます。

五

窓の主要なる目的は採光と通風との二つですが、我國の如きは地勢の變化に富み風光明媚で築庭も普及せるを以て、此の如き土地に於ては屋外を眺望なす事も其の主なる目的となる場合が屢々あります。又建物の意匠上より必要となす場合もありますが、現今日本の住宅に於て最も多く使用せらるゝ窓は「和風住宅と洋風住宅」の章にて述べたる如く、開窓、上下《アゲサゲ》窓及び引違窓です。開窓及び上下《アゲサゲ》窓は洋風住宅に於て使用せられ、引違窓は和風住宅に於て使はれますが、今之等三者を比較し長短を詳述せば次の如くです。

開窓、構造は簡單ですが、障子を開閉して欲する位置に固定せしむるには極めて手數を要します。開放なす場合に障子は壁面より突出するので、内開きの窓なれば室内の空間は使用せられ、之が爲めに極めて不經濟であり、外開きの窓なれば此の點に關しては差支なきも、突風に煽られ易く、開きたる障子を其の位置に固定せしむる爲に特別の装置を必要とします。

障子を閉づれば空氣に對して緊密となし得ることが、此の窓の長所にして同時に短所となるのです。他種の窓にては閉づるも外界の雜音を防ぐことは困難ですが、開窓にては之が比較的有効に防止されます。併し、緊密が其の度を超えて、外氣の侵入或は室内空氣の流出は甚しく妨げられます。故に、此の種の窓

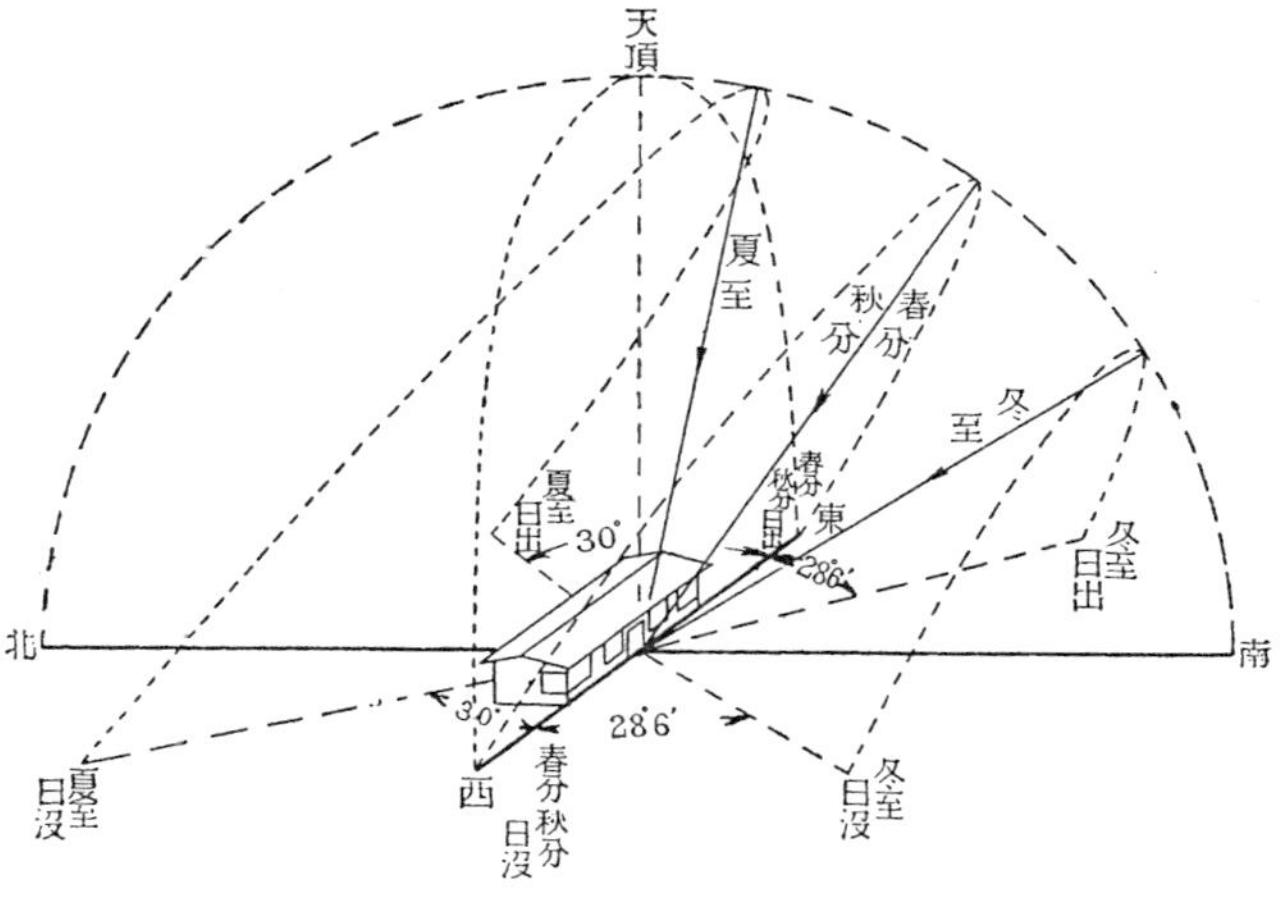

第二十八圖　我國に於ける日出日沒の方位の變化

第二十九圖　開窓

を用ひ全く鎖したる場合に於ける室内の換氣は頗る不完全です。之を調節なす爲めに障子の開閉を加減せむとしても其の間隙を自由に爲すことは極めて困難です。

上下窓、 洋風住宅にては開窓に比して一般的で、多く使用されて居ります。換氣に對しては極めて有效にして、此の種の窓に於ては閉鎖せる場合にても、空氣の出入は比較的適度に行はれます。(上下窓の間隙を諸種の裝置によつて增減せしめたる場合に於ける通氣量の多少に關する研究は北米合衆國にありては盛に行はれ、Houghten氏及びSchrader氏の Air Leakage through the Openings in Buildings 等があります。)

又換氣を調節なすには上部の障子を下方に引きて、其の開放の程度を自由に加減なすことを得ます。而して之は窓の上部にて行はるゝ故、外部の空氣が直接侵入なす場合には先づ室內の上部に入るので、其の室内にある人は冬季にても之が爲めに賊風を感じません。開閉に際しても開窓に比すれば遙に便利にして、障子は自由に欲する位置に置くことを得、又其の爲めに何等の手數をも要せず開窓に於ける如き不便は少しも感じません。併し上下窓は引違窓に比すれば構造の複雜なるだけ故障は起り易く、修繕も簡單でありません。

此の種の窓の一般的構造は障子を上部の兩端より吊れる二本の紐或は鎖の他端には錘が吊られ、重量は大體平均せるを以て、障子は窓面と直角なる方向に對し容易に振動します。窓の閉ざされたる場合に於ても、之に抵抗する摩擦は上部障子の上棧及び下部障子の下棧のみなるを以て、私の經驗によれば窓前每秒約六米以上の疾風に對しては、(障子の大さ、形狀及び風向と窓面との關係等によつて相違しますが、)振動甚しく極めて騷々しく感じます。

上下窓の形狀は比較的垂直に細長く、之に二枚の障子を上下に嵌めるので、全部を開放したる場合に於ても、其の全面積の二分の一を上或は下に開くことを得るのみです。又一枚の障子の幅卽ち窓の幅は障子の重さと平均せしむる錘の大さより制限せられて、約一米二十糎以內を普通とします。故に室內の天井の低き場合或は窓幅の能ふ限り廣きを欲する場合、例へば、戶外の眺望の爲め或は夏季室內の何れの部分にも充分なる通風を欲する場合には極めて不適當です。

引違窓、使用上に關しては上下窓と同樣に手數を要せず、構造の簡單なること、開放なす場合に多くの場所を要せざることゝは開窓と同樣です。窓幅は最小限度が高さの約二分の一にして、之を高さよりも大になすことは自由です。從つて横に細長き窓を設くる場合には頗る便利です。故に戶外の眺望或は夏季の通風に對しては、此の種の窓によるを可とします。且つ壁に對して之を設くる位置は極めて自由にして、例へば、室の隅に柱のみを殘して其の左右に直角に二方の壁面に連ねて設くることを得ます。此の如きは開窓或は上下窓にては困難なることですが、室內からも室外からも氣持よく感ぜられます。

其の長所となす點は以上の如くですから、更に改善を施せば頗る推奬に値すべきものではないかと思ひます。故に改善を要する點を擧げて、之に對する案を詳述しますと次の如くです。

一、上下窓の如く窓の上部を少しく開きて換氣せしむることを欲する場合には、最上部の組子中の硝子(イ)を上棧(ロ)中にあげ得る裝置を施します。(戶田博士案第三十一圖)

二、引違窓の上部には庇を附するを常としますが、雨が風に吹きつけられて之に當れば其の敷居より室

第三十圖　上下窓

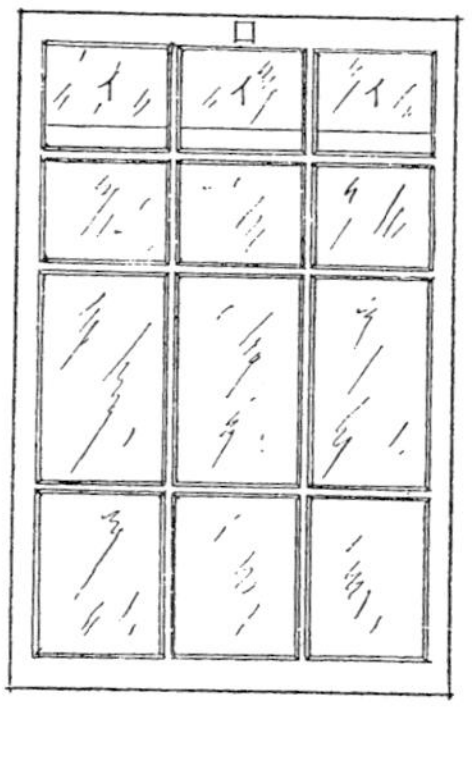

第三十一圖　引違窓の障子

第三十二圖　引違窓の改善案

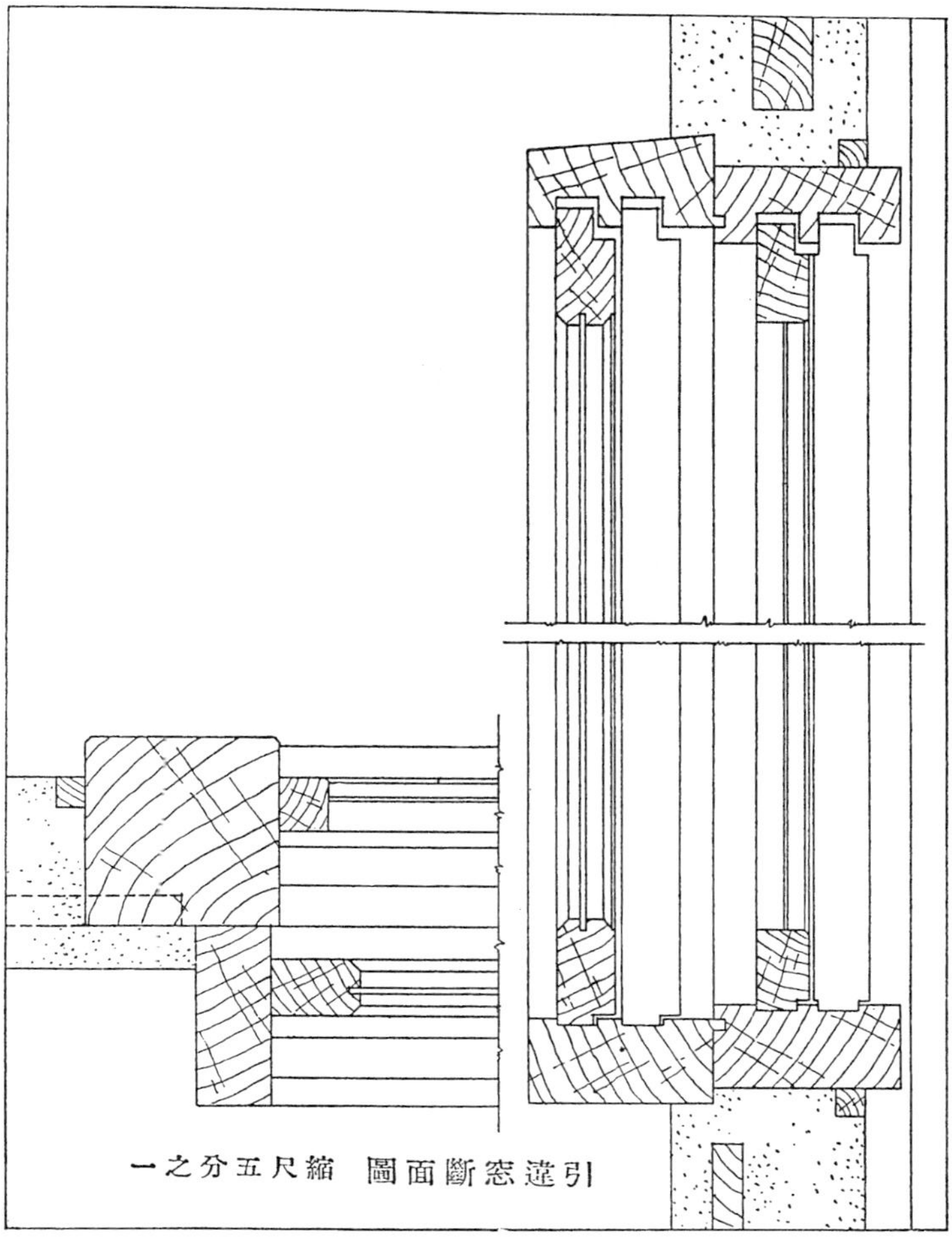

內部より見る
外硝子障子
內紙障子

外部より見る
外硝子障子
內紙障子

內に浸入する虞が多いので、それを防ぐには第三十二圖の如き裝置にします。即ち柱の外側に枠を取付けて之に硝子障子を嵌め、內側にはカーテンを使用せず紙障子を嵌めます。此の如くなせば窓の懷《フトコロ》は厚く、室內より見たる場合に從來の引違窓の如く貧弱でありません。此の案によれば、雨戶は雨水を防ぐため或は防盜の爲めには殆ど必要なきも、之によつて光線を遮斷するの要がある場合には、硝子障子と紙障子との間に或は硝子障子を外壁面に沿ひ左右に開く裝置になす時は其の外側に雨戶を使用します。尤も光線の强さを薄弱ならしむるには、此の案に於てカーテンと同樣の役目をなす紙障子を、鼠色の如きものとなせば其の目的を達することを得ます。(私案、以下總て同樣)

三、上下窓にては其の障子の兩側の框は溝に嵌まれるを以て、間隙は比較的小ですが、引違窓にては障子の一方の竪框は單に柱に接し、他方の竪框は他の障子のそれと重なれるのみにて、間隙は生じて賊風は入り易くなつて居ります。上述の私案にては硝子障子の建てる部分が第三十二圖に示す如く、內部の紙障子の建てる部分の內方よりも上下左右共少しく廣いので賊風路は屈曲なすを以て、其の浸入を妨ぐることを得ますが、更に此の目的を完全に達せしむるには障子が竪枠に接せる箇所に於ては第三十二圖甲の如き木製或は金屬製の突出物を竪枠若しくは障子の竪框に取付け、(第三十三圖甲は竪枠に取付けたる一例)左右障子の竪框の重ねは上下窓の上部障子の下棧と下部障子の上棧との重ねと同樣になせば適當です。併し、私案にては硝子障子の內側に紙障子を使用し二重になすを以て、此の如き裝置を爲さずして著しく其の目的を達することを得ますし、左右紙障子の竪框の重ねを第三十三圖の横斷圖に示す如くなせば、殆ど完全に賊風の侵入を防ぐことを得ます。

四、硝子障子の內側に紙障子を使用することを推奬なす理由は、

イ、冬季煖房を行へる場合其の他に於ける保溫に對して有效なるのみならず、夏季日光の室內に直射するを妨ぐ場合に於ても、カーテンに比すれば遙に有利なる事、

ロ、散光は吾々に快感を與へるものにして、晝間照明の之に據れるは和風住宅の特長です。而して紙は此の目的に對して布或は擦り硝子に比し、頗る適當せる事、(詳述は後の「趣味」の章に讓ります)

ハ、硝子は冷硬の感がありますから室內よりそれを見るを欲しない場合には、補ふに紙を以てすれば能く溫柔の感を得らるゝ事、

ニ、賊風の侵入を防ぎ比較的容易に換氣の調節をなし得る事

にあるのです。障子紙は從來白色のものゝみに限られたりしも、之等の目的に使用するものは意匠に應じて、適當なる薄き色の紙を用ふるのも面白いと思ひます。又紙を通じての通氣量を減少せしむる爲め、或は其の强さを增し汚損を減少せしめて比較的長き使用に堪えしむる爲めには、礬水《ドウサ》を塗布します。紙の張替をカーテンに較べて手數を要する如く感ずることもありますが、之はカーテンの手入に就いて少しも顧慮しない場合のことにして、紙障子は此の如き多くの勝れたる點を具備し、且つ之を設備するの經費もカーテンに比較すれば極めて安價です。

五、從來の引違窓にては每秒六米以下の和風及び軟風の動搖に據つても猶雜音を聞くことがありますが、之は障子の製作不完全なるに起因するものにして、障子全體の動搖によつて生ずる雜音は少なく、組子中の各硝子が動搖するに因ります。故に之を防ぐには組子の內外の取付を完全になして、硝子との

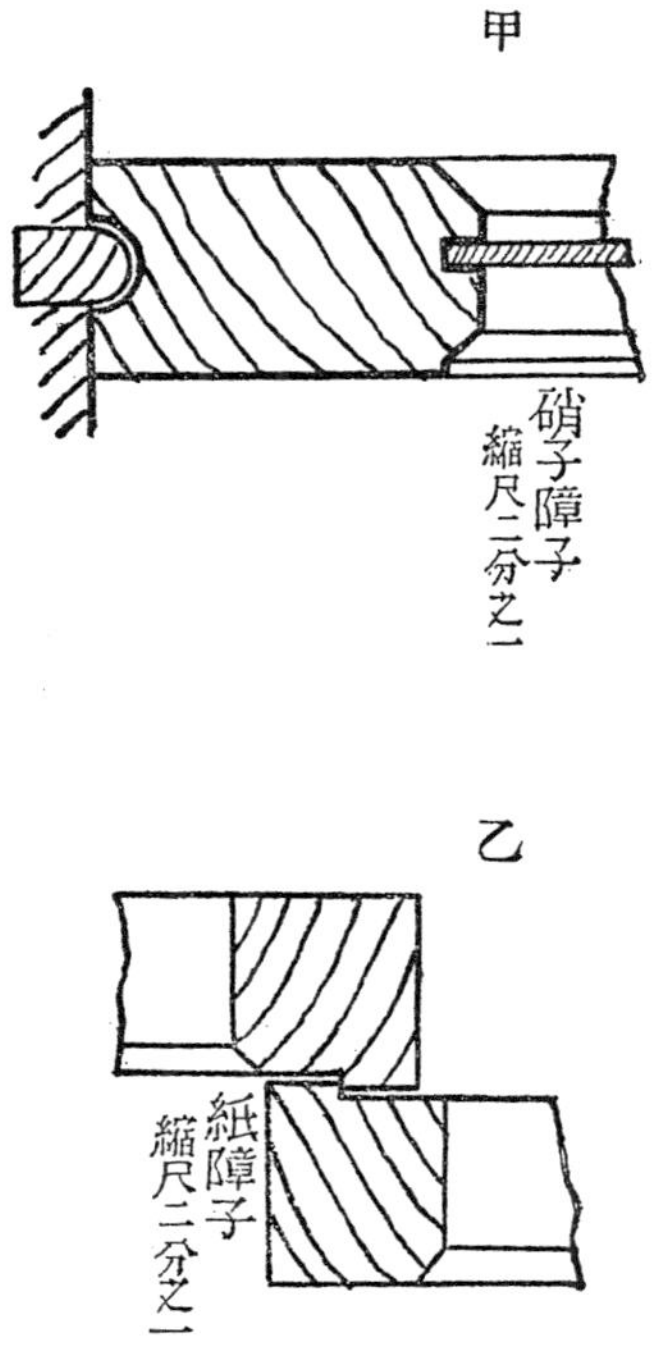

第三十三圖　引違障子に於ける賊風を防ぐ裝置

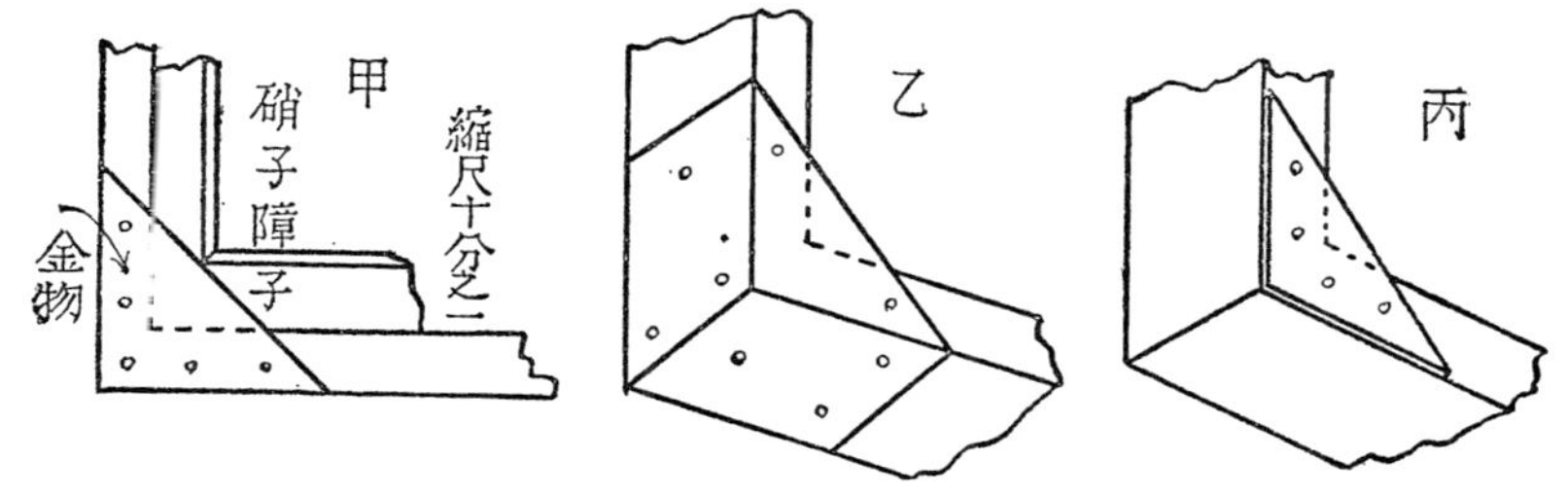

第三十四圖　引違障子の防盜に對する裝置

間に全く隙間を無くせねばなりません。

六、防盜の設備は前述の開窓上下窓に比較せば不完全なるが如き感もありますが、引違窓は幅に比して高さの低きを以て、眺望其の他に於て支障を生せざる場合は外部に竪の格子を取付けて之を補ふことが容易です。此の場合には夏季常に開放したる儘になし置くことを得、我國に於ては頗る好都合です。格子を設けざる場合には三に述べたる如く障子が竪枠に接せる箇所に突出物を設くれば、左右障子の重なる竪框に挿込み金物或は其の他の締金物を使用します。斯く爲せば上下窓に於けると同樣の狀態になりますが、此の突出物を設けざる場合には、硝子障子を嵌めたる枠の四隅に第三十四圖の如き金物を取付くれば、障子は閉ぢられたる儘にては外すことを得ざるのみならず枠の構造上にも有利です。

第三十四圖の甲は正面圖、乙、丙は甲の透視圖（丙は乙を簡單になしたるものです）

七、全く開放なす場合にあつても、障子は左右何れか一方に重なつて窓の全面積の二分の一を塞ぐを常とします。併し、其の全面積を開放爲す裝置を欲する場合には、硝子障子を嵌入せる枠は二に述べたる如く壁面より突出して其の外側に於て方形に組まれるので、枠の上下の敷居鴨居を窓幅の二倍の長さとなし、硝子障子を左右に外壁面に沿ひて開き得るようにします。內側の紙障子も亦其の全面積を開放せんとなす場合には硝子障子の場合と同樣に敷居鴨居を窓幅の約二倍の長さとなし內壁面に沿ひて左右に開きます。先に述べたる私案の土藏壁を摸する小舞壁の如きは、僅かに其の部分の壁厚を減せば容易に二枚の紙障子を一方に引き、開くことを得て便利です。

「氣候」の章にて述べたる如く歐米諸國に於ては冬季の設備に對して最も力を注ぐ必要に迫られ、從來防寒の方法に就き永く研究し來つたのですが、現今にては既に煖房設備が相當に發達して防寒に就いては深憂を認めない狀態にあるので、換氣の必要が盛に唱導せらるゝに至りました。特に北米合衆國にあつては其の住宅建築の趨向は能ふ限り多量の光線と新鮮なる空氣を採るにあつて、窓を多く設け其の面積を大に爲すの傾向が盛です。即ち一般的に家族の最も好んで長時間を費す室はサン・ポーチ(Sun Porch)、サンパーラー(Sun Parlor)であると聞きます。

嘗て私が冬季に北米合衆國を旅行した時、或旅館にて各室内に「米國は如何に石炭が豐富でも大空を煖むるだけのものはありませんから窓は猥りに開放しないで下さい、」と記して客の注意を求めて居るのを見ました。又おやぢ教育と云ふ北米合衆國の漫畫にも、ジグスとマギーとがホテルに泊つて、ジグスは空氣の流通がよくないので新鮮なる空氣を求めて、窓の澤山ある大なる部屋に替つても尙換氣が不充分なので、遂に窓硝子を壞して眠る圖（大正十五年十二月一日アサヒグラフ掲載）がありました。之等は緊密に造られたる開窓上下窓の閉ざしたる時の換氣不充分の缺點が全米國民共通の惱であつて、ホテルの注意書や流行の漫畫の題材と成るに足る事を證するものではないかと思ひます。引違窓は日本の住宅に於ては極めて適當なるものであるのみならず、全く使用せざる諸外國に於ても、之を採用せば他種の窓よりも遙かに得策である場合が多々あります。

六

設備の大要は以上述べ來りたる所によりて盡しましたから、現今最も理想的のものとさるゝ鐵筋混凝土造の住宅に就いて論じて見たいと思ひます。

建築物の構材として現代に於て使用せらるゝ多くのものゝ中で、鐵筋混凝土の極めて勝れて居ることは何人も否定しないであらうと思ひます。先に述べたる如く堅牢にして安全であることは建築物が具備せねばならない重大なる要件の一つですが、鐵筋混凝土は耐火性に富んで、耐震耐久の點に於ても理想的のものですから、市街地に於て密集せる建築物は總て自己の安全のみならず他人に危害を及ぼさない爲に、構材としては總て之を使用するを適當とします。郊外其の他建築物の密集して居ない場所に於ける住宅は、木材其の他を構材として使用するも不可でないのみならず、又それを適當となす場合も多々ありますが、都市に於ける住宅は鐵筋混凝土造になすべきであると思ひます。併し、現今我國に於て一般に行はるゝ如き鐵筋混凝土造の住宅にては、安んじて自己及び家族の生命を托することは出來ません。

今の時代は鐵筋混凝土によつて耐震耐火耐久に就き深い考慮を拂ひ過ぎて、住宅としての他の必要なる條件は全く忘却して居る傾向があるように見受けます。單に堅牢で安全であるからと云つて、最も進歩せる近代的の建築物と稱することは出來ません。已に述べたる諸種の要件を滿さねばなりませんが、鐵筋混凝土の構造となす場合には、此の點に就いて其の取扱ひ方に多くの誤謬がありはしないかと思ひます。之に對しては、先に述べたる衞生設備上の基礎要件より考察すれば極めて明白になります。

總ての事物は長所もあれば短所もあるのが當然で、鐵筋混凝土に於ても同様に長所も短所も備へて居ります。然るに其の長所に眩惑され之を高調するに急で、短所を察するの明を失ひ之に備ふるの道を講じないで居ります。鐵筋混凝土造は耐震耐火耐久に於ては非常に勝れて居りますが、其の反面に於ては外界氣候を調節することの薄弱、音響傳達の過多、模樣替の困難、施工の複雜等多くの缺點を持つて居ります。

私は住宅を造るのに鐵筋混凝土に據るのを不可なりと斷言するのではなく、寧ろ適當なるものであると思ひますから、其の短所を擧げて、他の構材を使用する場合に於けるよりも設備上には一層愼重なる研究を必要とする所以を述べ、現今の如く鐵筋混凝土の濫用されないことを切望し、世の注意を喚起したいと思ひます。

混凝土は熱せらるれば次第に耐壓力を增し、攝氏四百度に於て最大に達し、常溫に於けるよりは約五割を增加します。從つて、鐵筋混凝土造の建築物は火災に會つても、比較的高熱に耐へ得られますが、日常外界の氣候を調節して吾々に適合する家屋氣候を形成する場合には頗る不適當です。

混凝土の熱傳導率は木材に比すれば約八倍、煉瓦に比すれば約二倍にして、且つ多くの場合に其の壁の如きは比較的薄いので、之等他の諸材料によれるものに比すれば多量の熱を傳達しますし、又混凝土は土壁に於ける土、煉瓦、木材等に比すれば、其の重量極めて大にし比熱は之に反比例して小ならざるを以て、鐵筋混凝土造の建築物の熱容量は頗る大です。從つて、夏季に日光の直射を受くれば他種の構材に較べて不良の狀態に陷り易く、例へば、盛夏の七八月頃正南に面したる壁が常に日光の直射を受けて、其の內表面が一日中に最高溫度に達する時は、概括的に云へば、煉瓦壁（內側漆喰塗仕上）、土壁（內外兩側共漆喰塗仕上）の如きものは午後三時頃ですが、混凝土壁（內側漆喰塗仕上外側化粧煉瓦貼）にては午後五時頃にて前者よりは甚しく高溫に上ります。冬季に於ても不利なる場合多く、快晴の日中を除きて夜間或は寒天の日のみ煖房をなす場合、或は晝間一定の時間中のみ煖房を行ふ場合には、鐵筋混凝土造の建物にては極めて不利益です。我國の氣候にては前者の如き場合が住宅には屢〻起りますし、後者の實例は銀行會社等であれば午前九時頃より室內の高溫を必要としますが、其の建物が鐵筋混凝土にて造られてある場合は、土壁或は煉瓦壁の建物に較べて、大約一時間早くより放熱器を使用し且つ多くの熱量を費さねばなりません。又午後四時頃以後には煖房を必要とせねば、同樣に他の構材による建物に比して大約一時間早く放熱器の使用を止めても差支ありません。

夏季には日光の直射を受けて日沒後も比較的高溫を維持しますから、住宅の如き二六時中使用する建物にあつては、夏季に高溫となるのを防ぎ、冬季に煖房の能率を大になす爲には、內壁面を適當なる材料によつて補裝せねばなりません。溫度の調節に對しても次に述ぶる濕度の調節に對しても、之が漆喰塗仕上の場合を煉瓦造漆喰塗仕上と同一なりと見做すことは出來ません。然るに近時鐵筋混凝土造建築物の內部の仕上に、釉掛化粧煉瓦を貼付し或は漆喰上に或種の塗料を施して、溫濕度の調節に對し一層不利なる狀態に陷らしむる場合のあるは注意す可きことだと思ひます。

鐵筋混凝土造なるの故を以て、其の住宅に於ては夏季壁に日光の直射するを防ぐに極めて有効なる深き出の軒及び庇が不必要であると云ふ理由は少しもありません。又屋根に於ても、殆ど水平に近き緩傾斜にて室の天井を兼ねたる一重のものでよい譯はありません。鐵筋混凝土造の住宅にあつても、最上階の室の天井と屋根とは別々に造り、兩者で挾まれた空間を利用し且つ軒の出を能ふ限り深くなし、屋根面及び壁面より室內に高熱の傳達するを防ぐ設備をせねばならないと思ひます。

濕氣に對しても混凝土は調節の機能を少しも發揮しません。室內が多濕である場合には、恰も桐箱內に於て桐自身が濕氣を吸收し少濕になりたる時之を放散して濕度の調節をなすと同樣なることを欲求しますが、鐵筋混凝土造の建物に於て、外界より比較的高溫多濕の空氣が流入して混凝土の壁面其の他に觸るれば、直ちに冷却して水蒸氣は凝結し密實なる表面に露を結び、通風不完全なる場合には之が蓄積して甚しき惡結果を齎します。舊來使用せる疊の如きは梅雨季など多濕の時には頗る多量の濕氣を吸收しますが、晴天が續いて空氣が乾燥すれば極めて急速に其の濕氣を放散します。卽ち疊は吸濕性も强く放濕性も激しきものですが、混凝土に於て此の如きことを望む譯には行きません。鐵筋混凝土は耐震耐火耐久的であるの故を以て、之に據つて秘藏品を容るゝ倉庫を造り濕氣の爲めに失敗を重ぬることの多いのは、閉ぢ込めたる低溫の室內に窓出入口等の間隙其の他を通じて、高溫多濕の空氣が侵入する場合に對する設備を考慮しない結果です。銀行にて地下階に設くる安全庫が我國に於ては防濕に多大の注意を要し、使用せる金物類の防銹には非常なる手數を費さねばならないのも之と同一の理由です。

屋內の多濕を防ぐには單に混凝土のみに據らずして、之を調節なすに適當なる木材或は日本紙の如きを以て補裝し、且つ通風を盛んに爲すことが最も有効なる方法ですが、外壁面及び床下附近の地盤に雨水を侵入しめざることも必要です。殊に我國は降水量非常に多きを以て、之が直接の原因を爲す場合を考慮せねばならないことは已に述べたる所ですが、鐵筋混凝土造の住宅に於ても淺き出の軒及び壁等の工事の粗漏或は建物に近き地盤の濕潤等に依つて、直ちに濕氣は屋內に浸入しますから、此の點より考察するも、高熱を防ぐと同樣に我國の住宅としては深い出の軒や廂を鐵筋混凝土造にも是非必要とします。先に之等を缺げるものは眞の日本の文化住宅に非ずと云つたのは、單に木造の場合のみには限りません。

換氣を完全に爲すことに就いて、鐵筋混凝土造の如き總てが一體となり緊密に造らるゝ建物に於ては、特に充分の注意を拂はねばなりません。成年男子一人に就き安靜時に三十三乃至五十立方米の空氣（炭酸瓦斯蓄積量を標準として）を一時間に必要としますから、何れの場合に於ても室內の換氣は頗る重要なる問題であることは已に屢〻述べたる所です。併し、其の構造如何によつては各室は緊密に區劃されないで間隙が出來るので、窓や出入口を閉ぢて置いても換氣は自然に行はれる場合があります。例へば、木造の建物に於ては比較的間隙多く、殊に和風住宅の如きは甚しく、之に依つて換氣は盛んに行はれるので、僅かに氣積約二十立方米の室（四疊半）を數人の寢室として長時間使用するも、何等の障碍を起さない如きものもあります。それに慣れて鐵筋混凝土造の住宅を造れば、換氣に對する設備が不足し易い傾向にあるのは當然ですが、建築設備に於て鐵筋混凝土造と木造其の他とを同樣に取扱ふことは出來ません。此の點を顧慮しないと甚しい缺陷を暴露します。

近時北米合衆國に於ける高層建築物は各階の高さを著しく低くしますから、從つて比較的氣積の小なる室內に多數の人を收容することになります。それ故に英吉利に於けると同樣に新鮮なる空氣（Fresh air）に頗る留意し、機械的の裝置に依つて之を多量に送り換氣を完全にします。例へば、シカゴの劇場活動寫眞館等に於ては老若男女平均一人に就いて溫度攝氏二十一度の空氣を毎時二十五立方米以上、其の室内に送らねばならないことに府令に據つて定められて居ります。吾々は氣積の大なる換氣量の小なる室内に居るよりも、比較的氣積の小にして換氣の盛んなる室内に在る方が快感を感ずるので、上述の場合には至極氣持がよい譯です。

然るに、我國の事務所或は百貨店の如き高層建築物に於ては、制限せられたる高さ（最高壹百尺〔約三十米三十糎〕）に對して多くの階數を設くる爲め、或は工費の關係等より、各階の天井の高さは北米合衆國に於ける如く低くしますが、換氣の設備は極めて不完全で多くは單に自然換氣のみに據り、機械的の換氣裝置を施す建築物は極めて稀です。故に斯かる所に勤務せる人々の罹患率或は陳列されたる商品の保存率を調査せば、實に驚く程の不良であり、且つ先に「氣候」の章にて述べたる如く比較的大なる風力を受くる上階に至る程良好にして、換氣の不完全なる下階に至る程不良の狀態にあつて、各階に於て明瞭なる差異が表るゝものと信じますが、之に對する統計を示すことの出來ないのは洵に遺憾です。地下室の如きは殊に著しく惡化し、昇降機内に入れば其の惡臭を傳へ極めて不愉快を感ずることのあるは、讀者も屢々經驗さるることゝ思ひます。此の如き鐵筋混凝土造の建築物に於て、肺結核其の他疾病豫防宣傳の展覽會が開催せらるゝ時、洵に其の所を得て居ると冷評する人もありますが、社會奉仕も商品の廉賣のみに止どまらず、斯かる公衆衞生に對しても留意すべきです。

說く所は多少横道にそれましたが、外壁間仕切壁其の他總て鐵筋混凝土造にて緊密に仕切られ、窓は單に採光のみに用ひられて換氣通風に對しては有效に利用されない場合には、各室の換氣に就いては極めて小心たるべき筈ですが、多くの考慮が拂はれないのは實に慮ふべきことです。

次に鐵筋混凝土はセメント及び砂利を混ぜ之に水を加へて軟きものとなし、型に入れて固まつて密實になりたる時型を取り去るので、鐵の鑄物と同樣に全部は一體となります。從つて音響は傳達し易く、之が大なる缺點です。又模樣替は甚だ困難にして、建物が完成せる後に之を行ふのは容易でなく木造の如く簡單には行きません。私は鐵筋混凝土造の住宅に住んだ經驗はありませんが、現在毎日勤めて居る大學の建物は鐵筋混凝土造で地下室共三階建ですが、防水工事を施したる上に砂利を敷き詰めた陸屋根の上を歩む音は一階に居て聞くことが出來ますし、地下室にて實驗をなす爲に運轉する機械の音は建物全體へ響きます。給水工事や電氣工事の修繕とか模樣替とかの場合に、混凝土を壞す音には甚しく惱まされます。

昔日は建物に對する要求は至極簡單にして其の設計は容易でした、且つ何れの場合も木造によつて居たので、模樣替の必要が起つても容易に解決出來ました、然るに、今日では建物に對する要求が甚しく複雜になつたのみならず其の變遷は極めて激しいので、古き建物は頗る厄介視さるゝ場合が屢〻あります。從つて、若し鐵筋混凝土造の建物にて最初の計畫が粗漏であれば尙更ですが、左も無くとも進步の急激なる今日の場合、修繕や模樣替の要求は起り易く、之が工事の難澁は當事者を苦しめ、其の音響は建物全體に行き亘つて居住者に不愉快の感を與へますから、鐵筋混凝土造住宅の設計を爲す場合には極めて愼重に計畫せねばなりません。

今假に計畫が不完全にして其の住宅は我國の氣候風土に適合しないものであつたとすれば、造つた人は之を賣拂つて其の厄を逃れることが出來ても、不良の住宅として永久に殘ります。故に一度建つれば、自己の家族又は他の家族に對して其の影響を及ぼすことは木造住宅よりも耐久力があるだけに永久的です。外國にては不良住宅があれば公の力によつて破壞せしむる國もありますが、我國にて此の如きことの容易に實行出來ないのは經濟狀態より考察するも明かです。

此の如く鐵筋混凝土造の建築物の設計には多大の苦心を要しますが、施工上にも大なる困難の伴ふことは、先に述べたる如くセメント、砂、砂利の三種の材料をよく混和し水を加へ型に入れて固むる、施工の順序に思を廻らせば容易に想像されます。木材や鐵材は組立つればよく煉瓦や石は積上ぐればよいのですが、鐵筋混凝土は斯く簡單には出來上りません。セメントの質によつても、混ぜ方によつても、型に入れ搗き固め方によつても、鐵材の配置によつても其の構造の强弱に甚しい相違が起ります。故に鐵筋混凝土構造に就いて質問を受けたる場合に、私は常に最も堅牢にして安全なる構造は鐵筋混凝土であるが、其の設計或は施工の如何によつて危險に陷るの可能性を最も多分に具へて居る構造も亦鐵筋混凝土であることを以て答とします。設計上の誤から鐵筋混凝土造の梁が破壞したのを聞いたこともあります。セメントの凝結が惡いので、數百坪の工場が機械の運轉によつて震動する度每に砂利が落ちるのを見たこともあります。大正十二年の關東の震災で軒を並べて居る同じ鐵筋混凝土造の建物に、被害程度の甚しい相違のあつたことを實見された讀者も多いでせう。

以上は最初に述べたる如く鐵筋混凝土の惡い半面のみを述べたので、現今此の構造に據る建築物の多くが此の如き缺點を暴露するのは、

鐵筋混凝土に就いての研究が主として構造にのみに關し、其の設計に際して建築物の强弱に關する計

算に就いては深く注意さるゝも、已に述べたる我國に於ける衞生上の根本方針に就いては殆ど顧みられず、之に對する設備上よりの考察の缺ぐる事、

鐵筋混凝土造と爲すときは其の缺點を補はむが爲め當然拂ふ可き多大の經費と注意とを、漫然木造建築に臨む程度の覺悟を以て濫に節約して、設計上或は施工に粗漏の生じ易き事

に起因するのではないかと思ひます。近時住宅建築其の他に於て反鐵筋混凝土造の聲を耳にしないこともありませんが、深い研究と他に比して相當の建築費增大とを惜まねば、他の構材を以て企圖することを得ない理想的の完全なる建築物を造ることが出來ると思ひます。玆には單に其の缺點を指摘して現今の如き鐵筋混凝土の誤用濫用が速に匡正さるゝ事を切望して世の注意を喚起する次第です。(本項は建築學會第一回刊行のパンフレット第八號としての拙文衞生設備中の第四鐵筋混凝土構造を學會の好意によつて轉載し、それに一部書き加へたるものです)

夏の設備

一

日本の氣候風土は夏季に甚しく不良の狀態にあつて、吾々人類に適合する氣候とは著しき懸隔のあることは曩に「氣候」の章にて詳述したる如くです。故に我國にては昔日より家屋は夏を旨とせざるべからざる事が說かれて居りますが、此の不良の狀態の影響を蒙る家屋氣候を「氣候」の章の第二項に述べたる標準氣候に近き狀態となすには、特種の機械的裝置によらねばなりません。併し、之は全く企圖し得ない問題ではありませんが、何故に我國の富豪は適當なる裝置を施して、其の住宅に於て春秋二季に於ける如き快感を擅にしないのでせう乎。左程慮るべきでない冬季に對しては完備せる煖房裝置を施しますが、夏季に對しては如何とも爲す能はざるものと諦めて、防暑の爲めに何等の機械的裝置を講ぜず、單に凉を求めて所々に別莊を造るのみです。若し之等年々避暑に費す經費を以てすれば、家屋氣候を殆ど標準の狀態に近づかしめて之を持續し、容易に防暑の目的を達することを得ます。

我國に於ける防寒の設備に就いては歐米諸國の如く甚しき困難を感じない一例を擧げて見ますと、第三回住宅の應接間（同平面圖第十三圖參照）は周圍の壁及び窓を已に述べたる如き改善案によつて施工し、下部を米松の厚さ約二糎の床板にて張り、上部を舊來と同樣の竿緣天井となせるものにして、其の室の氣積は約二十七立方米三ですが、之に成年男子一人四十ワットの電球一箇（床面より一米八十五糎の高さ）五百五十ワットのマゼスチック電熱器一箇があつて、之等の放熱僅かに一時間を經過せば、室內の中央にて床面より一米の高さに於ける溫度は、窓前の外界氣溫が攝氏零下一度二分乃至六度の場合（風速は每秒二米以下）に、之に比して攝氏五度乃至十度六分の高溫となることを度々經驗しました。

此の如く冬季に對しては比較的簡單なる裝置にて足りますが、夏季に於ける冷房の裝置は困難なる問題にして、よく之を爲し得るは、先に述べたる如き夏季の避暑に特別の經費を惜まぬ階級の人々に就いてゞす。一般の人々には其の經濟狀態より見るも、極めて簡單なる機械的裝置すら設くることの容易ならざるは明かです。例へば外界の好狀態にある空氣を導いて室內の氣流を盛になし、之に依つて溫濕度に於て缺除せる所を補ふ如き裝置すら、其の經費の負擔に堪へ兼ぬる者が少くありません。故に劇場や公會堂等に於て設けらるる如き多大の經濟的犧牲を拂はざればなし得ざる冷房裝置は直ちに一般の住宅に利用することは出來ませんから、住宅設計に際しては多額の費用を要せない設備を考究して、假令標準狀態の家屋氣候を正確に形成し得ないまでも。

（一）能ふ限り標準氣候の狀態に近づらしむる事、

（二）不良の狀態にある時間を能ふ限り短縮せしむる事

に努力せねばなりません。

此の目的に關聯して既に「設備」の章に於て諸種の改善案を詳しく述べましたが、尚進んで、住宅に於ける夏季に對する建築設備を完全になす爲めに、建物の內外周圍に於ける空氣の理學的狀態に就いて考察し、家屋氣候改善に對する鄙見を述べて見たいと思ひます。

或一定の場所に於ける空氣の理學的狀態は其の地の氣候を標準として大略を推知することが出來ます。今樹木其の他の存在せざる平坦なる敷地に住宅を建つる場合に就いて考察して見ますと、敷地に建築されない以前にあつては、其の附近に特種の影響を及ぼすものがなければ、敷地内の何れの箇所にても空氣の理學的狀態は同一です。然るに住宅を建築した後は、其の屋內に於て所謂家屋氣候として種々狀態を呈するのみならず、其の周圍の屋外に於ても亦位置の相違に從つて著しい懸隔があります。其の狀態を異にせる場所を大別すれば次の通りです。

(一)建物の外部　建物の四面に於て夫々相違が起りますし、又出隅入隅にあつても相違します。

(二)建物の內部　室內、床下屋根裏の間には著しい相違がありますし、各室の間に於ても差異があります。

之は平家建の場合なるも、二階建の場合にあつては、其の狀態を異にせる箇所を一階に於ける室內、二階に於ける室內、床下、一階の天井內（二階の床下）、屋根裏と區別することが出來ます。

之等の場所に於ける空氣の理學的狀態の相違は夏季にあつて極めて著しく、之を最も明瞭に示すものは溫度にして、吾々に快不快の感覺を與ふることの最も銳敏なるものも亦溫度ですから、溫度の相違に就いては特に詳述し、次に濕度及び氣流に就いて述べます。

二

（一）建物の外部

温度　日光の直射を受くる場所と然らざる場所とによつて差異があるので、夏季には建物の周圍に於て甚しい懸隔が生じます。從つて四圍の空氣が同時に同一の狀態にあることは殆どなく、何れの場所にあつても相違を生じます。卽ち隣接せる建物其の他の附近のものから特種の影響を蒙らない場合に、溫度の變化の最も甚しいのは日出より日沒に至る間にして、之を槪括的に云へば、建物の周圍に於て北部は日光の直射を受けることの少なきを以て、此の部分に於ける溫度は他に比較して高低の變化少なく且つ低溫です。東部及び南東部は午前中に他の部分に比して高溫となり、西部及び北西部は午後にあつて他の部分に較べて高溫に昇ります。而して午前に於ける東部及び南東部と他の部分との差異は午後に於ける西部及び北西部と他の部分との差異よりも大です。卽ち建物の周圍にあつては午前中に、場所に因る溫度の相違が著しく表れます。此の變化は風向及び風速によつて影響を受けますが、屋上に於て每秒三米以下の風速にては、何等の影響を認めないようです。

建物の周圍に凸凹のある場合に其の入隅に就いては、それが南面せる場合と北面せる場合とを比較して見ますと、初夏の候には前者は後者と同樣に他の部分に比して低溫にて且つ高低の變化も少なく、兩者の間には殆ど差異なく或場合には南部が低溫のこともあります。併し盛夏の候に至れば南面せる入隅は高溫に昇り、北面せる入隅とは其の相違が次第に著しくなります。市街地にては日陰廣く、日光の直射によつて高溫に熱せらるゝ箇所と隔ることの甚しい部分があるので、溫度の相違の更に著しいことは想像に難くないと思ひます。

濕度　水蒸氣の發生盛なる場所以外にては、絶對濕度は何れの場所も大體一様にして、溫度が場所によりて懸隔を生じ一日中の變化も著しいのとは、其の趣を異にして居ります。

氣流　建物の四圍に於ては風向に面する箇所と之に反する箇所との間には、氣流に甚しい相違のあることは明かです。建物の周圍の或場所に速力毎秒十米以上の强風を受くる時に、他の場所にては全く無風の狀態にある場合もあり。又建物の同一面に於ても其の高さに從つて著しい相違があります。野村博士の研究(京都帝國大學醫學部衞生學教室に於て)によれば、一般に市街地に於ける風速は建物の階上と階下との間に著しい差異が表れるので、市街地に於ける屋上風速に對する總平均窓前風速の割合を算出し、屋上風速は測候所測定風速とは減少するので其の關係を知り、我國各地の主要都市に於ける測候所測定風速に對する總平均窓前風速の割合を算出したる結果に據れば、風向に面する階上の窓前は其の十一乃至三十三パーセント、同階下の窓前は四乃至十パーセントに相當します。之に反し風向に背する階上の窓前に於ては一乃至七パーセントに、階下の窓前は一乃至三パーセントに概當します。

市街地に非ざる建物の密集しない場所に於けるものを之と同一に率するのは不適當ですが、何れの場合にても一つの建物の周圍にあつて位置の相違により、甚しい懸隔のあることの大要は之に據つて明かに想像出來ます。

(二)建物の內部

溫度　屋內にて各室內に就いて見るに、常に日光の直射せる箇所は高溫にて、之に遠ざかれる箇所は低溫です。各室の同一時刻に於ける溫度の相違は階下にても相當に起りますが、階上にてはそれが一層甚しく、一般的に云へば、階下でも階上でも各室に於ける溫差の著しいのは、午後零時過より一時頃迄と五六時頃との二回にして、殊に其の相違の最も著しきは後者です。從つて、位置に因る溫差の午前中に甚しき外部とは大に其の趣を異にし、內部にては午後就中日沒前後に於て極めて著しき溫差を表します。

外氣の溫度（周圍の平均）と室內の溫度（各室の平均）との高低の大體を比較して見ますと、階下にては外氣に比較して一日中に午前八時半頃より午後四時頃迄、卽ち約七時間半は低溫です。其の他の時間にあつては外氣が低溫にて、殊に日沒直後に於ては其の相違が著しくなります。階上は已に述べたる如く階下より高溫の狀態になりますから、午後三時頃以後は外氣より高溫です。卽ち約六時間半外氣より低溫で階下よりも約一時間短く、日沒後も其の下降は極めて遲々たるものです。

床下に於ては其の位置が相違しても大差ありません、且つ室內に比較すれば著しく低溫にして、一日中に於ける變化も僅少です。從つて屋內の他の何れの箇所に比するも晝間は殊に甚しく低溫です。

屋根裏に於ては、瓦葺の如き場合は午後三時頃に至つて最高溫度に上昇して、屋內の他の何れの箇所に於けるよりも遙かに高溫です。而して之が比較的長時間持續します。瓦葺は溫度の調節に對して他の材料よりも比較的好結果を齎すことは先に述べましたが、盛夏の候晴天の日に、屋根面は瓦にて葺上げられ通風孔無く密閉されたる屋根裏にては、多くの場合に一日中の最高溫度は攝氏四十三度以上に上昇して、日沒後も高溫を持續し其の冷却には長時間を要します。

濕度　濕潤の地にては床下は多量の水分を含めるも、一般的には室內、床下、屋根裏の各所とも、絕對濕度に就いて相違を見れば溫度の如く著しくありません。又各所に於ける一日中の高低の變化も極めて僅かです。

氣流　建物の外部に於けるよりは甚しく減殺されますが、風向に面したる窓を開放せる室內にては他の部分に於けるよりも頗る大です。

三

此の如く夏季にあつては、建物の外部並に內部の各所に於ける空氣の狀態は甚しき差違があり、殊に建物の內部にても、屋根裏と床下との間には著しい懸隔がありますから、日本の住宅に於ける夏季の設備に對しては之等を利用して、改善の步を進むることが極めて重要なる問題であると思ひます。

依つて室內と外界とに於ける空氣の狀態を比較して見ますと、室內に於ては外界の惡化する場合は直ちに其の影響を受くるのみならず、人體其の他より發散する熱量及び水蒸氣によつて絕えず不良の狀態に導かれます。建物の周圍にあつては氣象の動搖に從ひますが、概括的に室內と比較して云へば、夏季は午前八時半前後より午後四時前後に到る間は室內よりも高溫に昇りますが、其の他の時にあつては低溫です。而して濕氣は之を絕對濕度に就いて見れば、同一時刻に於ては何れの場所にあつても大差ありません。故に午後四時以後には外氣を能ふ限り迅速に且つ大量に屋內に導いて、室內溫度の下降を計るのを以て得策とします。夜間に至れば外氣の溫度は更に著しく下降することは「氣候」の章に於て示せる如くにて、夏季（六、七、八、九の四箇月）の每日最高平均溫度と每日最低平均溫度との間には次の如き相違があります。

		六月	七月	八月	九月	四箇月の平均
東京	毎日最高平均	二四・五度	二八・一度	二九・八度	二五・九度	二七・一度
	毎日最低平均	一七・〇	二〇・九	二二・一	一八・七	一九・七
	較差	七・五	七・二	七・七	七・二	七・四
大阪	毎日最高平均	二六・二	三〇・三	三二・一	二八・一	二九・二
	毎日最低平均	一八・〇	二二・五	二三・四	一九・六	二〇・九
	較差	八・二	七・八	八・七	八・五	八・三
京都	毎日最高平均	二六・六	三〇・六	三三・二	二八・〇	二九・四
	毎日最低平均	一六・〇	二〇・七	二一・四	一七・六	一八・九
	較差	一〇・六	九・九	一〇・八	一〇・四	一〇・五

故に日沒後より日出迄の夜間に室內の各部を能ふ限り冷却せしめて置けば、日出後に室內が日光の直射の影響を受けて溫度の上昇するのを遲緩ならしむることを得ます。

局部的に之を見れば、建物の周圍に於ては著しく溫度の相違あることは已に述べたる如くです。盛夏の候には、平家建の約一百十平方米の面積の小住宅にあつても、同一時刻に於て攝氏四度以上の相違を其の場所の如何に依つて表します。從つて室內及び外部の狀態如何によつては、外界の空氣は單に午後四時頃より午前八時頃に至る約十六時間のみならず、終日室內に比して好條件にあつて之を利用することが適切である場合も屢〻起ります。故に夏季好狀態にある空氣を自由に室內に取り入れて、能ふ限り氣流を盛ならしむるは頗る有利なることです。

此の目的に對して機械的裝置による換氣法は極めて有效ですが、經濟上より實行の困難なる場合が多く、一般的に行ひ得る方法としては主として風力及び建物の內外溫差を原動力とせる自然換氣法です。此の自然換氣が窓出入口其の他に於ける間隙を通じてのみ行はれるのでは、夏季にあつて甚しく不完全ですから、其の季節に於ては常に窓を開放せねばなりません。併し、夜間の如き開放し得ない場合もありますから、特に換氣孔を設けることが極めて必要であり亦頗る有效です。

其の設備の私案に就いて述べて見ますと次の如くです。建物の周圍に於て最も好條件を具備せる空氣は、一般的に云へば北より東の間に亘る入隅に於ける空氣にして、附近に有毒瓦斯の發生して混入するが如き場合以外には比較的良好の狀態にあるので、之を室內に導く爲めに、北乃至北東に面して地盤と床との間の壁面に能ふ限り高く約一千平方粍の面積の長方形の外氣取入口を穿ちます。此の取入口の面積は大なれば大なる程よい譯ですが。床面の高さ構造の如何其の他意匠上より決定されます。一般の住宅にては床面の高さは三十五乃至六十五粍となして、腰積層に煉瓦或は混凝土を用ひ其の上に土臺を配置しますから、構造上にも外觀上にも何等の妨げなき大さは、土臺下に煉瓦四段（約二十七粍）或は五段（約三十四粍）の高さにて幅は三十乃至四十粍、卽ち大約一千平方粍の孔となる譯です。而して孔の內側には鼠或は蟲類の入るを防ぐ爲めに金網を張ります。

室內への導氣口は床面或は戶棚或は壁の最下部に約七百平方粍の長方形の孔を穿ちます。此の導氣口の大さは意匠其の他の方面より特に甚しく制限せられて、小なることを欲する場合が屢〻ありますが。著しく小さくなす時は其の目的を達せざるは云ふ迄もないことです。前に述べたる外氣取入口が約一千平方粍

第三十五圖　室內への導氣口

甲

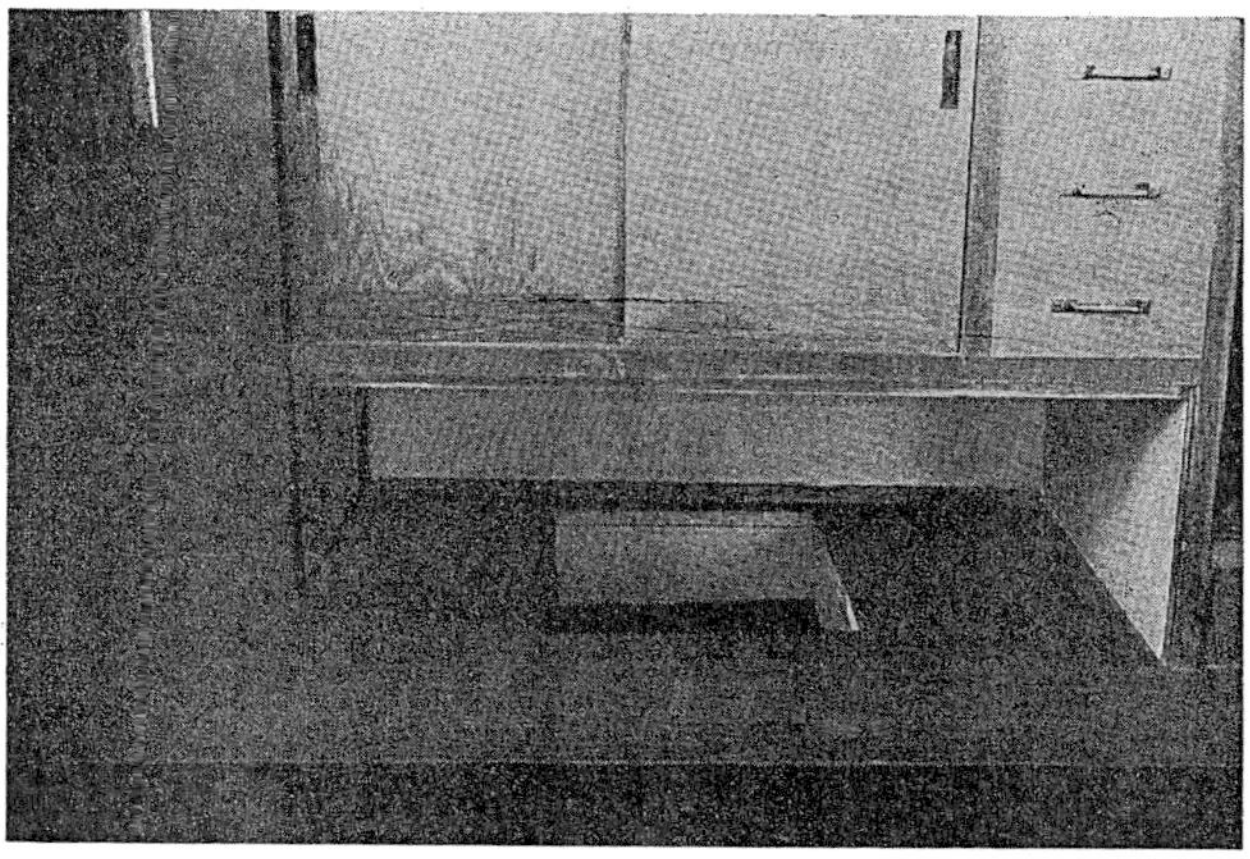

乙

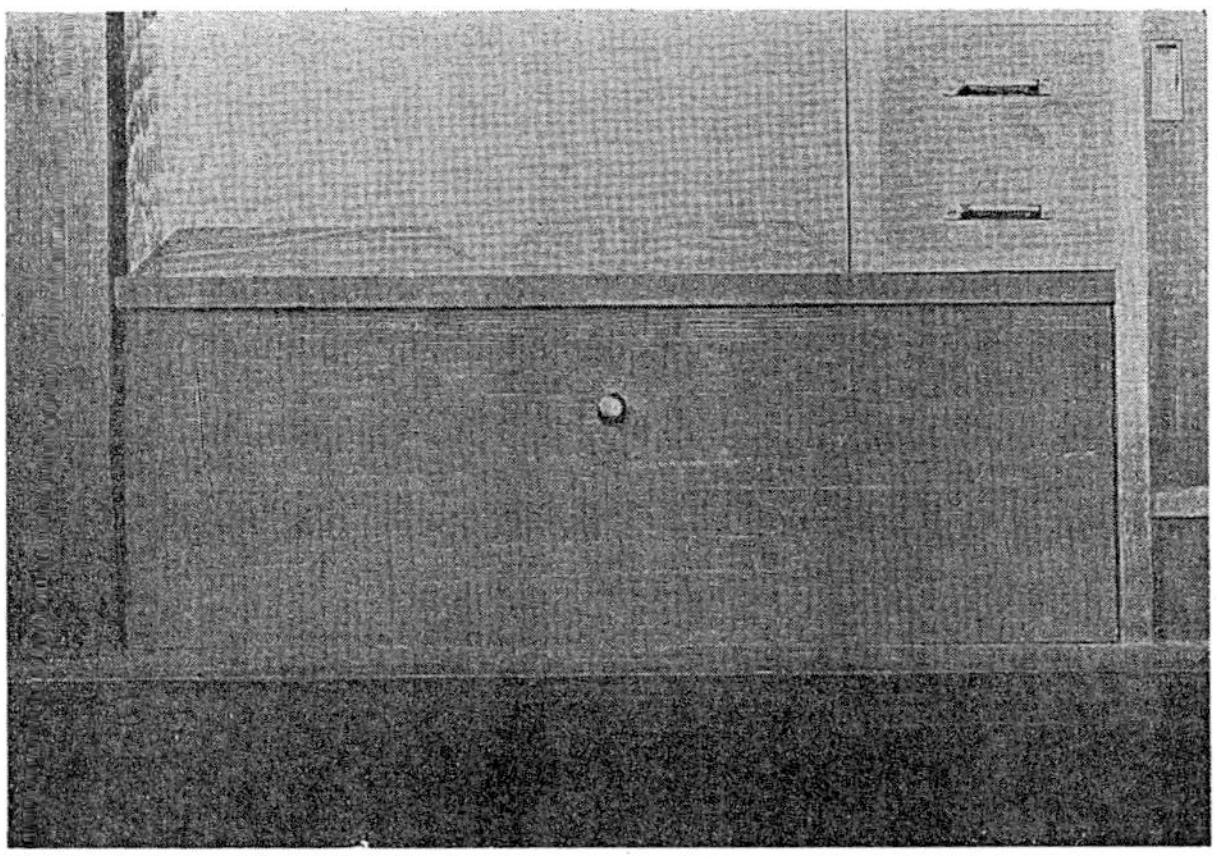

の面積なれば、之は約七百平方糎の面積を以て適當であると思ひます。第三十五圖は其の一例にて、同圖は第四同住宅の居間兼食堂の棚（第二十二圖參照）の下部に設けたる室內への導氣口にして、甲は夏季開放せる場合乙は冬季閉鎖せる場合です。

「設備」の章にて間取に就いて述べたる同一室內にて坐式と腰掛式とを併用なす場合には、前者の床面は後者のそれよりも約三十乃至三十六糎高きを以て、坐式の床下即ち腰掛式の床との境に設くれば便利です。

外氣取入口と室內への導氣口との兩孔の間は、床下を通じて銅板或は木板にて造りたる導氣筒により屈曲なく連結させます。

室內よりの排氣口は外觀上に支障のない廊下の如き場所の天井に設けます。此の排氣口は後述する屋根裏の通氣窓開閉の爲に、屋根と天井との間に人の出入なす場合にも兼用すれば便利です。從つて其の大さは人の出入の爲め及び室內への導氣口を前述の如く約七百平方糎の面積とし、戸障子等に於ける間隙を考慮なせば、約五十糎平方即ち約二千五百平方糎の面積を有するものを適當とします。此の孔は冬季には閉鎖せざるべからざるを以て戸を設くる必要があるので、夏季開放なす面積も之に據つて加減なすことを得ます。

屋外より屋內へ流入する空氣の量は外界に於ける風向風速及び內外溫差其の他によつて相違しますし、排氣の狀態等によつても相違します。併し此の裝置によれば外部の新鮮にして低溫なる空氣は床面附近より室內に流入し、室內に先在して汚損し且つ高溫なる空氣は其の室に於ける窓より流出するか、或は欄間其の他より逃れて室內よりの排氣口に入り屋根裏に達します。（屋根裏の換氣に就いては後に述べます）風速は毎秒約二米以上にして風向は其の室の開放せる窓に面する時、其の窓と相對して前に述べたる室內への導氣口のある場合には、逆に室內よりの排氣口の役目をします。故に之の無き場合に比較して窓より流入する氣流は大なるを感じたこともあります。斯く以上の裝置は反對の役目をなす場合もありますが、要するに換氣の目的に對しては同一にて極めて有效無害です。殊に二階建の場合に導氣筒を押入或は其の他の適當なる箇所に建てゝ、一階と同樣に二階床面或は其の附近に室內への導氣口を開けば、導氣筒の高さは約三米餘となり、且つ已に詳述せる如く二階は一階よりも高溫にして、外氣に比すれば其の相違は甚しきを以て頗る良好の成績を擧げ、導氣口上に紙片を置けば、其の上昇に據つて外氣の著しく流入せるを實驗し得る場合が屢〻あります。若し煽風機を使用し得る家庭にあつては、二階には其の要はないと思ひますが、一階に於ては室內への導氣口に煽風機を裝置して外界空氣の流入を促進せしむれば、單に室內に煽風機を置き、殆ど無換氣の空氣に對流的旋回を與へて、塵埃を混入し黴菌を增殖し次第に甚しき汚損を與ふるに比して、其の効果の著大であるは云ふ迄もなきことです。

單に窓のみによつて通風を計る場合には、それが風向に面するときは開放して外界の空氣を流入せしめ室內の氣流を盛になすことを得ますが、風向に反するとき或は無風のときには極めて不完全です。此の如き場合も屢〻起りますから外氣取入口竝に室內への導氣口を窓と反對の位置に設くれば、先に述べたる如く窓の風向に面する場合に於て有效なるのみならず、窓の風向に面せざる場合に於ても之等の孔が風向に面せば極めて有利です。且つ無風の場合には之等によつて上下にも氣流を起さしめます。對稱の位置にある窓と窓或は窓と出入口との間に、水平に氣流を起さしむるには風力を必要としますが、高溫の空氣は上昇し易く多濕の空氣も亦上昇し易く呼氣の如きは一乃至三パーセント輕きを以て、之を利用すれば室內への導氣口と室內よりの排氣口との間には常に氣流が起ります。上下に氣流を起さしむる爲めには、室內に於ける最も低き壁面即ち床面より上部に高さ二十糎以下の人の出入するを得ざる大さの通風窓を設くれば、之れより流入する空氣は頗る快感を感ぜしめますが、外觀上設くることを得ざる場合もあり、又市街地の住宅の如きに於ては之を設くるも街路上の人々によつて室內を覗はるゝの虞があるので、晝夜共常に窓は開放して置くことを得ざる場合も起ります。又室內と屋外とを此の如き通風窓の開放によつて直接相通せしむるのは夜間に不安の感がないこともありません。又晝間にあつても、其の室に接する外部よりも遠き他の部分に於ける比較的好狀態にある空氣を導くのを以て更に有利とします。故に上述せる如き私案に據るのが最も得策であると思ひます。

夜間に於ては何れの住宅にても日沒後直ちに窓を閉づることを得ないで、或は屋外に或は椽側に出て凉味を求め、其の間に屋內全部を開放して家屋の冷却するのを待つて後、初めて雨戶等を閉ぢて寢に就くのが習慣です。而して深更に於ける換氣に對しては、和風住宅にては外觀上にも使用上にも支障なき箇所の窓には格子を取附けて之を開放しますが、其の格子を取付くるも差支なき室は臺所浴室便所等にて、居住の主要部分たる居間寢室食堂等にあつては之を取付くることは稀にして、室の外側に椽側を設くれば僅に其の上部に欄間を設け之に格子を取附けて開放することもありますが、其の他は防盜の爲めに雨戶を用ひるので、晝間に比すれば甚しく外界との氣流を遮斷して睡眠中の換氣は頗る不完全になります。洋風住宅にては歐米の住宅を模するを以て、夏季の我國住宅としては換氣は一層不完全にして、甚しく不良の狀態に陷ります。

日本の住宅に於て、換氣に關して最も重大なる問題は夏季の高溫多濕なる時に、障子も閉ぢ雨戶も閉ぢたる場合にあります。而して此の如き場合に於ける換氣量の最大限度となる大體の標準はフルッゲー氏によれば、攝氏約十五度の空氣が每秒十糎の速さにて動く時に、皮膚の敏感なる部分にては賊風として感ぜられます。然るに、我國の夏季（六、七、八、九の四箇月間）に於ける每日最低平均氣溫は前に述べたる如く攝氏約二十度內外なるを以て、此の期間に於て換氣量の最大限度に達するの憂は極めて少なく、夏季に於ける日本の住宅は常に氣流の增大を欲する場合のみを以て滿されて居ります。卽ち我國住宅の衞生設備上に於ける深憂は夏季夜間に於ける換氣です。室の內外は遮斷されて換氣は著しく阻害せらるゝのみならず、若し蚊帳の類を使用する時は一層高溫に上り易く、睡眠中は室內の空氣が不良の狀態に陷るも、窓其の他を開放して一時的換氣を行ふことは出來ません。故に之に對して適當なる設備を施さねばなりませんが、上述の方法は間斷なき空氣の汚損を囘復して吾々に快感を與ふる良換氣法として、敢て推奬するを憚らないものです。

四

以上夏季に於ける室內と外界との空氣の狀態を比較して之に對應すべき設備を詳述しましたが、今茲に屋內に於て最も甚しき懸隔を生ずる屋根裏と床下とに就いて其の對應策を述べます。

夏季に屋根裏の空氣は著しく不良の狀態に化することは前々項にて詳しく述べました。此の屋根裏の高溫となるのを防ぐことに就いては從來全く忘却されて居りましたが、之は住宅設計上極めて重大なる問題です。洋風住宅にあつては屋根の形を比較的急勾配となして、其の屋根裏を寢室其の他に利用したるものがあります。斯る場合にあつては、屋根面に於ける高熱が室內に傳達するを防ぐ爲めに、特殊の裝置を必要とします。然らざれば晝間には使用することを得ないのみならず、夜間に寢室として使用する場合にあつても其の窓を開放して一時的換氣を行ひ、室內が充分冷却するのを待つた後でないと使用することは出來ません。

現今の和風住宅に於て用ひらるゝ屋根の形は寄棟造切妻造及び歐米諸國にては見ることを得ない入母屋造にして、葺上は多く瓦を使用しますから、其の勾配は百分の四十乃至百分の五十五とします。卽ち比較的緩い勾配で屋根裏の氣積は小さく、多くの場合に天井より上部は密閉して、屋根裏內の通氣に關しては全く無關心ですが、夏季には此の部分の通風を完全にして能ふ限り低溫ならしむる事が重大問題です。二階に於ては一階よりも高溫に昇り且つ夜間容易に冷却せざる主なる原因は、二階の屋根裏、一階の天井內、二階無き部分の一階の屋根裏、卽ち上下及び側面の一部が高溫の狀態に陷り換氣の不完全なるを以て、夜間に至るも容易に冷却せず比較的長時間高溫を持續するにあるのです。

之が改善の方法としては之等に通風窓を設け、夏季には常に開放して能ふ限り自然換氣を盛ならしむるにあります。此の目的に對して最も簡單に構造上容易に且つ有效に設くることを得る屋根は切妻造の場合にして、建物の兩端の切妻下の壁面に對稱に窓を設けます。降雨の際烈しき風速の伴ふ場合に、此の開放せる窓より雨水の侵入するを防ぐには、第三十六圖乙の如き横斷面の格子を嵌め、其の内側に小蟲及び鼠等の入るを防ぐ爲めに金網を張りたるものを使用します。(第三十六圖及び後に掲ぐる第四回住宅外觀參照)

私の經驗にては、此の裝置により窓前の風速毎秒十八米以上の風雨には未だ遭遇しませんが、それ以下の場合には完全に雨水の侵入を防ぐことを得ます。我國にては盛夏の候に烈風颶風は尠なく、暴風雨に於ける風向は多くの場合に各地に於て夫々一定して居りますから、之によつて通風窓の位置を定むれば更に簡單に雨水の侵入を防ぐことを得ます。

切妻造は構造上地震等に對して其の切妻面が不安なるが如き感もありますが、住宅其の他小建築物にあつては之を憂ふるの要はありません。構造は簡單にて、屋根面軒樋等も複雜になりませんから、屋根裏に通風窓を設けて其の換氣を盛になすの必要があり、且つ降水量多く漏水の恐ある我國にては切妻造が住宅建築に於ては最も適當なるものです。入母屋造に於ても同一の裝置を行ふことを得ますが、寄棟造にては特に屋根面を破つて通風窓を設けねばなりません。簡單なる方法としては、棰間の面戸に其の建物の兩側に對稱に面戸板を用ひずして、金網を張つて通氣孔を設けます。併し、此の方法にては軒下に水平に細長き孔の造らるゝを以て雨水の侵入することはありませんが、換氣を盛ならしむる風力の利用少なく、上層の高溫なる空氣の流出困難にして極めて不完全たるを免れません。

斯く通風窓を設くれば屋根裏は比較的自由に通風をなし得、且つ前項中に述べたる如く室内よりの排氣口を屋根裏に連結すれば、之を通じて來る空氣も亦通風窓より外界に逃れて室内氣流は盛になります。

第三十六圖　切妻に於ける通風窓

甲　縦断圖

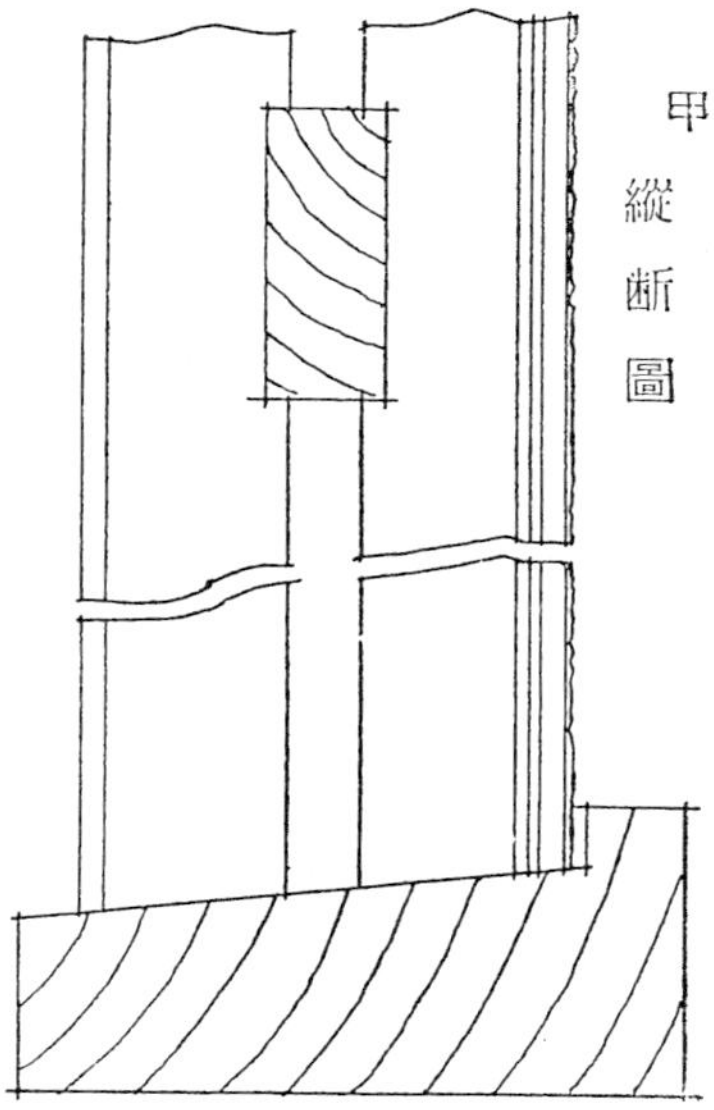

縮尺二分之一

乙　羽板二重

丙　羽板一重

横断圖

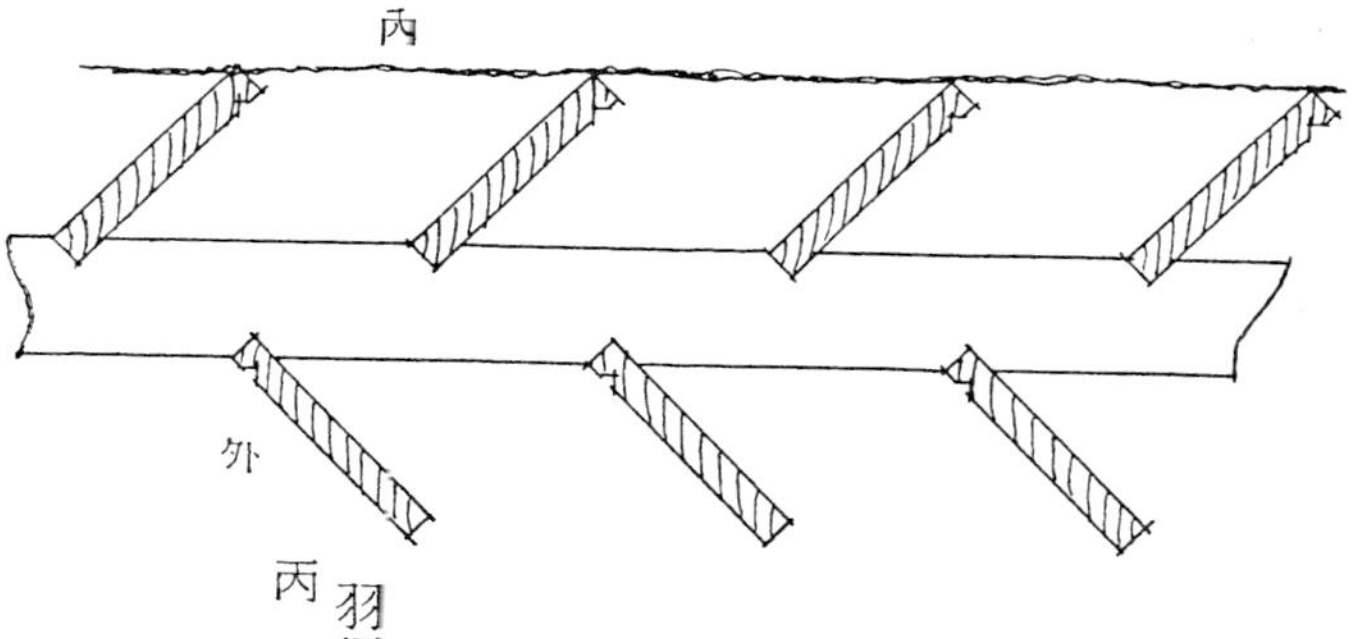

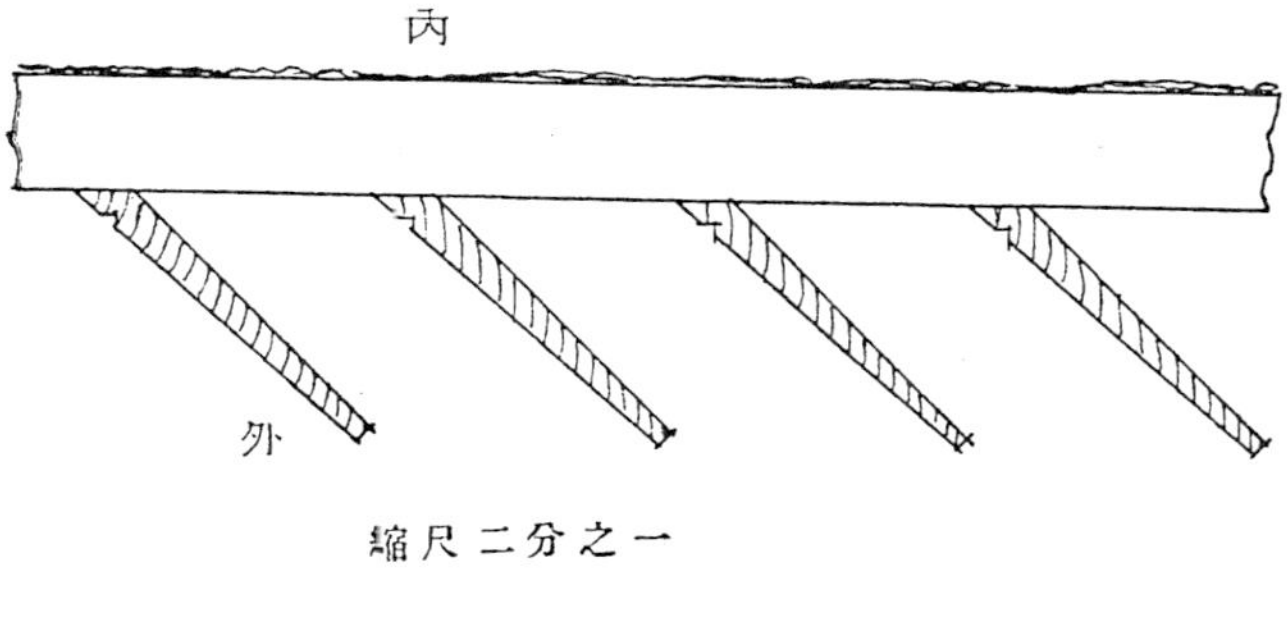

縮尺二分之一

鐵筋混凝土造の如き住宅に於ても、單に陸屋根となせば日光の直射の影響を受けて室内に高熱を傳達しますから、其の陸屋根を天井となし之に室内よりの排氣口を設け、其の上部全體に銅板葺の如き輕きものにて軒の出深き屋根を別に設けて、其の切妻面を開放して屋根裏の通風を盛になせば、屋根面より室内への高熱の傳達を防ぎ得るのみならず、壁面に日光の直射するを防ぎ得且つ漏水の恐も無くすることを得て、屋内の換氣に關して良好の成績を擧ぐることが出來ます。此の場合に室内よりの排氣口には、開閉の容易にして火災の際には完全に内外を遮斷し得る扉を設けて置かねばならないことは云ふ迄もありません。鐵筋混凝土造の如き建物にては窓出入口に鐵製の開き障子を使用する場合が多々ありますが、それ等を閉づれば「設備」の章にても述べたる如く木造の場合に比し、屋内は一層緊密に外界と區劃されますから、換氣は頗る憂慮すべき狀態に陷ります。之を防止するには上述の裝置は極めて重要なるものにして、之を閑却することは出來ません。

冬季に於て日光の直射により屋根裏の高溫となるは反つて有利ですから、此の場合には通風窓を密閉して屋根裏に換氣を起さしめないようにします。卽ち屋根裏の通風窓は年二回のみ開閉しますから、先に述べたる室内よりの排氣口を出入口となして此の開閉に赴き得る如く設計して置けば便利です。又鐵筋混凝土造の場合には天井を上述の如くなせば完全なる故、通風窓は常に開放して天井に設くる室内よりの排氣口の開閉のみにて調節を計ることも適當です。

斯くして屋内に於ける高溫の箇所は著しく低溫とせしむることを得ますが、濕度の調節は頗る難事です。而して濕度も亦吾々に對して多大の影響を與へ、溫度に比すれば絕對的のもので、夏季の多濕に對する經濟的適應策は未だ案出されません。吸濕放濕の容易なる材料を室內の表面に使用して多少の調節は爲し得ますが、外界の多濕なる時には、屋內或は其の周圍に於て多濕なる場所が存在すれば之を除去することに努め且つ其の場所を能ふ限り縮小せしむることが、先づ第一に採るべき方法です。而して室內に接して最も多濕なる場所は先に述べたる如く床下ですから、其の濕氣るのを防ぐ爲めには、壁に雨の吹きつけられて流下し床下に侵入するのを防ぎ、或は地盤の降雨によつて濕潤となるのを防がねばなりません。之等に對しては軒の出を深くなし且つ地盤の排水を完全に爲すことが必要ですが、更に床下の通風を盛にしてよく乾燥せしむるの設備をなすことが極めて重要であると思ひます。

此の目的に對して現今の一般住宅の床下の設備は已に述べたる如く土臺柱等に濕氣の傳はるのを防ぎ且つ防鼠其の他の爲めに、土臺下端迄は煉瓦造或は鐵筋混凝土造として、其の腰積層に大約一千平方糎の面積の通風口を壁面に沿ひて約五乃至十米の間隔に設けます。之によつて床下の通風は一見盛なるが如く感ぜられますが、實際に於ては之を以て足れりと爲す譯には行きません。換氣は極めて不充分にて、其の結果常に多濕です。木造の建物にては床下が最も腐蝕の甚しいことは「氣候」の章にて述べたる如く河村博士も詳論された所で、衞生設備上よりのみならず構造上より考察するも床下の通風は尙一層完全にせねばならないので、是又頗る重大問題です。

通風口を此の如く設けても、何故に換氣は不完全であるかに就いて說いて見ますと、前々項にて述べたる如く地面に於ける風速は屋上に較ぶれば著しく減少されて、床下の通風口附近が毎秒二米以上の風速に面する場合は稀です。之が爲めに風力を原動力となして換氣を行ひ得ない場合の方が多い譯ですが、今假りに風速大にして之を原動力となしても、其の換氣の狀態は風向に面する通風口とそれに相對する位置に在る通風口との間には氣流が起らないで、僅かに流入したる通風口と其の最短距離にある通風口との間に起るのみで、其の效果は極めて微弱です。

例へば第三十七圖（第三囘住宅）に於て、（a）が風向に面して（b）は其の附近に小さい建物があつて之に妨げられて風向に面しない場合、（a）より（b）（c）（d）（e）（f）間の距離は同圖中の表の關係にありますから、（a）より流入したる氣流は（a）（b）の間にのみ起つて、（a）（d）其の他の間には起りません。同樣に（c）が風向に面したる場合には氣流は、（c）（b）間或は（c）（d）間に起つて、其の一直線上に相對する（c）（e）間其の他の間には起りません。卽ち風力を原動力となしたる場合に於ても、氣流は建物の一方の側より他方の側に床下全體を通じて起る場合は稀にして、僅かに局部的に起るのを常態とします。

床下の換氣は床下の高さと夫々の通風口間の距離とに重大なる關係があつて、先に述べたる如き床下の高さにて通風口を設け水平に氣流を起さしめんとなすも、極めて不完全ですが、若し垂直に氣流を起さしむるの裝置を施せば比較的容易に完全に換氣を行ひ得ます。冬季床下に流入したる冷氣が床面の間隙を通じ室內に上昇して、通風口より外部に流出せざるは常に經驗する所です。故に通風筒を垂直に比較的他の目的に對し支障を生ぜしめざる箇所に建てゝ、床下と屋根裏との間を連結すれば、床下の空氣は其の筒を通じ容易に上昇し得て、換氣は比較的容易に行はれます。而して床下の空氣は其の溫度比較的夏季に低く冬季に高く、一日中に於ける變化も殆どなく其の高低の差は普通僅かに攝氏三度以內ですから、夏季は屋根裏の高熱となるを緩和し、冬季は急激に冷却するを防遏なす助けとなります。

其の數及び位置に就きては室內の裝飾上其の他の理由によつて制限せられて、濫に設くることは出來ませんが、押入內に設くれば比較的他の目的に對して支障を起さず構造其の他も容易です。其の適當なる大さは高さ及び床下の氣積床下に流入する空氣の量等によつて相違し、一般的に之を示すことは困難ですが、可及的大なるを可とします。併し銅板鐵板或は木板にて之を造り押入の一隅を利用する場合には、二十糎平方乃至二十五糎平方卽ち四百乃至六百二十五平方糎の斷面積なれば適當と思ひます。換氣を增進せしむるには面積を大に爲すことは有效ですが、其の箇數を增加せば、床下全般の換氣を增進せしむるに一層有利です。

夏季に於ける屋根裏の空氣は高溫にして輕く、床下の空氣は低溫にして重きを以て、床下の通風口に風力の加はる場合以外に於ては此の通氣筒は其の目的を達し難きが如く感ぜられますが、屋根裏の空氣は前述の如く常に通氣窓より流出して、床下の空氣は吸引せられ完全に其の作用を發揮します。

冬季にあつては比較的多濕なるも差支なく、且つ室內に於て煖房を行ひ床板を通じて濕氣の侵入するを許す場合には、屋根裏の通氣窓を全く閉ぢ、屋根裏も床下も從來の住宅に於ける如き狀態に置けば、室の上下に在つて室を挾める空氣の二層は通風筒を通じて時に循環することを得るを以て、嚴寒の候に屋根裏の冷却する場合には下層の高溫の空氣は屋根裏に上昇して、室內の空氣が急激なる變化を來すのを幾分緩和します。

通風筒は單に屋根裏までに止めず更に延長し屋上に露出して差支なき場合は、其の尖端に吸揚器を附し地上に於けるよりも强き風力を利用せば、床下の換氣を盛に爲すことを得ます。

第三十七圖　第三回住宅床下通風口の配置圖

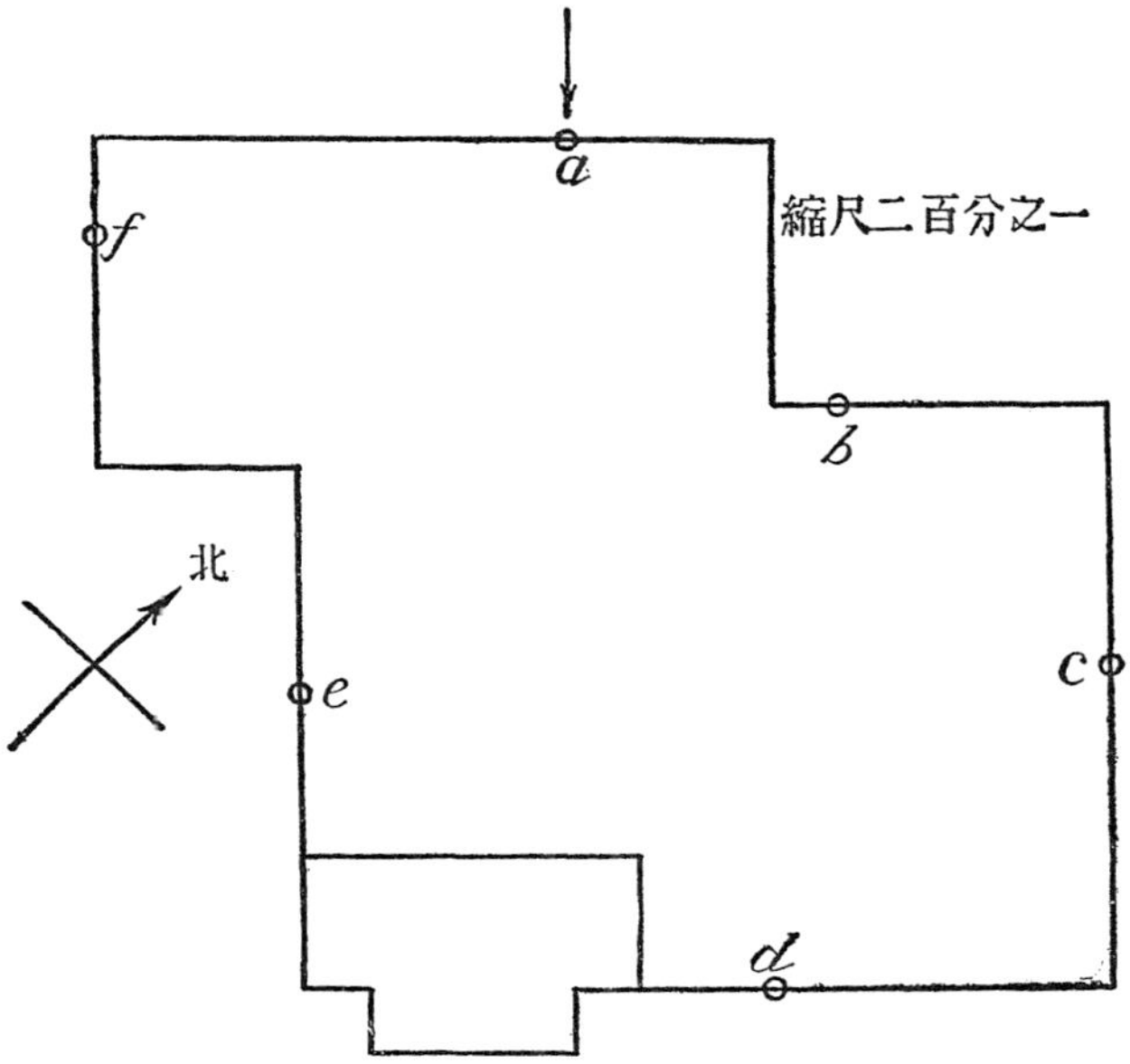

a, b, c, d, e, f は 床下通風窓の位置、　各通風窓の大サは約 34糎×21糎

床下の高さ	0.75米	床下の高さを１とこ各距離との比
a b 間の距離	5.66米	7.55
a c 間の距離	11.32米	15.10
a d 間の距離	13.40米	17.87
a e 間の距離	9.39米	12.52
a f 間の距離	7.10米	9.47

五

已に述べたる前章の設備及び本章の夏の設備等に從つて計畫意匠せる第三回住宅及び第四回住宅の外觀を示せば次の圖の如くです。（第十五圖第三回住宅平面圖第十六圖第四回住宅平面圖參照）

夏季に能ふ限り室內を標準氣候の狀態に近づかしむること及び不良の狀態にある時間を能ふ限り短縮せしむることに努むる爲めに、

一、建物の周圍に於て比較的良好なる狀態にある空氣を常に室內に流入せしむる事、

二、室內の汚損せる空氣は天井に設けたる室內よりの排氣口を通じて屋根裏に排出せしめて、屋根裏の通風窓より屋外に流出せしむる事、

三、屋根裏の高熱となるを防ぐ爲め、通風の容易に行ひ得る窓を之に設けて換氣に努むる事、

四、床下の多濕を防ぐ爲めに通風を盛に爲し、且つ其の比較的低溫なる空氣を利用して屋根裏を冷却せしむる事、

を詳述しましたが、之等は日本の住宅に於ける頗る重要なる夏の設備として特に注意すべきことです。

之等の諸設備の有無如何を第四回住宅に就いて比較實驗したる結果がありますから、今茲に其の一、二を擧げて之等の有無によつて甚しい相違のあることを示して、斯かる設備の極めて有效なることを示せば次の如くです。

第四回住宅の間取は第十六圖に示しましたが尚外部の腰積層に於ける空氣取入口、室內への導氣口、室內よりの排氣口、屋根裏の通風窓、床下と屋根裏との間の通氣筒及び床下の通風窓等の配置に就いては第四十六圖の如くです。

其の他の大要は前に掲載せる第四回住宅の諸圖を參照せば明白になりますが、尚多少說明を附け加へれば、

木造平家建、建坪百十一平方米。地盤より床面（腰掛式の）まで五十糎（平均）。

床より天井まで、應接間二米二十糎、居間及び書齋二米七十糎、寢室二米三十九糎。腰掛式床面と坐式床面との高低三十一糎。

構　造

一、床下　基礎は混凝土、腰積は柱下煉瓦一枚積其の他は半枚積。仕上　內部は煉瓦積の儘にして外部はモルタル塗。

二、床　米松厚さ二糎幅十三・三糎、本實矧張。

三、壁　壁體は柱の外側に貫を缺ぎ込みて、之に木舞を搔きて壁土を塗りたる「設備」の章にて詳述せし私案の土壁。仕上　內部は中塗に半紙ベタ貼及び受貼をなして、其の上に元祿紙或は佛國製の壁紙を上貼として用ひ、外部は漆喰塗にて腰積層より上部一米の間は板張。

四、屋根　勾配は百分の三十として、「設備」の章にて述べたる如き防水層上に鐵網混凝土にて仕上げ軒のみは杮葺。

設　備

一、窓　外側に硝子障子內側に紙障子を用ふ。

二、戶　舊來の襖に於ける棧及び框を大になしたる如き紙貼の戶を使用して、開戶を能ふ限り廢して引違戶となす。

第三十八圖　第三回住宅外觀　東より

第三十九圖　第三回住宅外觀　南より

第四十圖　第三回住宅外觀　南西より

第四十一圖　第三回住宅外觀　北より

第四十二圖　第四回住宅及び其の周圍

第四十三圖　第四回住宅外觀　南より

第四十四圖　第四回住宅外觀　北西より

第四十五圖　第四回住宅外觀　北より

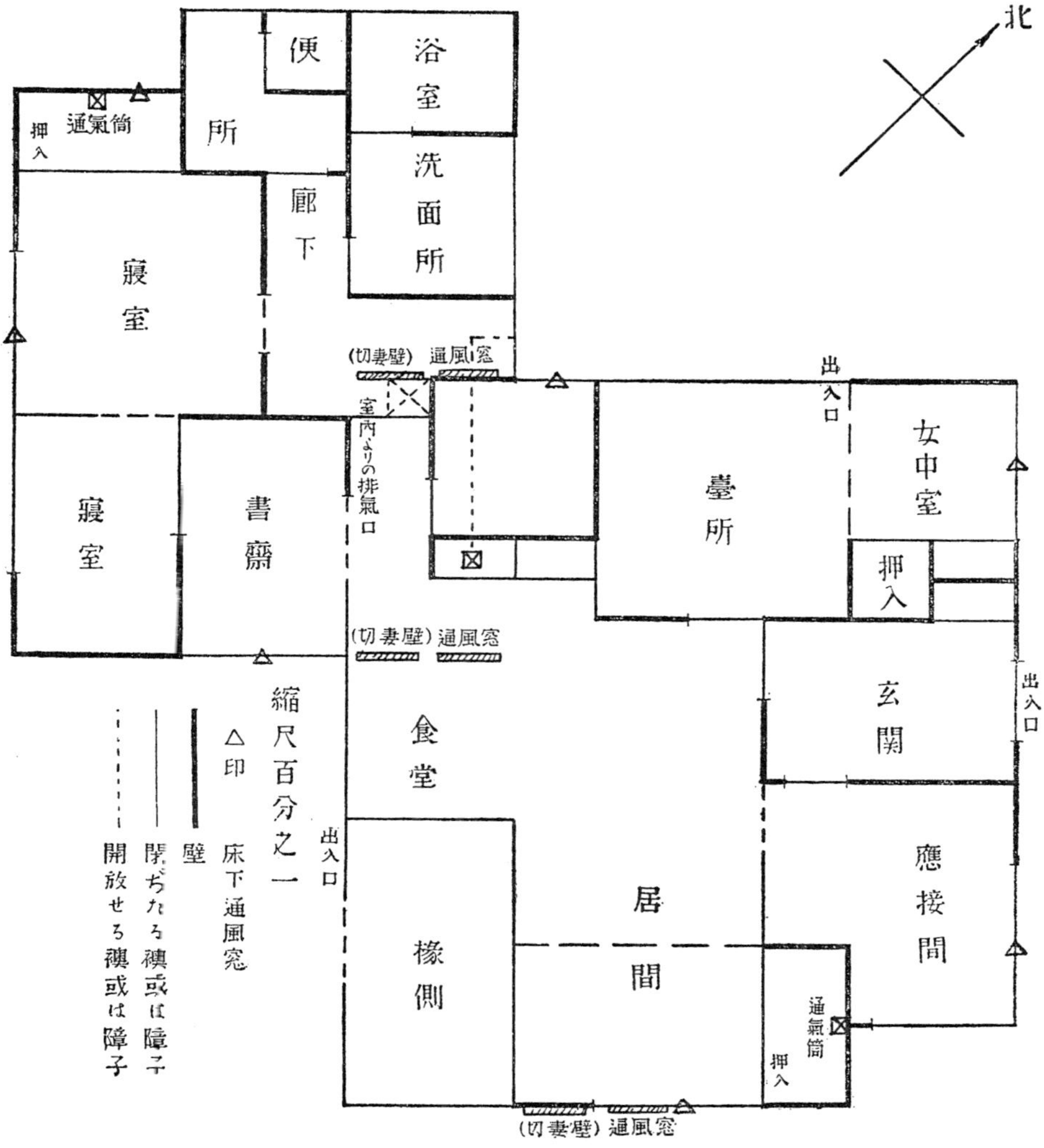

第四十六圖　第四回住宅に於ける夏の設備配置圖

三、室内の氣積

居間兼食堂　六五立方米八二
應接間　一七〃〇八
書齋兼寢室　二八〃八二
寢室　二〇〃七九
以上四室續計　一三二〃五一
床下　五一〃八一
屋根裏　七〇〃七〇

四、屋根裏の通風窓面積

居間上の　九二二三平方糎四
同　通氣面積　四六一一〃七
書齋上の　九四六七〃七
同　通氣面積　四七三三〃九
納戸上の　一二〇五六〃四
同　通氣面積　六〇二八〃二

五、導氣筒(空氣取入口と室内への導氣口との間の)斷面積　四〇〇平方糎

六、室内よりの排氣口(天井に設くる)面積　三一六一五平方糎二五

七、通氣筒(床下と屋根裏との間の)斷面積

居間押入内　四四二平方糎一六
寢室押入内　四三三〃九〇

八、屋根仕上面の面積　　但し壁の外表面より内部に相當せる部分のみにして軒、切妻等は除きたるもの　一二〇平方米七〇

九、床下通風面積

一箇所　　三四四平方糎八七

同　通氣面積　　二三一　〃　〇五

計　七箇所　　二四一四　〃　〇八

同　通氣面積　　一六一七　〃　三五

一〇、外壁の面積但し外表面に於て

室内に屬する部分　　八九平方米六七

床下に屬する部分　　二三　〃　六四

屋根裏に屬する部分　　二三　〃　〇七

夏季にあつては各室の窓は晝間に開放し夜間に閉ぢますから、先に述べたる諸設備の有無を之等の窓を開放せる場合と閉ぢたる場合とに就いて比較實驗した結果を述ぶべき筈ですが、前者は問題が複雜ですから省略して簡單明瞭なる後者に就いて述べます。

實驗は大正十三年七月八月に於ける晴天にして比較的風の弱き日を選んで行ひましたが、外界は常に動搖なし全く同一條件にある日はありません。從つて諸設備を爲したる場合と爲なざる場合とを正確に比較することは出來ませんが大體に於て外界の諸條件の似たる日はあつて、其の一例は七月二十九日と同月三十一日とにして次の第十八表及び溫度の變化を表せる第四十七圖に示す如く、建物の周圍の外氣の溫度は殆ど同一の變化をなし、風向も風速も大體似て居りますから、本實驗に對しては兩日に於ける建物の周圍

第十八表

	外氣溫度（攝氏の度）		風向		風速（米/每秒）	
	三十一日	二十九日	三十一日	二十九日	三十一日	二十九日
A.M.6	23.80	23.00		東北東	0.16	0.49
7	25.00	24.30	東北東	同	0.34	1.27
8	26.80	26.30	東	東南東	0.65	1.31
9	28.15	28.25	南東	同	0.83	1.14
10	29.45	30.40	南	南東	1.28	1.48
11	31.60	32.20	南西	南南西	2.08	1.77
12	33.15	33.00	同	南西	2.21	1.87
P.M.1	34.15	34.55	同	同	2.34	1.91
2	34.30	34.20	同	同	2.11	1.80
3	33.75	34.10	同	同	2.17	1.60
4	33.10	33.40	同	同	1.60	1.48
5	31.90	31.90	西南西	西南西	1.42	1.68
6	30.95	29.95	同	同	0.96	1.41
7	29.15	29.10	同	同	1.89	1.61
8	27.30	27.20	同	同	1.43	0.80
9	27.00	26.80	西北西	南西	1.23	1.07
10	26.80	26.75	北北西	同		

は同一條件にあると認めても、甚しい誤謬は起らないと思ひます。

而して三十一日には室內への導氣口、室內よりの排氣口、屋根裏の通風窓、床下と屋根裏との間の通氣筒を設けたる場合にして、二十九日には之等の設備を設けざる場合です。

其の兩日にあつて屋內に於ける各所の溫度を毎時測定したるものを圖示しますと、三十一日は第四十八圖、二十九日は第四十九圖の如くにて、之に據つて各室內屋根裏床下に於ける溫度の變化は知られ、且つそれ等の間の關係及び外氣溫に對する關係が明瞭になります。又兩圖を比較對照すれば、先に述べたる設備の有無によつて屋內に起る溫度の變化に著しき差異のあることが一目瞭然です。

之を簡單になして數字を以て說明せば次の如くです。

	午前六時より午後十時に至る十六時間の平均溫度（攝氏の度）		
	外氣 度	食堂（各室の中央の位置）度	屋根裏 度
諸設備を有する場合の七月三十一日	二九・七九	二九・六	三一・六
諸設備の無き場合の七月二十九日	二九・七四	三〇・四	三四・四
七月三十一日	・〇五高溫	〇・八低溫	二・八低溫

尙次の第五十圖は外氣が常に一定なりと假定して兩日の屋根裏と食堂とに於ける各所の溫度の變化を比較せる圖、卽ち毎時に於ける外氣と屋内との溫差を圖示せるものです。之に據つて外氣に比し屋内空氣の低溫なる時間の兩日に於ける長短其の他が明白です。

以上は外氣の殆ど同一條件にある兩日に就いて比較なせるも、連續せる七月二十五日より同月三十一日に至る間に於ける諸設備を有する場合の三日と無き場合の三日とを測定比較せるものは次の如くです。

諸設備を有する場合	午前六時より午後十時に至る十六時間中に外氣に比して上昇する溫度の最高		午前六時より午後十時に至る十六時間中に外氣に比して下降する溫度の最低		食堂の外氣より低溫の時間數
	食堂	屋根裏	食堂	屋根裏	
七月二十五日	三・一〇	五・一〇	二・七五	〇・六五	一〇
二十六日	三・四〇	五・三〇	三・五〇	一・一〇	八
三十一日	三・〇〇	四・七〇	三・三五	〇・六〇	九
以上の平均	三・一七	五・〇三	三・二〇	〇・七八	九

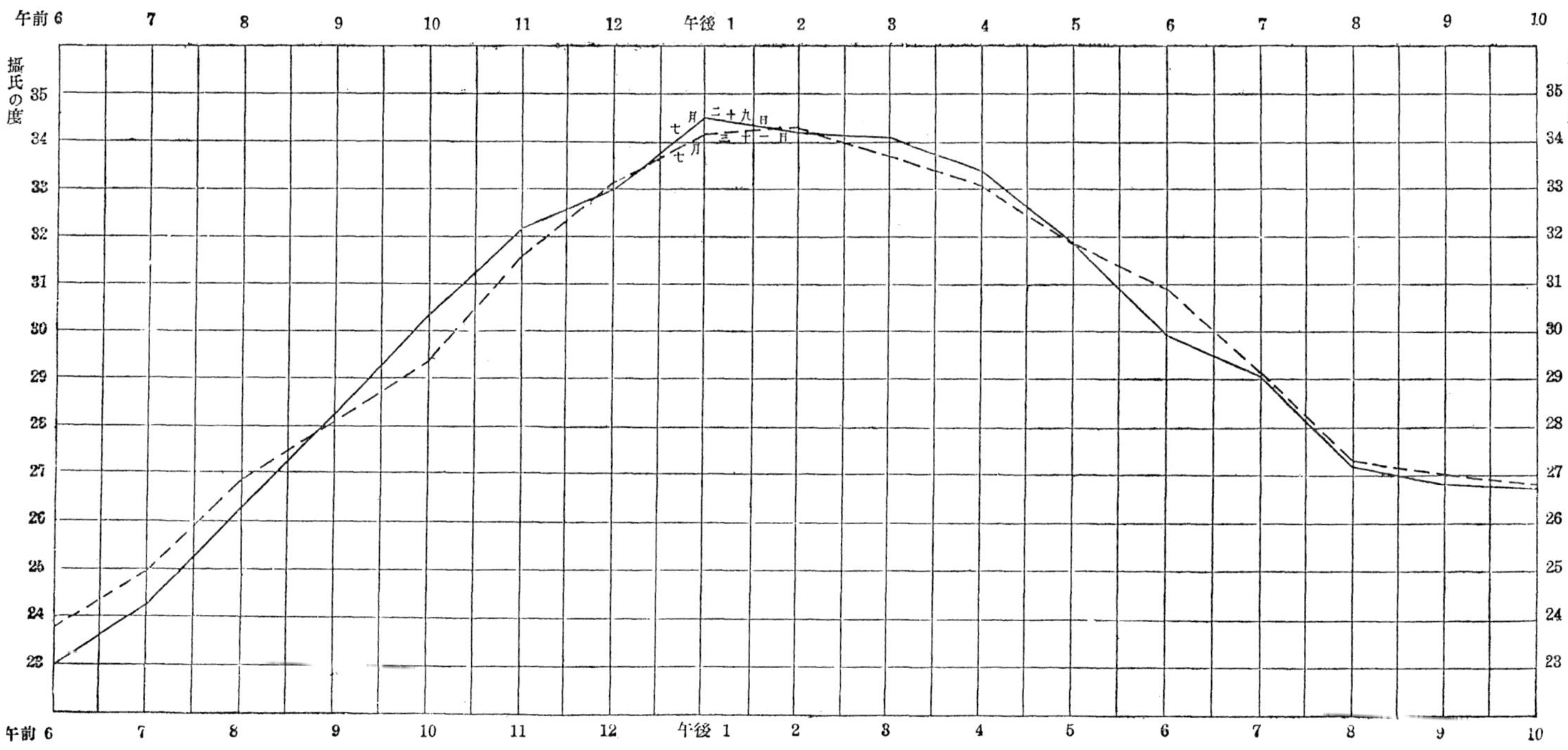

第四十七圖　大正十三年七月二十九日三十一日に於ける山崎の外氣溫の昇降圖

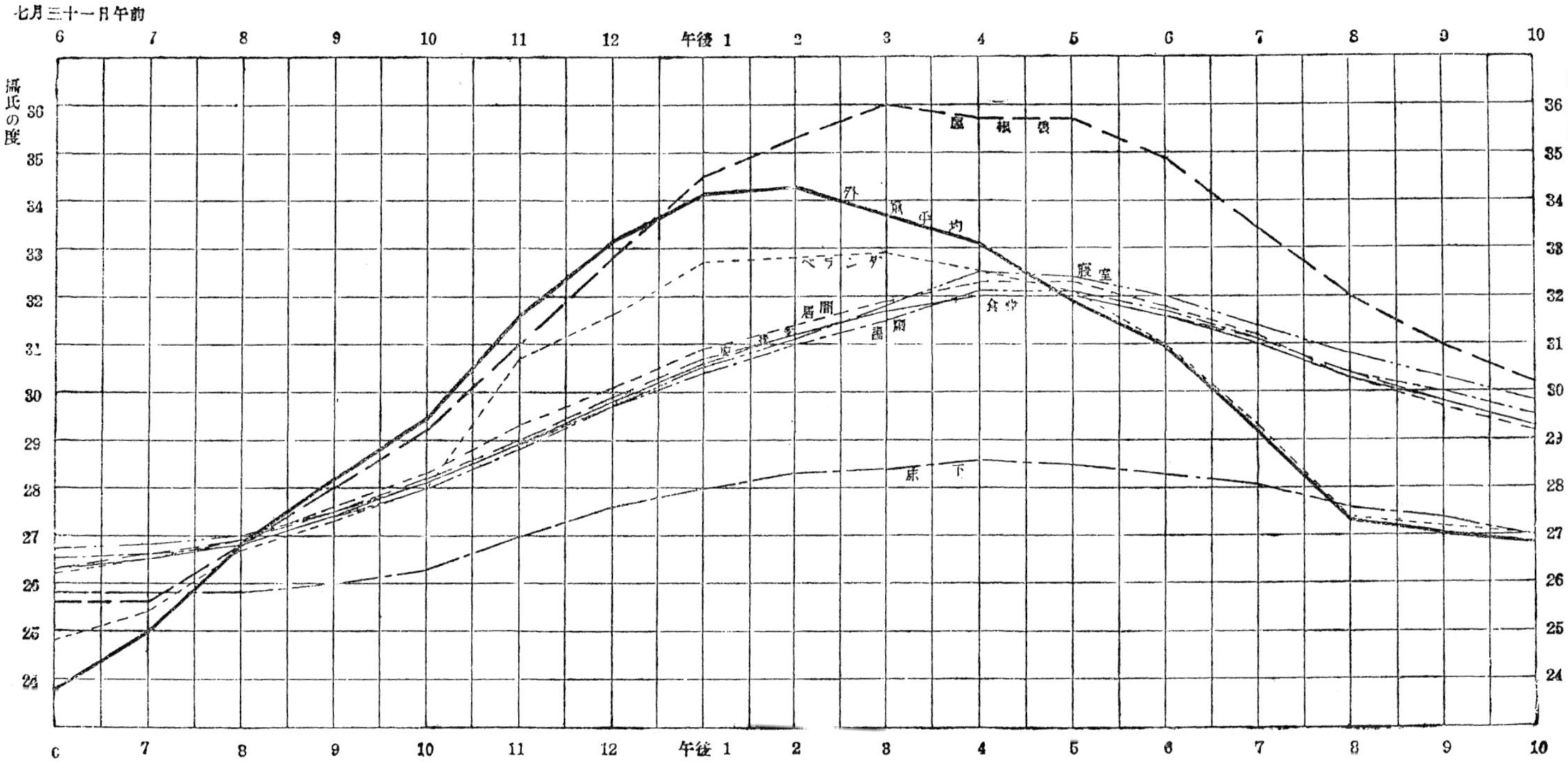

第四十八圖　第四回住宅內の溫度昇降圖（三十一日）

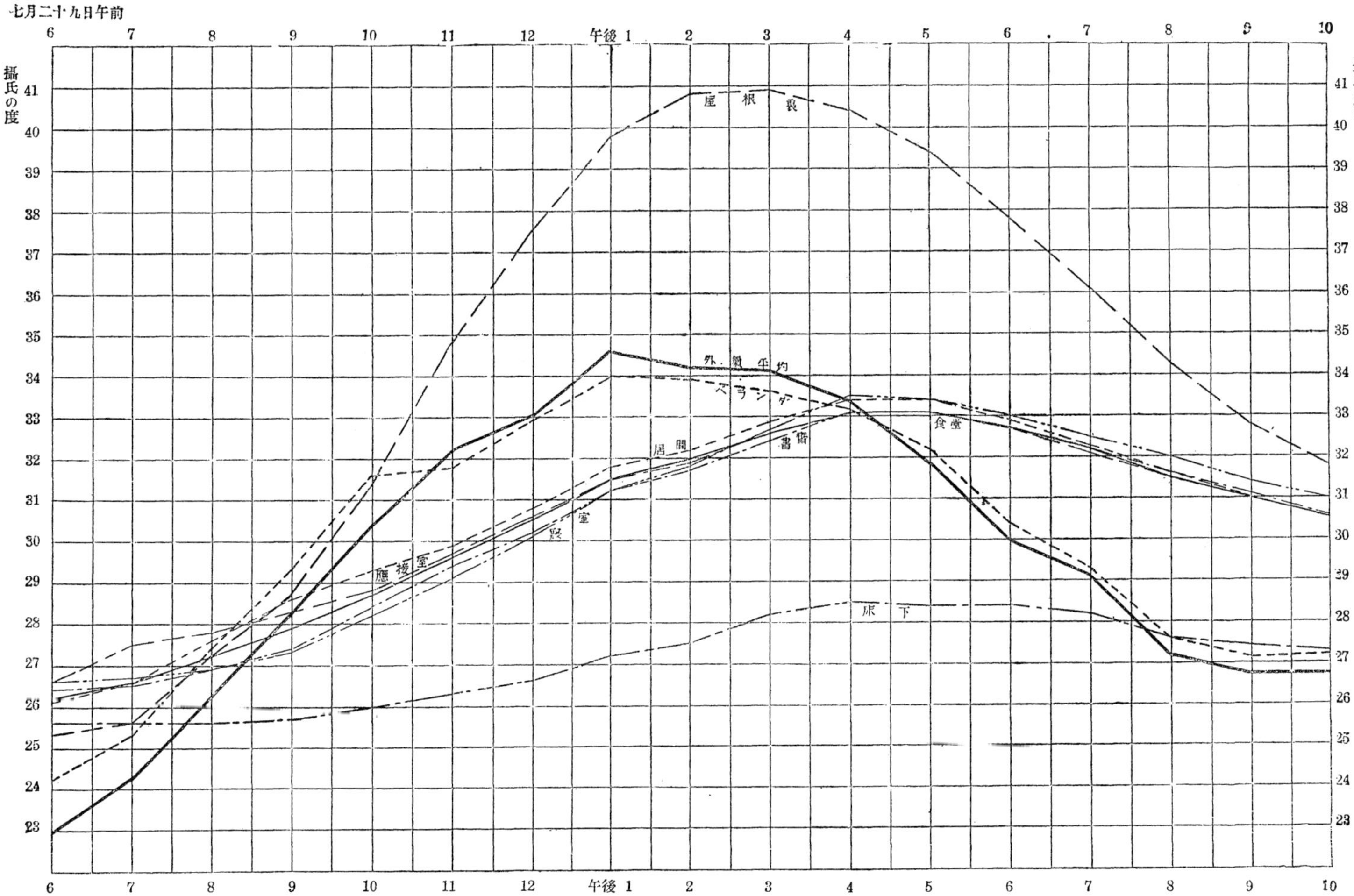

第四十九圖　第四回住宅内の温度昇降圖（二十九日）

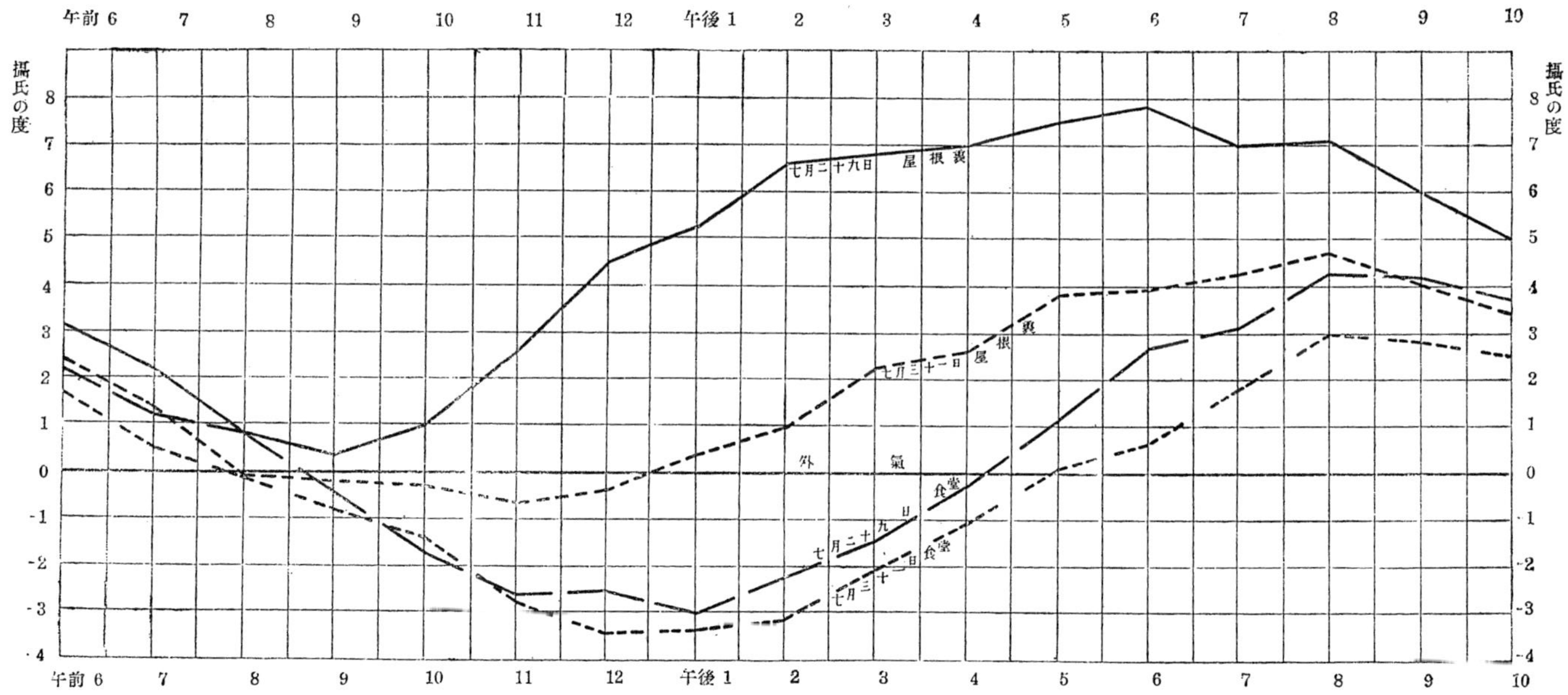

第五十圖 夏の諸設備の有無を第四回住宅内と外氣との温度に就いての比較

諸設備の無き場合

七月二十八日	八・六〇	一四・七五	三・七〇	三・七〇	九
二十九日	四・三〇	七・八五	三・〇五	三・〇五	八
三十日	四・八〇	七・一五	三・〇五	三・〇五	八
以上の平均	五・九〇	九・九二	三・二七	三・二七	八・五

以上は溫度によりて先に述べたる諸設備の效果如何を示したるものですが、之を氣流によつて示せば更に其の效果の程度は明瞭になります。併し屋內氣流の測定は極めて困難なる故、之を各室に於ける每時の溫差の大小によつて間接に示せば、其の大要は第五十一圖の如くです。

此の圖は每時に應接間、居間、食堂、書齋、寢室に於ける溫度中の最高と最低との較差の三日間平均を示したるものにて、諸設備の無き場合は每時の較差の最大は午前九時に〇・九度であり、每時の較差を平均なせば〇・六二度にて各室の間には此の如き溫差を生ずるも、諸設備を有する場合には屋內に於ける氣流は盛なるを以て、每時の較差の最大は〇・五七度每時の較差の平均は〇・四三度にして溫差は比較的小となります。卽ち諸設備を有するは此の點より考察するも亦好結果を擧ぐることが知られます。

以上の各室に於ける溫度の測定は何れも床面より同一の高さ一米に於ての場合、卽ち同一水平面上の溫度如何に就き論じたるものなるも、垂直の位置によつて比較なすも同樣の結果を示します。例へば食堂の床面より〇・一米、一米、二米と高さのみ異なれる同一場所にて、其の溫度の相違を測定せば、諸設備の無き上下に氣流の緩慢なる場合には位置の高低によつて每時溫度の相違を比較的著しく示します。

濕度より見るも、諸設備の無き場合には室內屋根裏床下の何れの箇所に於ける濕度も殆ど動搖なく昇降なすは注目すべき現象にして、之は換氣の極めて徐々に行はるゝことを示せるに非ざるかと思ひます。(本章に於ける諸種の實驗成績の詳細は京都帝國大學衛生學教室內日本豫防醫學會發行の國民衛生第四卷第二號第三號第四號第七號に掲載して居ります。)

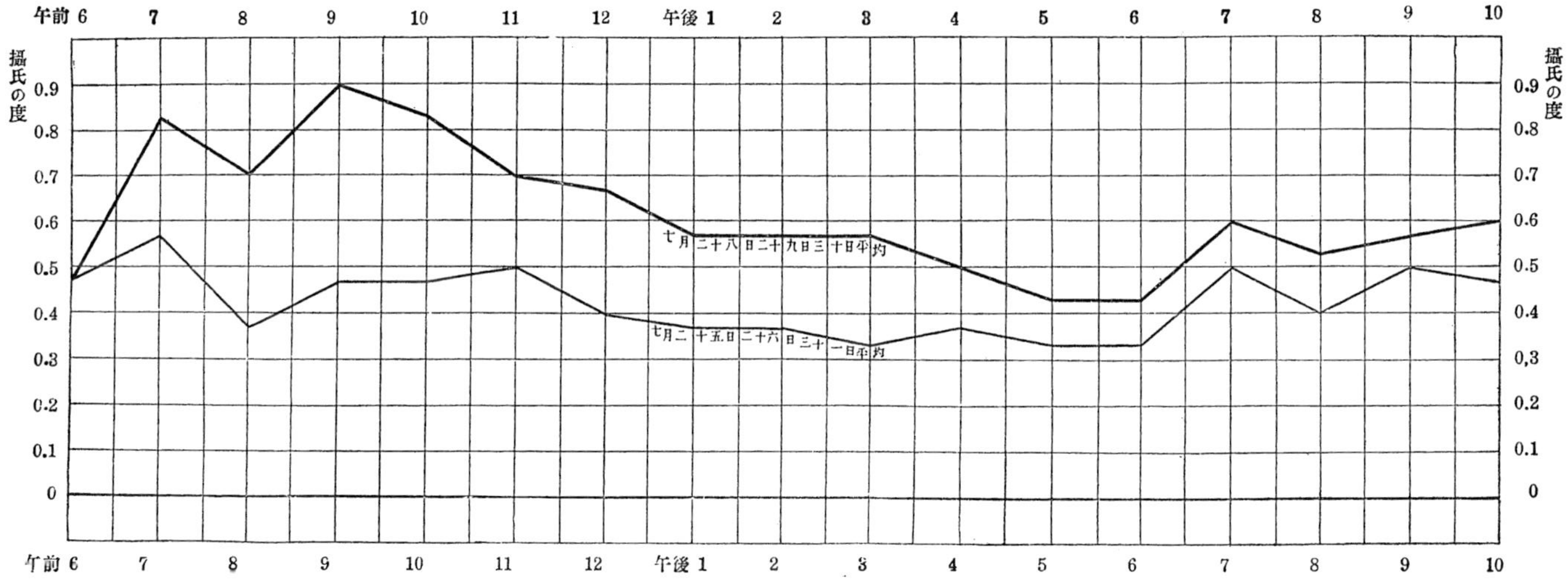

第五十一圖　夏の諸設備の有無を第四回住宅内の各所に於ける温度に就いての比較

趣味

一

住宅は單に構造が堅牢にして震火風雨及び腐朽等に對して安全であり、且つ生存に必要なる衛生的の諸種の條件を完全に滿したるのみにては不充分であることは云ふ迄もありません。之等の條件を滿すと同時に精神上にも慰安を與へ、各人の性情に適應したる愉快なものであることが必要です。約言すれば氣持ちよく住み得る家でなければならないので、住宅としては是を閑却することは絶對に出來ません。他種の多くの建築物は其の基準を物質上に置くので、建築に就いて起る諸種の問題は比較的簡單で、容易に解決することを得ますが、住宅にあつては必要條件が複雜にして、それ等は頗る微妙な關係にあるので、細心の注意を拂はねばなりません。今の世は物質文明が偏重せられて實利とか能率とかの高調せらるゝ時代ですから、科學の進歩に應じて直ちにそれを適當に利用することの必要であるのみならず、ゆつとりとした落付のある高雅な氣分に浸ることの出來得る趣味の深い住宅を造ることが極めて肝要です。已に述べた諸種の問題が解決されて、尚其上に此の條件が滿されなければ理想的な住宅であると云ふことは出來ません。

然るに我國の住宅は先に「和風住宅と洋風住宅」の章にて述べたる如く、構造設備に就いてのみならず其の趣味に於ても二つに別れ、和風洋風の何れを採るべきかに就いて迷つてをります。一住宅内に洋風と和風との兩樣式を明瞭に區別して造る場合の多くは二樣の趣味を混和せしめずして樂しまむが爲でなく、洋風の部分は社交の爲の飾り物にして、自己の實際上の生活には關係の薄い不眞面なるものゝやうに思はれます。之は單に生活の繁雜を增せるのみの醜態にて、玆に趣味の上から論ずる迄もありませんが、近時一住宅を全く洋風化なしたるものが建築され、それ等の中には極めて低級なる趣味の住宅もあります。昔平賀源内は長崎に來る支那人が常に日本人の詩を冷笑するのを憤慨して、杜子美の詩集から態々韻字の如何はしいのを選出し、之を支那人に見せて「成程日本人の詩だけあつて韻字の用法が穩かでない」と罵倒するのを逆襲して大いに溜飮を下げたと云ふことですが、洋風住宅を造るにしてもこれ位の氣槪があればよいと思ひますが、現今は西洋の建築趣味の中でも下手な「いろは」の手本を學んだ如き、一寸も面白味のない不愉快なる住宅の多いことは洵に遺憾です。

此の如く建築上に西洋趣味を模して俗惡なるものに陷り易き所以は、現今の人々の趣味を求むる範圍が建築に限らず總てに於て、極めて廣きも淺薄であることから起るのではないかと思ひます。舊來の我國事物に對してのみならず、歐米諸國に於ける諸種の方面に迄も趣味を求め、實に驚くべき程廣汎に亘つて居りますが、昔の人々に比すれば極めて淺薄にて、餘技が專門の域に達せる人は甚だ稀です。昔日は建築に就いても深き趣味を有する人々多く、中には自分自身にて樂しむで住宅を建てる人もあつて、其の設計は素人としてゞなく玄人の造つたものとして見るも實に敬服すべきものがありました。然るに近時は廣い趣味を以て好んで洋の東西に亘つて建築を談ずる人の住宅に於て、極めて貧弱なる建築趣味を見出すことも屢ゝあります。又樂しんで自ら設計して建てる和風或は洋風住宅に、其の何れの趣味を標準として見るも敬意を拂ふに値するものは殆ど見出すことが出來ません。住宅に於て室内の飾り付けをなす場合に、建物それ自身の意匠に調和せしむることに努むる程の理解ある居住者は稀です。

昔日は趣味を求むるに自己を中心として精神上に慰安を得て滿足して居りましたが、現今は社交を標準となす場合もあれば實利的の打算を加へる場合もあります。娘の時代には音樂、挿花、茶道其の他種々の方面に一時に趣味を解せんとして、結婚後は之等總てを放擲して顧みないでも、何人も怪しまない時代です。一般の人々が各種の方面に廣く趣味を求め過ぎて淺薄に陷り易い弊があるので、建築上にも之が表れ、西洋趣味を求むれば其の俗惡なるものゝみ流行して向上せず、日本趣味に於て勝れたる多くの美點があつても之を見出すことが出來ないのではないかと思ひます。若し我國にあつて深き建築趣味を求めて止まざれば、洗練されたる西洋趣味にも次第に大なる不滿を感じ、日本趣味に於て勝れたる多くの美點を見出すことを得るであらうと思ひます。

二

建築は職業と爲せば、他の職業と同樣に種々の不快なる問題が屢〻起ります。之は吾々建築家の常に經驗する所ですが、昔より。書畫、骨董、挿花、茶道等に趣味を求めて遂にはこれ等に不滿を感じ最後に赴くものは建築であると云はれ、趣味として建築を見る場合には實に深き樂みのあるものであると云はれますから、今の世にも建築を樂しみ趣味の豐かなる住宅を造つて、高雅なる氣分に浸る人々の多く輩出せむことを切に希望します。外國にては建築を解する人が多く、優秀なる建築家によつて成れる家は後の世までも賞せられ高價に賣買されますが、之は當然のことにして、繪畫にても彫刻にても作者によりて其の作品に甚しき相違のある如く、建築に於ても設計者の技量は勿論、個性に從つて其の造らるゝ建物には特徴が明かに表れます。從つて深い趣味があれば之を識別して鑑賞することが出來る筈で、我國に於ても昔日は之に類似の實例がありましたが、現代は建築に對して此の如き理解を以つて鑑賞する人は殆ど無いでせう。之は頗る遺憾とする所ですが、一般の人には意匠の相違せる建築物の識別すら容易に行はれません。

一例を擧げて見ますと、嘗て第五十二圖甲として掲載せる鐵筋混凝土造の建物が落成したる時に、之を賞讃しての批評として屢〻聞きたるは、法隆寺の夢殿を模倣して造りたる洵によい建物であるとの事でした。併し設計せる本人の參考となせるは僅かに露盤の部分のみにして、之を聞いて初めて木造の夢殿の圖（第五十二圖乙）を取出し玆に掲げたる如く比較して、學生時代に見學したる實物をも思ひ起しました。此の如き事實に建築家は常に遭遇しますが、之等の二圖を竝べて比較すれば、相違の點は誰にでも明瞭ではないかと思ひます。斯く建築に對する鑑識眼は極めて貧弱ですから、多くの人は模倣を賢明なる方法となすのではないかと思ひます。

而して我國の現狀は歐米の先進諸國の事物の讃美が常に行はれ、批評の餘地を與へません。內容の同一なる論文も、和文にて書かれたるものに比すれば、外國文によれるものが遙かに權威ある如く解せられる狀態ですから、模倣住宅を造る場合には好んで洋風に從ひます。東京及び京阪神地方に於ては、諸外國の風を濫に模倣したる各種の住宅が造らるゝので、識者はその非を說いても、多くの人々は之に耳を傾けま

第五十二圖　大覺寺心經殿(上)と法隆寺夢殿(下)

せん。東京の小石川區駕籠町一帶（大和村）の住宅は總て近年建築されて各種の樣式が見らるゝので、住宅設計の依賴を受けたる建築家が依賴者の欲する所を簡單に且つ明瞭に知らむとするには、こゝに依賴者と共に散歩なすのを最も賢明なる方法であると云はれます。

腰掛式の家が新築さるれば多少建築に注意する人は必ず何式ですかと吾々建築家に質問します。少しく其の事に就いて明るい人は英吉利風であるとか獨逸風であるとか西班牙風であるとか云つて、それ等の國々に於ける住宅と類似のものとなして賞讃します。如何なる趣味の住宅にても腰掛式の生活を爲し得るものは洋館なる詞を以て表し、其の建物が我國に於て昔より常に造らるゝ樣式にて、勾配ののろき軒の出の深き窓面積の多きものであつても、之にはバンガロー式と云ふ名を付けます。斯く部類分けして、外國の何れかの地の住宅を模したるものとせねば得心しません。建てたる人も亦西洋の趣味を模したことを得意として居りますから、其の模倣であることを非難するものがあれば、反つて冷笑されます。寫生派の繪を描く畫家が南畫を揮毫する依賴を受けることはないでせうが、建築家は或は英吉利趣味の家を或は伊太利趣味の家を設計することを望まるゝ場合に常に遭遇します。

模倣は趣味の上から見て洵に不愉快なるものにて、例へば、南畫に頗る造詣の深く其の畫論批評等には傾聽すべきものゝ多い田能村竹田は描くに清人の畫を模し、之に努めたので清人江稼圃は其の模倣することの巧なるを賞した程ですが、畫を描くに南畫の手法に據り俳句に漢語を多く用ひても、自己の眞髓は沒却しなかつた與謝蕪村に對する如き敬慕の念は起りません。從つて竹田の作品は蕪村の如く偉大でもなければ、浦上玉堂の遺した作品程の感興も起しません。我國の三名陶工の一人と云はるゝ青木木米の作品に於ても自己を忘れた模寫が極めて多く、尾形乾山の如き面白味はなく頗る不滿を感じ、反つて餘技であつた畫に於て共鳴す可き點が多いように思はれます。建築に於ても偉大なる個性の表現せる建築物は極めて氣持良く崇高の念にうたれ、之より受くる印象は實に深いものです。斯かることは蕪村の如き非凡の名手に對しては望み得ることですが、變屈なる個性の發露は模倣以上に不快です。曾我蕭白は圓山應擧の畫風を罵倒しましたが、偏狹なる個性は其の作品に表れて應擧以上に不快なる感を與へます。故に凡人には古くより發達せる樣式の模倣を寛容するのみならず、推奬せねばならない場合の屢ゝ生ずるのも亦止むを得ないことゝ思ひます。

併し、現今盛に模倣せる西洋趣味は果して吾々に適合するものでせうか。外國の住宅を參考となす場合には、氣候風土を對象として衛生上の諸種の點に就いて深き考慮を必要とし、無條件にて模すべからざることは已に詳述しましたが、趣味に於ても一致の點を見出すことは極めて困難ではないかと思ひます。美の極致は洋の東西を問はず一致なすとしても、趣味は同じ土地の人々の間に於ても多少の相違があり、國々によつては甚しい相違が起ります。恰も、吾々の生存に必要なるカロリーは何れの人々に對しても老若男女に從つて殆ど一致して居りますが、食物の滋味にはそれに含まるゝ成分が大體一樣の場合にても甚しい相違があつて、人々は各其の好む所に從つて選びますから、嗜好は人によつて相違があり土地によつて甚しい差異が生じます。寒氣の烈しい地に住む人々は脂肪質の多き濃厚なるものを喜び、酷暑の地に住む人々は淡泊なるものを歡迎します。

吾々は日光靈廟を見て濃厚に過ぎたと思ひますが、外國の建築家は極めて簡素に出來て居ると評したこともあると聞きますが、歐米の人々には比較的其の趣味に適せる如くに見受けられます。此の如き强烈なる刺戟を要求する濃厚の西洋趣味と淸楚にして淡泊なる日本趣味との間には著しき懸隔あるを以て、之を混和せしむることは困難にして何れか其の一つを採らねばならないと思ひます。

三

住宅に於て能ふ限り刺戟の少なき閑雅なることを欲する場合には、日本趣味を選ぶのが最も適當ですから、其の特長を擧げて推奬したいと思ひますが、今假りに日本の住宅にて洋風趣味を好んでも、之が其の環境に合致し極めて氣持よき場合は稀にして、洋風住宅は形に於ても色彩に於ても我國の庭園にて賞せらるゝ赤松楓其の他に對して巧みに調和せしむることは甚だ困難です。變化に富める地勢にて風景絶佳の我國に於ては、記念塔の如き建築物には周圍を征服し毅然として立つことが必要である場合もありますが、住宅は自然に同化して之に包容され、周圍に反抗せざるものでなければなりません。從つて、屋根は空に聳えずして勾配を緩かに、二階建の場合にても一階を大に二階を小になし極めて安定せる形を持てるものを可とします。

郊外に洋風住宅を造り、其の樣式が農家と全く相違せるを以て異彩を放つて居ると得意に語る人もありますが、住宅は神社、佛閣或は官衙等とは異なり、甍は高く聳え壁は白く輝きて威嚴や權勢を示すよりは、親味を感せしむることが極めて好ましき事にして、他の建築物に同化し樹木其の他に對して傲倨の趣なく謙讓の風を示せば洵に氣持よく感ぜられます。從つて周圍より同情を受くる如きものでなければなりませんから、其の色彩は强烈でなく、周圍の綠に對して屋根の赤の如き對照的の調和を計るよりは、建物には綠と類似の色を使用して同色の調和を求めねばなりません。

又古き日本趣味の名建築物、例へば古社寺の如きが其の傍に在る場合には、特に之等との調和を顧みる必要が起ります。軒を竝べて密集なす建築物は自己の不安を除くのみならず、他の人々に對しても危害の及ぶことを恐れて、不燃質の材料を以て堅牢に造らねばならないのと同樣に、自己の趣味を滿すと同時に環境との調和を破らないことに留意せねばなりません。是は建物自らが環境に對して當然負ふ可き義務であり、同時に己を美化する爲めの必然の經路です。故に住宅に就いて考究する場合には單にそれ自身の内容に對してのみならず、それを包容する自然に對しても深き注意を必要とします。

人の自然に對する感興は、輝く海に遊んで潑剌たる水泳を試みる如き意氣の汪なる時よりも、若草の萠え出づるを見て冬枯れを思ひ、秋風身に染みて夕暮の淋しさを知る圓熟せる時に於て、遙かに鋭く働きます。靑年時代に洋風に心醉したる人々が次第に和風に還るのも壺中の消息を物語るのではないかと思ひます。

私は洋風趣味を絕對的に排斥するのではありません。其の趣味の生まれたる所にては洵に適合して高尙なるものを多く見出すことが出來ます。例へば、英吉利の住宅建築に於ては、煖爐が室内の中心になつて居ります。其の地に於ける冬は「氣候」の章の第七表に明かなる如く、晝短く夜長く寒嚴しく霧深く、極めて陰欝にて戸外に悦樂の境地を見出すことは出來ません。此の不愉快なる長き期間を過す爲に、室内に

第五十三圖　英吉利の住宅

第五十四圖　伊太利の住宅

て火を焚き燃ゆる焔を見つゝ茶を喫つて談ずるのは誠に當を得たる方法です。從つて第五十三圖甲に示す如く、煖爐を中心となす室內裝飾に特長があつて、澁い高雅なる趣味を表すのみならず、其の煙突は建物の外觀に表はれて、第五十三圖乙に示すの如く、地勢の變化少なき平凡なる英吉利の地に極めて面白い形を示して居ります。伊太利にては夏の暑に苦しみますが、比較的少濕なるを以つて我國の如く通風に重きを置くことを要しませんから、住宅の間取は日光の直射を避けたる中庭を中心として、第五十四圖の如く中央に噴水等を設け各室は之に面し、明い高尙な建築趣味を持つて居ります。

私もそれ等の地に住めば、其の環境にはぐゝまれたる趣味を求めて享樂するでせうが、之等を其の儘我國に移すことは極めて不自然に陷り易く、室咲きの花を賞で溫床にて作つた野菜を味ふのと同一の感があると思ひます。洋畫を外國に學び我國に歸ると次第に拙になる人が多いと云はれますが、之は勝れたる作品を見る機會の無きことも原因の一でせうが、環境の相違が甚しい影響を與へるのではないかと思ひます。又油繪をかく人々の內に版畫や舊來の繪をも揮毫する人のあるのは、物質上の問題からではなく舊來の趣味が萠すからだと思ひます。英吉利の水彩畫は其の地に親んで初めて理解することが出來ます。殊にタアナー氏の作品は英吉利で見てこそ始めて深い感興が起ります。近來佛蘭西其の他の國々の繪畫を我國にて多く見ることが出來得るようになりましたが、直接それ等の國々に於て觀る時に受くる程深い印象を與へないのは、名品の少なきことが一大原因ですが、環境と一致しないことも亦見逃す事の出來ない一大原因だと思ひます。

四

外國に於ける吾々に適合した優秀なる趣味を採つて、數千年間に涵養され來つた貴重なる我國獨特の趣味の向上に努めるのは、正しく吾々の採るべき當然の道ですが、之を全く捨てゝ西洋趣味に一變するのは驚くべき無謀にて、趣味に於ける吾國の文化は左程迄も野蠻なるものではありません。小さい家に生立つた人が一朝幸運を得て自己の住宅を建てる場合には、僅かに長さ二米に足りない體を入るゝに、豪奢で厖大なる所謂成金風のものに非ざれば滿足しませんが、それと同樣に和風の趣味に馴れたる人は洋風の趣味を珍重する傾向にあります。之は單に一時的の動搖であつて、建築上の日本趣味は何れの國のそれに比するも遜色なく、極めて吾々に適合したる高雅なもので、其の妙味は津々として盡きません。

故に玆に住宅建築に於ける日本趣味の特長は何處にあるかを述べて見ますと、其の主なるものは次の三です。

一、和風住宅の構材としては木材を主として使用しますが、其の組立て方に於ては極めて巧妙にして、木材の特長を巧に表現します。其の他土にても紙にても使用する何れの材料も、材料其のものゝ美點は極端に發揮され、表面を仕上ぐるにペンキ其の他塗料によつて飾ることを殆どしないで、極めて淸楚なるものです。室内には石、硝子、タイルの如き冷硬の感を與ふるものは建築材料として多く使用しないのみならず、木材も堅木は比較的少なきを以て溫柔の感深く情緒に富んで居ります。外觀も輕妙にて石造煉瓦造の如き重々しき感を與へませんから、之に依つて畏怖の念は起らず頗る親味を感じます。且つ使用する材料は、鐵筋混凝土造に於ける如く比較的人工の多く加はれるものが少ないだけ自然に對してよく調和します。

二、室内の空間は垂直に周圍の壁戸等によつて、水平に上部の天井及び下部の床によつて、四角四面に仕切られたる場合には少しも面白味がありません。故に西洋建築には天井と壁との二面が交はる所には複雜なる曲面を挾み、或は天井壁の一部か全部かを曲つた面として變化を求めます。日本建築にあつては複雜なる曲面を殆ど用ひず、總てが直線のみですから、單調を破る爲めには平面にて區劃したる種々の凸凹を設けます。此の手法は西洋建築にあつても用ひられ、煖爐を壁面より突出なして設け或は出窓の類を設くる如き、之等に據つて室内に變化を與へますが、我國に於ては特に發達なし、茶室建築に於ける天井の高低傾斜及び釣壁袖壁等の如き頗る見るべきものがあります。一般に用ひらるゝ手法としては室内の中心を平面にて區劃なしたる床の間に置き、床脇には違棚地袋附書院等を設けます。卽ち多くの小なる凸凹を有する空間が造られて、種々の面白き變化と多くの餘裕とを與へます。

諸種の美術品を樂しむ場合に洋室の如く床の間等のなき室に於ては、單に周圍の壁或は棚臺等の上にて鑑賞しますが、床の間床脇を設けて場合に應じ種々の美術品を適當に取合せて配置し、同時に鑑賞することは極めて複雜にして微妙なる關係にあるだけ趣味の深いものです。單に繪畫に就いて見るも、懸物に仕立たるものは勿論額風に仕立たる舊來の繪にても油繪にても普通の壁面にかけるよりは、床の間の如き室の一部を別に區劃して横も上も壁にて圍まれ、他の部分より少しく奥まりたる場所に配置せば遙かに面白き効果を擧げます。

三、和風住宅に於ける室内の光線は洋風住宅のそれに比すれば、著しく軟かきを以て頗る快感を與へます。之に就いては次に詳しく述べたいと思ひますが、洗練せられたる日本趣味として聲を大になして誇るものであると信じます。

之等の三點は歐米諸國の何れの住宅建築に於ても全く見出すことを得ざる甚しく懸け離れたるものですから、都市に於ける如き密集せる住宅は舊來の木造建築となすことを得ざるを以て、耐震耐火上に勝れたる新しき構材に據らねばならない場合に、或は舊來の坐式生活を繼續することを得ざるを以て、少なくとも一部を腰掛式生活に換へねばならない場合に、其の住宅の構造或は機械的設備を歐米の先進諸國に學べば、趣味の點に於ても舊來のものは全く捨てゝ西洋趣味に移らねばならないものと誤解せる人もありますが、之は洵に遺憾なることにして、鐵筋混凝土の住宅にても腰掛式生活の住宅にても、日本趣味は採用し得るものにて長く存續せしめ其の美點を享有したいと思ひます。故に之に對する私案の二三を示せば次の諸圖の如くです。

五

晝間室内に光を採るには窓に據ります。其の目的に對して最も有效なる形は同一面積なれば上下に細長き形のものですから、諸外國の住宅にては多く此の形になし、壁面或は床面に較べて割合に小さく採光の

第五十五圖　第三回住宅の客室

第五十六圖　第三回住宅の客室の床の間

第五十七圖　第四回住宅の應接間

第五十八圖　某邸主人室の棚

みを目的となして、それに必要なるだけの面積の窓を設けます。我國舊來の住宅にては窓は夏季の通風を大なる目的とせるを以て、採光には效果の少なき横に長い形を採つて居りますから、壁面或は床面に比して頗る大なる面積です。室內の空間は天井床及び壁によつて明かに外界と遮斷されますが、窓によつて內外相通じて居ります。從つて窓に於ける外界との區劃を單に障子によつて垂直に仕切るのみにては、內外の區劃は簡單にして光線に甚しき變化は起りません。西洋建築の窓は上に廂なく屋根の軒の出淺く、硝子障子を嵌めたる內側に僅かに布を一重或は二重かけるのみですから、此の弊があります。然るに我國の住宅に於ては主要なる室の外側には椽側があり、其の外には深い軒が出て、室內と外界との境は何處にあるか極めて不明瞭で、從つて內外の變化は複雜です。故に窓を開放なしたる場合に就いて見るも、西洋の住宅と日本の住宅との間には室內の光線は非常なる相違があり、窓を閉ぢた場合は前者の障子にては硝子を嵌め、後者の障子にては紙を張りますから、更に一層甚しき差異があつて、（紙に就いては後に詳述します）日本の住宅に於てはスティンド・グラス等を用ひて光線の變化に苦心する必要もなく、室內は極めて軟き光線によつて照明され高雅なる落いた感を與へ、そこに無限の情趣が湧きます。卽ち室內の照明を主として或一定の方向にある光線によらずして、種々の方向にある散光によることが我國住宅の一大特長です。

夜間に於ける照明は行燈其の他紙を通過せる光によりたるものが、電燈を使用して以來其の直接照明によつて全く此の特長は破壞されたので、近來間接照明其の他適當なる方法によつて、軟き光線を使用すべきことが盛に推奬されて居ります。我國の美術品は散光によつて鑑賞せらるゝのを適當となし、若し然らざる場合には極めて貧弱に見ゆるものが澤山あります。例へば、茶道に於ける諸種の器具は硬き光線にて見れば感興は起りません。嘗て或人が洋館に種々の美術品を陳列して外人に鑑賞せしめ不結果に終つたので、其の理由として、それ等は坐して見る爲めに造られたるものなる故、腰掛けて鑑賞する場合には不適當なることから起つたのだと云つたのを聞いたことがありましたが、洋館に於ける光線は比較的軟かくないことが此の如き失敗の起る大原因ではないかと思ひます。之と同樣に日本畫に明治以後一種異樣なる展覽會型の出來たるのも、洋風の建物内に陳列され硬き光線の下に鑑査觀賞されるのが一大原因だと思ひます。

晝間外界よりの光線を室内に導きて軟き光線となすには、窓の障子に於て光を透過せしむる材料に最も散光率の大なるものを使用せば宜いのですが、此の目的に對して現今使用せらるゝ材料の何れが最も適當なるかを明示するには數字に據らなければなりません。趣味の話に數字は野暮かも知れませんが、文筆に親まない私は面白い文字で明瞭に説明出來兼ねますから、嘗て實驗上より得たる結果を次に第十九表として揭げます。

卽ち透明の硝子は其の面に直角の方向より來る光線はよく透過しても、斜の方向より來る光線は反射し、殆ど平行に近き角度になれば大部分を反射して透過せしめません。而して透過せる光線を散光となすことは比較的少なく、其の方向は至つて單純です。擦り硝子にても、其の散光率は第十九表に示す如く、各五度の相違によつて約半減され、四十五度の方向に變ずるものは直角の方向にあるものゝ僅かに百分の一に過ぎません。紙は之に反して、其の面に斜の方向より來る光線も垂直に來る光線も其の透過率に硝子程大差がありません。且つ透過したる光線は種々の方向に散光となり、第十九表に示す如く。七十五度の方向に變ずるものが直角の方向にあるもの、十分の一もありますから極めて複雜です。

第十九表　散光率　各供試體の面に垂直なる方向に透過せるもの即ち透過の前後に於て方向を變ぜざるものを夫々一〇〇パーセントとして其の方向に對する各角度に就いて示す。

度	擦り硝子	障子紙	薄美濃紙
0	100.	100.	100.
5	82.4	96.3	88.7
10	48.1	81.3	66.3
15	24.8	68.7	42.9
20	12.6	62.0	31.0
25	6.2	54.1	23.8
30	3.5	48.1	18.7
35	2.2	42.2	15.0
40	1.4	37.0	12.4
45	1.0	32.2	10.7
50	0.8	27.7	8.8
55	0.65	25.2	7.4
60		19.5	6.0
65		15.8	4.9
70		12.5	3.9
75		10.0	3.1

此の如き相違あるを以て西洋の建物內に於ける光線は極めて硬き感を與へますが、我國の住宅に於ては其の窓に紙障子を嵌むるのみならず、先に述べたる如く外部には椽側や深い軒があり、特に光線の强き夏季には軒に簾を下げるので、天空より直接來る光線は比較的少く、地上の諸物體の表面に反射したる光線に多くよるので、頗る軟き感を與へます。從つて西洋住宅と日本住宅との間には室內に於ける感興に著しい相違があつて、西洋住宅にて明快の感を享樂し得れば日本住宅に於ては靜寂の感に浸ることが出來ます。

西洋住宅に於ても閑寂の氣分を享樂する爲めにデン其の他を設くることがありますが、我國の手法には遠く及ばず、之が日本建築趣味の最も誇り得べき特長ではないかと思ひます。我國の建築に於て此の氣分をかもすに最も力を注げるは茶室にして、其の窓の位置は通風の爲めのみならず採光に就きても室內の空間使用の目的に對して留意し、其の數は極めて多く單に一方位よりの光線を採るのみならず二方位以上より採り、其の高低大小形狀其の他頗る複雜です。且つ之等の窓は外部に樹木多く軒の出は深きのみならず、葭を縱橫に搔きたる壁下地の如きもの或は竹格子を附し、其の外側には葭簀をつるして紙障子を使用しますから、光線は非常に軟かくなつて室內に入り極めて落付いた閑寂の感を與へます。(餘談ですが茶室建築の面白味は窓にあると思ひます。其の位置形狀は種々にして平面の壁に頗る氣持よき變化を與ふるのみならず、窓枠は同一材料のみによらず、竹或は細い丸太を利用すること自由自在にして、西洋住宅に於て見るを得ざる驚嘆すべき意匠を示します。)

　夜間電燈による直接照明を爲す場合には甚しく此の特長は破壞されます。和風住宅に於て私の最も不滿に感ずる點は夜間の照明にして、多くの場合に此の方法に據つて居ります。之を晝間と同樣に軟かき光線を使用すれば頗る氣持よく感じます。散光となすが爲めに電球に透明なる硝子を使用せずして半透明の硝子を使用し、或は半透明のグローブを電球の眞下に取付けて光線の一部は天井にて散光となす半間接照明、或は光線を總て天井にあてゝ反射散光となす間接照明其の他種々の方法が行はれますが、最も簡單に電燈の光を軟かくなす方法は紙を使用することにして、電球よりの光線を一度薄美濃紙を通過せしむれば第十九表に他の材料と比較して示す如く、擦り硝子よりは散光率大にして頗る有效ですから、住宅に於ける電燈照明には此の方法を推奬します。「設備」の章にて述べたるカーテンの代用としての紙障子及び電燈の擦り硝子其の他の代用としての薄美濃紙に就いて反對の聲を聞くこともありますが、之は、カーテンの洗濯は爲さずして埃のたまりたる色の褪めたるものを五年も十年も平然として使用し、照明器具の手入は全く爲さずして吊るしたる儘を喜ぶことから起るので、紙に據れば經濟的なるのみならず、汚損の比較的目立つのが亦非常に良き點ではないかと思ひます。私は第一回住宅を造りたる時以來十數年間之を使用して常に氣持よきものであると思つて居りますが、近來此の如き住宅を時々見受けますし、之によつた照明器具を販賣するに至つたのは慶賀すべきことであると思ひます。

　私は行燈の光に繪草紙を見るが如き情調を讃美するのではありませんが、散光による照明は自然の恩惠を利用する所以にて、王侯貴族の邸宅に於ても一般人の住宅に於ても太陽光線は平等にして貴賤貧富の差別はありませんから、氣持よき軟かき光線を利用することに遠慮はいりません。嘗て或人から我國の住宅建築に於て昔より硝子を持つて居なかつたことを遺憾とする嘆聲を聞きましたが、私は上述の理由によつて紙を持つて居たことを喜びます。日本紙は溫度及び濕度の調節にも有效にして、壁紙襖紙等に使用し良好なる效果を擧げることは設備の章にて述べましたが、我國の食物に於て豆類を殊に菓子に於て小豆を無くすれば日本の菓子の特長は全く無くなりますが、之と同樣に紙を除けば日本の住宅の面白味は全く沒却されます。

六

以上建築上の日本趣味の特長を擧げて讚美しましたが、併し悉くが高雅なるものではありません。年月の經過は邪道に導きたるものもあり濫用せしめたるものもあります。又時代の變遷は昔ながらの高尙なる趣味を其の儘傳へることを許さない場合もあります。今の世に千利休を再生せしむれば進歩せる科學を應用して單に茶道のみならず、現代に適合したる生活を吾々に示すならむとの嘆があります。

今之等を向上せしむるには西洋趣味を參考とし適當に取捨せば更に高雅なるものとなる場合もあるでせうが、建築上に於て日本趣味の邪道に陥れる主なるものを擧げて見ますと次の如くです。

先に木造建築としての特長が巧に發揮さるゝことに就いて述べましたが、木材を使用するに一定の方式を定めてそれに從ふことが德川時代に發達しました。例へば室の廣さに從つて柱の太さを單位として長押廻縁鴨居等の寸法は之より割出しますから、何れの住宅も一定の型に嵌まつて何等の變化もなく面白味もありません。昔は多く加工せざる丸太類を巧みに利用したる場合があるので之を模し、材料の膚色等に使用する箇所との釣合は考慮せず、且つ變化を求むる爲めには特に不自然に成長せる木材を選んで使用し複雜なる曲線多く、所謂凝り過ぎて邪道に陥り料亭建築として勝れ、住宅建築としての品位を失ふものもあります。

床の間は我國の住宅建築に於ける一大特長であることも先に述べましたが、亂設の弊甚しく如何なる住宅に於ても之を設け、其の型は殆ど一定して居ります。例へば單に床の間の落掛のみについて見るも其の厚さは約七糎以上にして、必ず床框と同一垂直面上にあつて床脇の落掛よりは常に上部に取付けられます。此の如く型が生じては意匠の研究は廢れて形式に囚れますから、多くの床の間は單にぎこちない感を與ふるのみに止まります。

西洋建築に學ぶべき點と思ふ一例を擧げて見ますと、我國住宅にあつては室内が天井も壁も光線を多く反射せざる材料を使つて居りますが、天井のみは他に比して遙に明るい色を持つ材料を使用して、西洋住宅にあつて見らるゝ如き清爽の感を與へ、其の他は從來の如く、壁は最も落付いた色になし、襖は其の中間にあつて輕快なる感を與へるものにしたいと思ひます。此の目的に對して天井は木材なれば桐板の如き或は竹の如きを使用し、又は紙貼或は布貼となすのも適當です。次の私案第五十九圖は竹の外皮を網代に組みたる天井にして、第六十圖の天井も周圍は同樣にて、中央の大なる部分は鳥の子紙に金砂子をふり其の上に極めて薄き紙をかけたるものにて貼り、兩圖共電燈の光線は紙を通過せしむる裝置となしたるものです。

上述の如き缺點はあつても日本趣味には著しき特長を有し、建物の主體を木造となさざる住宅にても腰掛式の住宅にても、其の特長の横溢せるものとなし得ることは已に述べたる所に從つて大要を推知し得ると思ひます。鐵筋混凝土の如き近代の勝れたる建築材料による住宅或は新生活樣式の住宅を造り、機械的の設備を完全になし極めて便利になすも、住み馴るゝに從ひ次第に眞の快適を感ぜず住み心持惡しくなると云ふ聲を聞くのは、日本趣味を沒却して造ることが一大原因ではないかと思ひます。

我國の住宅建築には洵に高雅なる趣味を備へて居りますから、之等は永く踏襲して邪道に陥らしめず、何時の代にても日本住宅獨特の光輝を發揮せしめたいと思ひます。然るに近時歐米の風を模するの風潮盛にして、衣食住に於ける形式上の問題のみならず、精神上其の他總ての點に於て歐米を謳歌なす者すら往々にして現れます。此の如きは自國の美點に心付かざる盲目的心醉の致す所であると思ひますが、專門外の事は暫く措き、建築上に關しては我國土に同化されざる異國風の直輸を企つるのは洵に憐むべき無智で有り、厭ふべき失策であると信じますから、敢て讀者の深甚なる注意を促して玆に筆を擱きます。

第五十九圖　某邸の主人室

第六十圖　某邸の食堂

■岩波オンデマンドブックス■

日本の住宅 普及版

1932年10月5日　第1刷発行
1939年1月25日　第4刷発行
2018年11月13日　オンデマンド版発行

著　者　藤《ふじ》井《い》厚《こう》二《じ》

発行者　岡本　厚

発行所　株式会社 岩波書店
〒101-8002 東京都千代田区一ツ橋2-5-5
電話案内 03-5210-4000
http://www.iwanami.co.jp/

印刷／製本・法令印刷

ISBN 978-4-00-730820-8　Printed in Japan